KB029099

종이 위의 직관주의자

단순하고 사소한 생각, 디자인

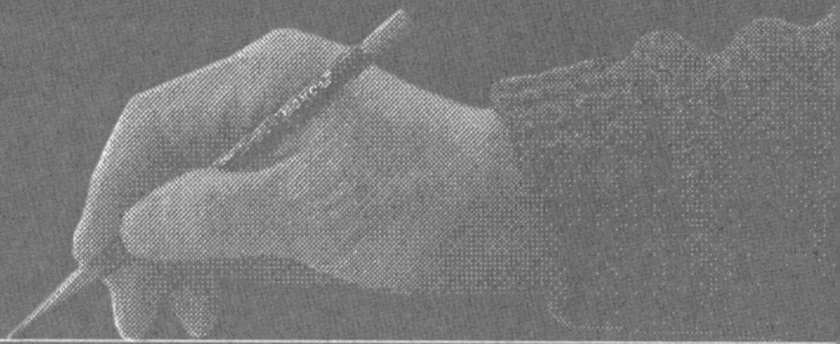

종이 위의 직관주의자

박찬휘

싱긋

차례

버찌나무로부터

어릴 적 학교 가는 길에 버찌나무가 줄지어 있었다. 같은 날에 심어져선지 서로 비슷한 키와 둘레를 가진 채 가지런히 길을 따라 서 있었다. 나무는 철마다 붉은 열매를 매달았는데, 붉고 진한 버찌가 입속에 침이 고일 만큼 맛나 보였다. 어느 날 나는 그것을 한 움큼 따서 입속에 넣어보고 싶어졌다. 그런데 문제는 버찌가 내 키보다 너무 높이 달려 있다는 것이었다. 손을 최대한 뻗고 뒤꿈치를 들어도 어림없었다. 슬슬 뒷걸음질을 쳐 나무를 향해 전속력으로 돌진하며 도움닫기를 해보아도 마찬가지.

그렇게 허공을 가르며 뛰어오른 내 손에 간신히 잡힌 것은 푸른 이파리 몇 장이 전부였다. 몇 번을 시도해보고 나는 결국 포기할 수밖에 없었다. 아직 어리니까 키가 좀더 크면 언젠가 저 열매를 손에 쥘 수 있을 거라며 애써 체념했다. 시간이 흘러 고등학생이 되어서도 그 나무는 여전히 내게 열매를 순순히 내어주는 법이 없었다. 몇 년 사이 키도 제법 자랐는데 말이다. 말 그대로 미스터리였다. 상식적으로 풀도 아닌 나무가 몇 년 사이 내 키보다 훌쩍 더 자랐을 리는 없다. 그렇게 버찌나무의 비밀은 해결되지 못했다.

이제 버찌나무에 대한 기억이 흐릿할 만큼 시간이 흘렀다. 그때 어릴 적 그 버찌나무의 붉은 열매를 따는 건 일찌감치 포기한 지 오래다. 하지만 가끔은 그 옛날 내 손을 벗어난 곳에 열매를 남겨놓던 매정한 버찌나무가 떠오른다. 지금의 분야에서는 일할 만큼 했으니 크게 애쓰지 않아도, 뚜렷한 결실이 쉽게 쥐어지리라 생각한 것이다. 그런데 뭐 하나 쉽게 내 손에 닿는 법이 없다. 손에 닿지 않던 그 시절 버찌처럼 머릿속 나무에서 열매를 따듯 손을 뻗으면 결실에 닿을 수 있으리라는 순진한 생각. 그게 바로 나의 일. 시간이 지나면 디자인이라는 게 자연스럽게 쉬워질 줄만 알았다. 이를테면 내 일에서, 이번만큼은 어떤 생각이 기막히다 자부하며 결연해지는 때가 있다. 마치 이

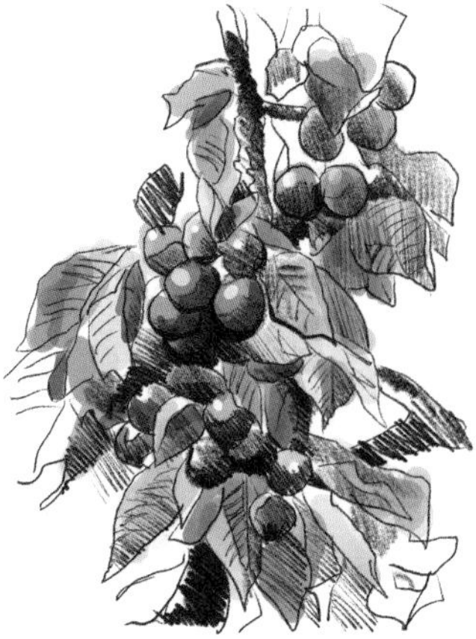

열매는 내 손에 반드시 들어온다는 확신이 드는 순간들. 확신했던 만큼 점프는 높았지만 안타깝게도 또 헛스윙이다. 심지어 내 손에 드디어 열매가 쥐어졌다고 환호할 때조차 바로 좌절로 이어진다. 이미 누군가가 따놓은 것이란 걸 뒤늦게 알아차렸기 때문이다.

초월적 시대를 일컫는 메타버스 시대, 4차 산업혁명 시대를 살아가는 우리에게 상상은 지금 이 순간에 벌어지는 일을 일컫는다. 더이상 내일이나 먼 훗날의 일이 아니다. 그저 시간문제 아니, 초 단위의 문제이다. 완성된 사물을 만나는 방식도 변했다. 과학 기술들과 그것에서 몇 곱절 다양하게 파생하는 사물들에 우리는 거의 매몰되어간다. 거울 속의 내가 과연 나일까 싶을 만큼 가상과 현실의 모호함에 아찔해지더라도 초 단위로 마주하는 낯섦 앞에선 애써 태연해야 한다. 이렇게 혼란스럽고 질식할 듯한 현실을 살다가 문득 깨달아버렸다. 왜 늘 버찌를 딸 수 없었는지를 말이다. 나의 두번째 책은 이렇듯 갑작스레 떠오른 버찌에 대한 기억과 함께 시작되었다.

결국 내가 버찌를 손에 쥘 수 없었던 것은 나 말고도 나무에 손을 뻗은 사람이 있었기 때문이다. 나보다 일찍 아침을 시작하는 부지런한 이도, 나보다 더 키가 큰 사람들도 숱하게 있었을 것이다. 내 삶의 주변에 열매를 먼저 채갈 만한 의외의 가능성들이 존재한다는 것. 나처럼 열매를 따고 싶어하는 동시대 사람들의 열망이 있다는 것. 타인에 대한 이해가 절실했다. 결국 디자인의 대상은 수많은 대중이지 않던가.

첨단 과학 기술이나 예술, 디자인 등 모든 창작은 타인의 마음을 얻을 때 비로소 생명을 얻는다. 나는 디자이너로 이십 년 가까이 살아왔지만 그전엔 그 사실을 실감하지 못했다. 최근에야 디자인은 사람과 사람 사이, 일상의 경계에 머물러야 하는 일임을 깨달았다. 디자이너는 대중의 입가에만 맴도는 웅얼거림을 간파하고 그것을 선명하게 표현해줄 뿐이다. 나의 생각이 그들의 생각과 한데 섞이고, 그들의 믿음이 나의 이해에 닿는 그 경계에 머무는 일이 바로 디자인이다. 게다가 창의성은 디자이너와 예술가 들만의 사명이 아니다. 지루하게 반복되는 노동에도 창의적인 생각이 한 방울쯤 가미된다면 그 경직성에서 벗어나 유연함이 깃들 수 있을 것이다. 기계처럼 이루어지던 어떤 일이 윤기를 얻으면 자연스레 생산성이 높아지고, 노동은 그 자체로 좀더 즐겁고 의미 있는 활동이 된다. 보다 창의적으로 살고자 하는 소망을 부인할 사람은 단 한 명도 없다.

그러므로 디자인은 일상의 일이다. 일상의 합이 문화이고 역사라고 하지 않았던가. 그렇다면 일상의 주체는 누구인가? 바로 우리 모두다. 엄마도 아빠도 친구도 여러분도 일상의 주체, 세상의 모두가 디자이너다. 우리는 누구나 창의성을 발휘하며 살아간다. 뿐만 아니라 예술가적, 디자이너적 자질도 갖추고 있다. 매번 형태가 달라지는 엄마가 짠 목도리처럼, 능숙하게 형광등 전구를 교체하던 아빠의 손재주처럼 익숙한 것을 거부하고 새로운 것을 찾고, 일상의 결핍을 스스로 해결하며 행복해하는 것은 우리에게 결코 새삼스러운 일이 아니다. 엄마의 즉흥적인 발상이 디자이너인 나의 고민을 간단히 뛰어넘듯, 명함에 디자이너라고 쓰여 있든 아니든 우리는 태생부터, 뼛속까지 다 디자이너다.

이 책에서 나는 디자인은 사실 평범한 생각이며, 모두에게 가까이 있는 일이라고 말할 것이다. 일상의 어떤 부분을 조금 다른 관점으로 바라보는 경험처럼, 디자인은 전혀 거창한 것이 아니다. 외려 조출한 생각의 방식이다. 앞서 말했듯이 나는 이것을 여러 차례 실감했다. 그리하여 내가 해온 일과 삶의 경험의 단편들이 디자이너를 꿈꾸는 사람들이나 현역 디자이너들에게만이 아닌 모두에게 투영될 수 있는 이야기임을 확신하게 되었다.

이를테면 기술의 범람은 디자이너들에게 계속 새로운 것을 만들어낼 것을 요구한다. 초 단위로 탄생하는 것들이 우리 생활을 이전보다 더 편리하게 해주었음은 분명한 사실이다. 하지만 이제는 그것이 지나쳐 삶의 여백마저 무분별하게 채워버리는 방식으로 작동하고 있다. 그러면서 자꾸만 익숙한 것들을 버리라고, 그런 건 낡고 불편한 것이라고 압박한다. 새롭고 편리한 것이 나의 손때가 묻어 있는 사물들, 추억과의 결별을 종용하는 것이다. 내가 원하는지에 대해선 그 누구도 묻지 않는다. 강제로 쥐어진 편리함의 어두운 단면이다. 여백이 없어 숨 쉴 틈이 없으며 소중한 추억마저 강제로 박탈되어야 하는 상황은 누구에게나 커다란 상실감을 준다. 나의 자발적인 선택이 아니기 때문에 마주한 상실감은 생각보다 크다. 따라서 '나'를 회복하기 위해 우리는 더욱더 단순함을 갈망하게 된다. 채움보다는 비워냄의 가치를 좇게 되고, 누구나 쉽게 이해하고 다룰 수 있는 것들의 중요성을 다시 생각하게 된다. 디자이너건 아니건 상관없다.

아울러 자신의 존재 가치가 불안정한 상황에서는 기술의 요구와 시간의 압박에 압도당하기 쉽다. 빠르고 효율적으로 일하는 데 급급하다보면 전체를 살필 눈을 갖지 못하고 작은 것에만 집착하게 된다. 문제를 앞에 두고도 근본적인 의심을 해볼 여력이 없는 것이다.

미켈란젤로는 조각품을 만들며 언제나 두세 발짝 뒤로 물러서서 전체의 모습을 확인하곤 했다고 한다. 세세한 부분에 너무 집중하면 전체적인 균형과 조화를 놓칠 수 있기 때문이다. 체감할 순 없지만 스펙상으로 더 빨라졌다는 제품의 업그레이드가 과연 내 삶을 더 윤택하게 했는지, 정말 내게 필요한 것인지 생각해본 적 있는가. 미켈란젤로의 습관처럼 오늘날 우리에게 필요한 것도 뒤로 몇 발짝 물러나 전체를 살피는 일이다. 이 또한 디자이너건 아니건 누구에게나 의미 있는 사유를 위한 태도일 것이다.

본문의 사유들은 우리 삶과 세계를 이루는 근본적인 것들에 대한 각성과 다짐에 대한 것들이다. 나는 사소하지만 빤한 생각들이 디자인과 예술에서 튕겨지면서 어떻게 또다른 빛을 내는지를 말할 것이다. 음지에 있던 생각조차 나름의 가치가 있음을 드러내기 위해 또 예술과 철학의 시선에 의지하기도 할 것이다. 현인들의 미학과 철학적 단서 들이 이미 철 지나 효용성이 없다고 말하는 이들도 있다. 하지만 기술에 비하면 오랜 생각의 단서들은 여전히 단단하다. 이를테면 십 년 전 세상을 놀라게 했던 3D TV를 기억하는 사람은 아무도 없다. 하지만 백 년도 더 된 예술과 철학의 목소리는 우울한 우리에게 또렷한 목소리를 내고 있지 않은가. 과학 기술과 예술, 철학은 이렇게 구분된다. 오래된 과학 이론을 찾는 사람은 많지 않다. 과학 기술은 언제나 새로움에 의해 갱신되는 순간 그 낡은 이파리를 떨구기 때문이다. 그에 비해 예술의 말과 철학의 목소리가 담긴 것들은 영속적이다. 바로 예술과 철학의 혜안은 시대에 구애받지 않고 언제나 날카롭게 관통하기 때문이다. 이렇게 오랫동안 여물어진 생각을 통해 이야기를 이어가는 일은 내일을 위한 우리의 생각을 더 단단히 묶어낼 근거가 될 것이다.

몇 차례 정리의 폭풍 후에도 내 책장을 굳건히 지키고 있는 책들이 있다. 그 책들의 공통점이라 하면 정확한 길을 알려주는 것과는 거리가 멀다는 것이다. 말하자면 북쪽을 정확히 가리키는 나침반이 아니라 오히려 쥐고 있던 나침반마저 던져버리라 부추기는 것이다. 오직 나 스스로에게 의지하며 나아갈 수 있도록 내면의 이야기를 찾아낼 누군가의 생각을 담은 것들만이 여태 내 책장에 남아 있다. 그렇게 각자 다른 생각의 길을 찾고 각자의 이야기를 찾아낸다면 저마다의 분야에서 빛과 소금 같은 창의성을 다시 한번 발견하게 되지 않을까. 그리하여 우울과 상실이 공존하는 이 시대에 위로받지 않아도 툭툭 털고 일어설 수 있는 굳세어진 스스로를 만나게 되리라. 더 늦기 전에 부지런히 묶어낸 나의 생각들이 나와는 다른 분야에 몸담은 이들에게도 성급하게 답을 얻기보다 자신을 향한 많은 질문으로 이어질 수 있기를 희망한다. 스스로의 생각에 의지하다보면 혹시 또 아는가? 까치발만 들어도 우리의 손에 버찌가 흐드러지게 쥐어질 그 날이 빨리 찾아올지도.

2023년 뮌헨에서

박찬휘

1부

설레지 않으면 디자인이 아니다

사물이 담긴 상자를 여는 그 순간의 감정과 빈 종이에 오랜 사색의 첫 획을 긋는 디자이너의 마음은 다르지 않다. 디자이너가 아니더라도 우리가 드러내는 다양한 방식의 사유, SNS에 '좋아요'를 보태는 마음들처럼 각자의 기호는 새로 탄생될 사물에 간접적으로 투영되듯이 모두가 새로운 사물의 탄생에 이바지한다. 내가 직접 선택한 사물을 만나는 일과 새로운 사물을 빚는 일 사이에 '설렘'이 교차하는 것은 이 때문이다.

디자인은 '상자'다

나는 캘리포니아 헌팅턴비치에 서 있다. 날은 덥고 햇볕은 따갑다. 내가 디자인한 SUV가 바다의 물결을 비추고 있다. 이번 모델은 미국 서부를 겨냥했기 때문에 뜨거운 햇볕 아래에 차를 세워봐야만 했다. 누군가가 다가와 차를 유심히 바라본다. 의심스러운 눈빛을 보내는가 하면 고민도 있어 보인다. 그런데 어디선가 많이 본 사람이다. 맞다. 사장님이다. 한참 외관을 살피던 사장님이 운전석에 앉아보더니 디스플레이 사이즈가 불편하다고 한다. 그러곤 1초 만에 뒷자리에 앉아보더니 좌석의 안

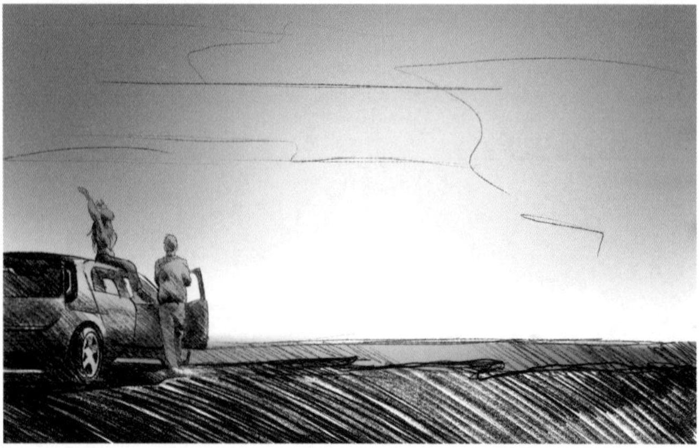

락함이 좋다고 한다. 사장님과 나란히 옆자리에 앉기도 하고 같은 자리에 동시에 앉는 마법 같은 일도 가능하다. 마법이 가능한 걸 느낀 순간 꿈에서 깨어나듯이 쨍쨍한 캘리포니아의 햇살이 어느 순간 훅하니 멀어진다. 창밖에 빗방울이 맺히기 시작한다. 차에서 내리자마자 추적추적 비가 내리는 현실로 돌아왔고, 나는 독일에 있는 집에서 파자마를 입고 있을 뿐이었다. 꿈과 같은 가상과 현실의 경계다.

가상현실 프레젠테이션이 있던 날이다. 코로나19 때문에 모두가 재택근무를 했지만 품평을 진행하는 데는 문제가 없었다. 진짜보다 진짜같이 느껴지는 기술들. 상상은 끊임없이 이루어지고, 기술은 더 높은 해상도와 응답 속도로 연일 기록을 경신한다. 하지만 기술이 어지럽힌 그 이면의 전선줄을 누군가가 가지런히 놓아야 한다. 정리되지 않은 채 상자에 담긴다면 그 기술에 대한 믿음을 갖기가 어렵다. 스마트폰이 배송되었는데 뒷면 커버가 없어 부품이 여기저기 흩어져 있다면 누구라도 이것이 어떻게 작동되는지 상상하기 어려울 것이다. 가상현실용 고글이 콧대를 눌러 아프게 한다면, 머리를 세게 조이고 무거워서 도저히 쓸 수 없다면 그것은 고통을 주는 도구일 뿐이다. 현실적인 문제를 해결하지 않는 한 그 어떤 신기술도 가능하지 않다.

자동차에도 이제 증강현실Augmented Reality 기술이 기본적으로 탑재되고 있다. 증강현실은 현실에 입힌 가상이라는 점에서 가상현실보다 진보한 기술이다. 증강현실 기술이 탑재된 자동차는 전방에 놓인 차 위로 마치 숫자가 떠다니는 것처럼 보이게 함으로써 앞차와의 거리를 알려준다. 제한속도를 표시하는 빨간 동그라미가 깜빡거리며 과속을 경고하고, 우회전을 뜻하는 화살표가 어두운 밤길 위에 펼쳐진다.

이러한 증강현실 기술을 차에 탑재하기 위해 누군가는 '상상'을 '상자'에 담아야 한다. 증강현실 기술을 탑재하면 증가하는 공기저항 때문에 차의 주행거리가 줄어들 수 있다는 사실을 아는가? 게다가 이 기술 때문에 자동차의 형태가 완전히 바뀔 수도 있다. 모두가 원하는 스포티한 생김새를 포기하고 마치 버스처럼 짧은 보닛을 달아야 한다. 그러다보니 증강현실 기술이 탑재된 차량은 더이상 판매하고 싶지 않다는 자동차 매장이 속출하고 있다는데, 어찌된 일일까. 증강현실 기술의 유무가 차량 판매와 무슨 상관인지 궁금하겠지만 어쨌든 사실이다.

상상을 현실로 만드는 즐거운 상상만 하는 사람들과 기술을 개발하는 자들은 '담아냄'에는 그다지 관심이 없어 보인다. 그들에게 의미 있는 것은 경쟁사보다 더 나은 스펙이고, 중요한 것은 보다 더 빠른 속도, 더 큰 숫자이다. 하지만 필요를 넘어서는 지나친 고사양은 의미 없는 경쟁을 부추긴다. 스펙 싸움에 집중하느라 정작 기본적으로 갖추어야 할 편안함과 매력적인 생김새는 간단히 무시되곤 한다.

세상에는 디자인에 관한 많은 개념과 설명이 존재한다. 그 모두를 아우르는 한마디는 이것이 아닐까. 디자인은 '상자'라는 것. 왜 상자일까?

일단 우리가 알고 있는 상자를 떠올려보자. 상자는 모든 것을 담아낸다. 하나의 결과물을 완성하기 위해선 생각에 생각을 거듭하게 마련이다. 무심히 떠오른 생각들이 사방으로 튀어 오른다. 빛이 난반사하듯 서로 부딪혀 튕긴다. 그러다 어느 순간 그것들이 하나로 모일 때가 있다. 바로 새로운 생각이 꿈틀대는 순간, 디자인의 결정체가 등장하는 순간이다. 디자인이라는 관념의 상자는 서로 다른 영역의 생각을 한곳에 모은다. 천재의 머릿속에서 복잡하게 뒤엉켜 나타난 기술은 친화적인 형태와 사용하기 간편한 레이아웃User Interface이란 디자인의 도움이 필요하다.

오늘날 개인의 취향에서부터 공동체의 유행에 이르기까지 하루가 멀게 다양하고 새로운 것들이 등장하고 사라진다. 급진적 생각들을 반영한 이 형형색색의 사물들은 기술의 도움 없인 결코 구현될 수 없다. 전통적으로 대중들은 자신의 상상과 취향을 기술이 실현해주기를 요구해왔지만, 지금은 상황이 달라졌다. 기술이 대중보다 앞서 미래를 제시하는 일이 더 일반적이 된 것이다. 한마디로 기술은 우리에게 '필요'를 강요한다. 물론 기술의 발전은 환영할 일이다. 그러나 지나치게 앞서간 기술에 눌려 사용자의 역할은 오히려 수동적으로 변해버렸다. 3D TV가 그 좋은 예다. 3D TV는 당시 모든 기술을 압도하며 화려하게 등장했다. 영상의 시각적 환영에 매료된 사용자들은 별도의 안경을 써야 하는 '필요'에 대해선 아무도 의심하지 못했다. 대중의 합리적 판단은 기술이 등장하고 한참이 지난 후에 이루어졌고, 그렇게 3D TV는 한순간에 사라지고 말았다.

디자인은 시공을 초월한 단정함을 이루는 일이다. 사물은 디자인이라는 상자에 정돈되어 담김으로써 사용자의 필요에 한 발짝 더 다가설 수 있다. 그것은 공동체의 우월한 취향을 돕는 것은 물론 기술이 나아갈 방향과 대중의 요구를 읽어내는 이정표가 된다. 한마디로 각기 다른 이들의 무수한 생각의 굴절들을 한곳에 담아내는 관념의 공간, 그 반듯한 상자가 바로 디자인이다.

디자인이 '상자'인 또하나의 이유는 호흡을 고를 수 있는 유일한 기회를 제공하며 생각이 어딘가에 담기는 순간이기 때문이다. 요리된 음식이 그릇에 담길 때나 시험지에 고뇌어린 답안을 적어낼 때에는 스쳐가는 새로운 의심과 걱정을 잊어야 한다. 생각을 담는 과정에서 변덕을 부리는 일이 도움이 되지 않는다는 것을 우리는 이미 잘 알고 있다. 그래서 그저 담아내는 데에 집중한다. 디자인도 마찬가지다. 생각이 디자인이라는 상자에 담겨 완전체로 탄생할 때만큼은 지금까지 조율한 생각을 믿고 따라야 한다.

디자인을 통해 생각이 담기기 시작할 때 각기 다른 기술들과 다양한 취향들의 조합도 그제야 처음으로 시도된다. 그동안 모두가 각자의 영역에서 경쟁하며 앞만 보며 나아가려고만 했을지라도 상자에 모이는 순간에 이를 때면 차분히 지난 과정을 되돌아보게 된다. 어제까지는 없었던, 오늘 새로 나타난 기술이 있을지라도 무심히 반응해야 한다. 수험생이 그동안의 투쟁을 조용히 답안지에 옮겨 적는 순간에 차분함과 담대함이 요구되듯, 그간의 분투가 고스란히 담기는 순간, 생각이 고요하게 모이는 순간이 바로 디자인이다.

사물을 담은 '상자' 그 자체가 디자인이라는 것도 우리가 주목해야 할 본질이다. 앞서 말한바 상자는 사물을 품는다. 상품을 주문한 사람은 목이 빠져라 상자를 기다린다. 튼튼한 상자는 상품의 파손을 방지하고, 상품과 함께 고객에게 전달된다. 마침내 상자가 도착한다. 세상에서 가장 반가운 초인종 소리가 들린다. 그 안에는 단순한 상품이 아니라 무수한 사람의 관념이 단단히 엮인 결정체가 새로운 만남을 기대하고 있다. 밀봉된 상자의 포장 테이프를 뜯고 여는 수고는 생각만큼 쉽지 않다. 내가 그토록 필요로 했던 것들과의 만남이라 마음이 조급하기 때문이다. 상상과 기술이 뒤섞이고 디자인이 마침내 조율하여 탄생한 이 결정체를 마주하기 위해선 쉽게 열리지 않는 상자처럼 조급한 마음의 수고가 필요하다.

마침내 상자를 열고 기술을 통해 구현된 이 물체를 만나는 순간, 나 또한 보이지 않는 곳에서 이 사물이 탄생되기까지 소소한 역할을 했음을 확인하게 된다. 왜냐하면 내가 그토록 원했던 이 상자 속의 실제를 내 손에 얻기까지 나는 SNS에 나의 취향을 적잖게 노출시키고 끝없는 검색의 흔적을 남기는 방식으로 상자 속 사물의 탄생에 미미한 역할을 했기 때문이다. 다시 말해 상자 속의 사물엔 나의 생각이 배어 있다.

작은 상자는 더욱더 더욱 커진다

이제 방이 상자 속에 들어와 있다

집과 도시와 대지도

그리고 이전에 상자가 들어가 있던 세계도

작은 상자는 어린 시절을 추억하며

간절히 바라다가

다시 작은 상자가 된다

_바스코 포파의 시 「작은 상자」에서

세르비아 시인 바스코 포파의 시 「작은 상자」의 은유처럼 상자 속엔 나의 관념들이 기여한 실재가 담겨 있다. 비록 내가 원해서 선택한 완성체일지라도 상자 속의 사물은 디자인의 고민과 개인의 사유들의 확장이다. 완성된 세계는 상자 속에 담긴다. 마침내 이 모든 것을 잠재적으로 알고 있기 때문에 상자를 열어 생각과 기술이 디자인을 매개로 완성된 실재를 만난다. 그 순간, 상자를 뜯고 뽁뽁이를 터뜨릴 때처럼 모두가 아이처럼 흥분을 감추지 못한 채 천진난만해지는 것이다.

디자인은 생각을 모으고 가다듬어 완성에 이르게 하고, 사람과 사물의 새로운 만남을 통해 더 나은 미래의 윤곽을 그려낸다. 하지만 미래에 대해 말할 때 사람들은 습관적으로 불안해하고 지나친 우려로 겁을 준다. 사실 내게는 그저 무의미한 논쟁처럼 들린다. 우리가 무엇을 해야 할지에 대해서는 말끝을 흐려 버리고 도통 무슨 소리인지 못 알아듣겠는 소리만 해대는 느낌이다. 미래는 누구에게나 불투명하다. 오죽하면 '미래에 대해서는 아무것도 모르는 자와 아무것도 모른다는 걸 모르는 자들만 있다'는 말까지 등장했을까. 인공지능 같은 위협적인 기술을 염려하지 않았던 수십 년 전에도 미래는 불투명했다. 그렇다면 우리는 눈에 보이지 않는 미래를 어떻게 바라봐야 할 것인가?

미래에 대한 근거 없는 처방전을 얻어 지식이라는 딱딱한 알약을 삼키느니 당연하고 기본적인 생각들을 염두에 두는 편이 낫다. 새로운 신기술을 잔뜩 담은 그 어떤 사물도 결국엔 사람의 선택을 받는 것이 중요하며 타당한 형태와 재질로 구성된 사물로 완성된다는 점은 과거에도 그랬고 지금도 그렇고 미래에도 다르지 않을 것이다. 그러므로 미래에 대한 막연한 동경과 근심하기보다는 인간에 대한 근본적인 생각과 이해를 위한 노력을 견지해야 할 일이다.

오늘날 급격한 기술적 태동이 우리의 희망을 바탕으로 이루어진 게 아니란 것은 누구도 부정하지 못한다. 반면 희망의 결정체라 기대했었던 현대사회를 이야기할 때 행복보다 우울과 상실이 먼저 떠오르는 이유도 삶의 많은 부분이 스스로 선택한 것이 아니기 때문이다. 새로운 것을 향한 주기적인 업데이트는 선택이 아닌 강제이며 오래되어 정이 들고 익숙해진 물건조차 못 쓸 것이자 불편함을 주는 것으로 의식하도록 강요받는다. 수많은 생각과 기술들 사이에서 디자인은 사람이 선택의 주체임을 다시 확인시키고 다른 생각들의 이음새를 채우는 유일한 지혜다. 다시 말해 디자인은 질식할 것 같은 기술의 범람 속에서 합리적 과정을 통해 차분하게 자발적 선택을 할 수 있도록 우리를 돕는 것은 물론 지나치게 낯선 사물에 따뜻한 미소를 담는 자상함이다.

당신에게 상자가 있다. 거기에 무엇이 들어 있을까? 아니, 담을 수만 있다면 무엇을 담을 것인가?

모두가
디자이너다

이탈리아 사르데냐섬의 어느 해변. 정복자는 물이 빠진 이 척박한 땅을 오래 기다려왔다. 언젠가 이곳을 비옥한 땅으로 일구어 곡물을 재배하리라. 사람들을 배부르게 하고, 잉태의 축복으로 이 땅에 많은 이들의 삶을 풍요롭게 하리라. 땅을 바라보며 정복자는 연신 행복해했다.

먼길을 이동하여 마침내 이 영토를 확보하고, 땅이 마를 때까지 반세기 가까운 긴 시간을 흘려보냈다. 정복자는 많은 노동을 투입해 마른 땅을 걷어내고 젖은 흙이 나올 때까지 파내려간다. 드디어 기반이 될 만한 점성을 지닌 흙을 얻는다. 그걸 위로 퍼올려 내 영토를 이룰 땅의 기반을 다진다. 그리고 다시 영토를 지킬 성곽을 쌓는다. 언제 다시 침략할지 모르는 적들에 대비하기 위함이다. 조류가 심한 바다 근처에 영토를 만든 만큼 다시 밀물이 들어오기 전에 철저히 대비해야 한다. 그러지 않으면 그동안의 일은 모두 수포로 돌아간다. 먼저 성을 쌓아올린 후, 우리의 영토를 알리기 위해 탑을 올려야 한다. 높이가 올라갈수록 해상으로 밀려들어올 적의 동태를 관측하기가 유용하기 때문이다. 시간이 흘러 성의 윤곽이 갖춰지고 탑은 높게 완성되었으며 사람들이 살아갈 마을도 생겨나기 시작했다. 전쟁에 대비해 깊게 땅굴까지 만들어놓았다. 완벽에 가깝다.

그러던 어느 날 밤, 거인족이 쳐들어왔다. 마을은 순식간에 쑥대밭이 돼버렸다. 여기에 더해 같은 날 거대한 쓰나미가 마을을 덮쳤다. 그동안의 수많은 노력이, 도시와 국가를 위해 피땀 흘린 사람들의 염원이 한순간에 사라져버렸다. 땅을 잃은 정복자는 목놓아 울기 시작했다. 눈물은 그치지 않았지만 비통함을 다 쏟아내기엔 충분치 않았다. 그때 어디선가 정복자의 주술사가 나타났다. 주술사는 눈물은 신의 부정을 부른다며 부드럽게 타일렀다. 그러고는 직접 팔을 걷어붙이고 부서진 영토를 다시 차곡차곡 다듬어가기 시작했다. 그가 정복자에게 마지막 주문을 외었다.

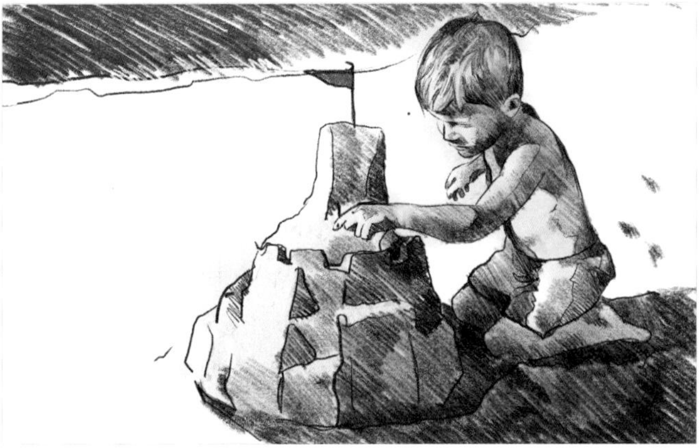

"뚝. 눈물 뚝, 내 새끼. 아빠가 다시 고쳐줄게."

정복자는 그때 네 살이었다.

전 세계 어느 해변에서든 공통적으로 볼 수 있는 모습이 있다. 바로 아이들이 공놀이를 하고 모래놀이를 하는 장면이다. 누가 가르쳐주지 않아도 아이들은 모래를 파헤친다. 사르데냐의 하얀 모래사장에서 만난 수많은 정복자(아이)들도 그랬고, 포르투갈 포즈Foz 해변에서 만난 또다른 정복자들도 그랬다. 바르셀로나의 해변에서 만난 정복자들도 다르지 않았다.

아직 학교에 가지 않은 아이에게도 젖은 모래는 무엇인가를 형상화할 수 있다는 믿음을 준다. 그리하여 아이는 공간을 짓고, 이를 보호하기 위해 장벽을 쌓아올리는 치밀함까지 드러낸다. 그 작고 작은 손을 연신 꼼지락하며 집중해서 모래를 쌓아올리는 모습은 사랑스럽고 대견하기까지 하다. 부모가 가르쳐 주지 않아도 아이는 스스로 모래를 모아 높이 쌓으며, 모래벽이 넓고 큰 둘레를 이루도록 혼신의 노력을 다한다. 이어 옹기종기 마을을 만들고 그 아래로 지하터널을 파기도 한다. 흙 밑으로 통과된 자신의 손이 보일 때면 깔깔거리며 웃는다. 쌕쌕거리며 손을 놀리는 아이들의 모래마을 짓기는 끝날 줄을 모른다. 뜨거운 햇빛도 아이의 열정을 사그라지게 할 수 없다. 사르데냐 해변, 리스본 해변, 바르셀로나의 해변 등 모든 해변에서 야망 있는 미취학 건축가 혹은 미취학 정복자들이 플라스틱 삽을 들고 땅을 파고 각자의 영토를 만들어낸다. 하지만 매번 들이치는 파도가 그들의 모래성을 쓸어가버리고, 아이들의 노력은 처참하게도 수포로 돌아간다. 아이들이 눈물을 보이면 엄마나 아빠는 쏜살같이 달려들어 아이를 달래기 위해 함께 모래성을 다시 쌓아올린다. 아이를 타이르기 위해 모래를 다시 쌓아올리던 아빠는 어느 순간 거기에 심취해버린다. 아이에게 질세라 두 팔을 걷어붙이며 집념을 보인다. 어느새 아이나 어른이나 순진무구한 표정을 짓고 있다. 그렇게 잔잔한 모래밭엔 각자의 의지가 빛을 발한다. 즐거운 물놀이는 뒷전에 두고 모래 위에서 아이들과 어른이 예술가가 되는 것은 만국 공통의 모습이다.

"어떤 땅에 울타리를 치고 '이것은 내 것이야!'라고 말하고, 다른 사람들이 그 말을 믿을 만큼 순진하다고 생각한 최초의 인간이 문명사회의 창시자다." 철학자 장 자크 루소가 『인간 불평등 기원론』에서 한 말이다. '정복자'의 측면에서 인간의 내부 체계는 심리적인 만족감이나 현상을 유지하는 방향으로 작동되지 않는다. 인간의 진화는 모래를 쌓아올리듯이 환경을 개척하고 생존과 번식을 높이는 것을 추구하도록 프로그래밍되어 있기 때문이다. 인간은 뭔가를 이루는 순간에 찾아오는 만족도 금세 망각한다. 또다른 열망이 인간을 지배한다. 모래성을 쌓아 문명을 개척하고, 영토를 넓히기 위해 이웃 나라를 침략한 잔인한 역사가 모두에게 걸쳐 있는 것은 바로 이런 이유에서다. 다만 정복과 개척을 통해 진정한 '만족'을 얻었는가는 또다른 질문이다. 그런데 정복이나 잔인함의 이미지와 결을 달리하는 예술가에게도 그 문제는 똑같이 적용된다. 세상에 존재하는 생각의 틈을 파고들어 다양한 방식으로 인간 내부의 생화학적 시스템을 작동시키는 게 바로 예술가다. 흔히 창작을 가리켜 인간의 본능적 욕망이자 열망이라고 한다. 세상의 것들이 그대로 머무는 모습을 가만두지 못하는 예술가의 창작열과 정복자의 기상이 서로 닮아 있음을 발견하는 일은 어렵지 않다.

그러고 보면 우리는 모두 디자이너이다. 생각해보라. 빈 종이가 있으면 뭐라도 채우고 싶고, 깨끗한 공책과 교과서의 표지가 보일 때면 자연스럽게 그곳을 채워나가지 않았던가. 그렇게 하지 말라고 아무리 꾸지람을 해도 빈 곳을 채워나가는 관성 같은 행동들. 레고 블록 몇 개 쥐어놓으면 부수기와 조립을 반복하는 아이들의 집요함도 타고난 우리의 창의적 의지를 말하고 있다. 대략 천 개의 조각으로 부서진 르누아르의 명화 퍼즐 앞에서도 우리는 그 의지를 불태운다. 밤새도록 쭈그리고 앉아 조각을 맞추고 또 맞춘다. 이 퍼즐 맞추기의 희열감은 거기에 있다. 게다가 이 즐거움은 아이나 어른의 구분이 없다. 이런 걸 보면 우리가 창조적 의지를 타고난 것이 분명하다. 단지 훗날 자신의 소질을 운운하며 스스로 그리는 일을 중단했을 뿐이다. 모래성을 쌓는 일은 성인의 세속적인 기준으로 보면 비생산적인 일이다. 하지만 마음 한구석은 만들고 그리는 일, 새로움을 찾아내는 일에 심장이 두근거린다. 우리는 생애 한 번쯤 누구나 놀이터나 바닷가에서 한 세계를 지어본 적이 있다. 그렇기에 인간은 개척자이자 정복자이며 디자이너다.

잘빠진
'신상'의
탄생

— 디자이너라 불리게 된 이유

기원전 우리의 조상 이집트 출신 최씨는 동굴 벽화에 그림을 그렸다. 아버지가 밖에 나가 더 많은 식량을 사냥할 수 있도록 말이다. 그리고 오늘날 어머니들은 자식이 대학수학능력시험에서 좋은 성적을 얻기를 바라며 밤낮으로 기도를 한다. 다시 기원전. 유프라테스강 강남 출신 김씨는 오랫동안 가뭄으로 인해 올해 작황이 나쁘다며 우울해한다. 그는 풍년의 바람을 가득 담아 동굴 한쪽에 돌을 쌓고, 긴 시간이 흘러 김씨의 먼 후손은 벼를 심은 논 앞에서 정성껏 음식을 차려놓고 천지신령께 비를 내려달라고 빈다.

모진 가뭄 끝에 마침내 빗방울이 대지를 적신다. 흉작의 해를 견뎠으니 그다음 해에는 조금이라도 나은 수확을 하게 되는 건 당연한 일이다. 그런데 우리의 먼 조상 최씨는 이렇게 비가 오게 된 것은 자신의 기가 막힌 벽화 덕분이라고 으쓱대기 시작한다. 김씨는 자신이 영혼을 꾹꾹 눌러 담아 돌탑을 높이 쌓아올렸기 때문이라고 박박 우겨댄다.

소망을 '상상'하는 일은 간절히 바라면 반드시 이루어지리라는 야무진 희망 같은 것이다. 인류는 존재하기 시작하면서 소망을 통해 삶을 번영시켜왔고, 소망을 이루기 위해 벽화, 춤, 노래 등 수많은 형식에 마음을 담아 의지해왔다. 즉 원하는 것을 이루기 위해서는 그에 따른 행위, 주술적 행위가 있어야 한다고 굳게 믿고 있었다. 그렇게 보면 우리는 인류의 역사를 '가상'의 역사라고 말할 수도 있을 것이다.

최근 가상현실 기술이 대중화되며 '가상'이란 용어가 우리에게 좀더 친숙해졌다. '가상'이란 간단히 말하면 '꿈'이다. 내가 체험해보지 못한 현실에 발을 내디딜 수 있게 해주는 것. 꿈길에서나 걸을 수 있는 기회를 '가상'의 경험을 통해 이루게 해주는 것. 그런데 이 가상현실은 이미 기원전부터 존재했다. 더 나은 내일을 꿈꾸기 위해 그린 벽화, 뭔가에 홀린 듯 절묘하게 높이 쌓은 돌탑. 그것들이야말로 인류가 그려온 '가상'의 상징이자 기원이다.

벽화와 돌탑을 만든 사람들은 서로 자신이 신의 뜻에 닿은 진짜임을 주장하며 경쟁하고 어필하는 데 여념이 없었다. 심지어 동물이나 사람을 제물로 바치기도 했는데, 신의 선택을 받은 이는 기꺼이 생명을 내놓을 만큼 소망을 이루는 데 절실했다. 얼마쯤 후엔 앞의 그들보다 신에게 가는 지름길을 잘 안다고 주장하는 사제가 등장했다. 사제는 점점 더 힘을 얻었고, 그의 손짓 한 번에 내가 제물이 될 수도 있다는 공포감이 나타났다. 공포는 사제의 권력을 유지하기 위해 필요했던 것이다. 그들의 오래된 주술이 종교의 형태를 갖추는 모습이다.

그러나 인간은 서서히 깨닫기 시작했다. 자연의 순환구조를 좀더 이성적으로 이해하기 시작했다. 끝없이 비가 올 것 같다가, 언제 그랬냐는 듯 뚝 그쳐 파란 하늘을 드러내는 건 기도와는 상관이 없다. 강한 비바람의 혹독한 날씨가 개고, 최악의 홍수가 있던 작년보다는 올해 더 나은 수확을 하게 되는 것은 인간의 소망, 돌탑과 벽화와 크게 상관이 없음을 깨닫게 된 것이다. 현실과 가상의 무관함이 이성의 눈에 보이기 시작했다. 자연은 그저 오랫동안 반복돼온 법칙에 순응하고 있을 뿐인데, 인간의 아둔함 덕분에 간절한 소망을 담은 돌탑과 벽화처럼 예술의 흔적들이 무수하게 남게 되었다. 그때 뭔가에 씐 듯 극도의 의지를 담아 만들어낸 것들은 도저히 제정신으로 만들어낼 수 있는 것들이 아니었다. 이른바 예술의 탄생이었다.

당시의 예술은 오늘날의 그것과는 의미가 다르다. 새로운 것을 만들어내겠다는 열정과 의지의 결과물이 아니다. 고대인들의 돌탑과 벽화는 인간의 바람, 자연과 신에 굴복할 수밖에 없는 우리의 처지를 극복하고자 빌며 "꿈결"같이 만들어낸 것들이다. 예술은 이 부산물들이 현실과는 무관하다는 것을 깨우치는 순간, 그 소망에 아무런 근거가 없음을 확신하면서 비로소 '예술'이란 독립된 이름을 얻기 시작했다. 우리의 이성이 한낱 덜 떨어진 인간의 소망으로부터 독립된 것이다. 그렇게 인간은 정신을 차리고서야 우리의 창의력을 확인하게 되었다. 신의 존재 덕분이 아닌, 본래 우리 인간이 가지고 있던 열정이었다. 이후 인간은 더 나은 삶을 위해서 각자에게 필요한 연장들, 도구들을 만들어내기 시작했다. 각자의 지리적 환경과 관습에 어울리는 것들을 찾아내기 시작했다.

이런 독특하고 개성적인 환경은 각자의 쓰임새에 따른 특수한 형태를 만드는 일로 이어졌다. 예를 들어 이집트 김씨의 밥그릇과 티그리스강 강남 출신 최씨의 밥그릇의 형태가 달랐다. 물론 서로의 것이 더 나은지 아닌지는 쉽게 비교할 수 없었지만, 각자의 환경이 다른 만큼 저마다의 개성 있는 모습을 지닐 수밖에 없었다. 그렇게 환경은 다른 꼴들을 출현시켰다. 말 그대로 지리적, 기능적 측면에서 등장한 저마다의 '고유한' 특색이 출현했다. 이것들이 모여 문명이 발생하고 문화는 급속도로 진보하기 시작했다. 문명을 통과하며 사람들의 삶의 질이 높아졌다. 전쟁이라는 수단을 통해 누군가를 잔인하게 지배하고 탐나 보이는 이들의 것을 빼앗았으며 그들에게 자신들의 것을 강요하기도 했다. 역사는 서로 다른 것들을 하나둘씩 섞으며 화합물이 되어 진보했다. 일일이 손으로 만들던 생필품을 남들보다 더 튼튼하거나 색다르게 만들 수 있는 사람은 장인으로 불렸다. 지역적으로나 기술적으로 독특한 가치를 지닌 것은 '공예'라는 이름을 얻었다. 예술은 아니지만 일상과 닿아 있어 예술품보다 실용적으로 쓰이기 위해 만들어진 것. 공예는 이렇게 등장했다. 이런 방식으로 진보해온 인류의 기술은 마침내 새로운 에너지원을 개발하기에 이른다. 에너지를 통해 사람 대신 기계를 돌리고 기계가 사람의 노동을 덜면서 대량생산의 기회가 생기기 시작한다. 김씨와 최씨가 일일이 손으로 만들던 그릇을, 그들의 수고로운 노동 대신 기계의 힘을 빌려 보다 손쉽게 그릇을 찍어내게 된다.

한편 일정한 리듬으로 뭔가를 계속 찍어내기 위해선 기계의 힘과 인간의 생각을 이어줄 언어가 필요했다. 자연의 언어를 들여다본 한 과학자는 자연의 체계를 통해 원리를 이해하려고 했고, 과학적 실마리를 자연에서 찾아내려 했다. 말이 없는 자연을 이해하고 그들의 놀라운 몸짓을 설명하는 자연과의 언어란 바로 '논리'였다. 이성의 시대를 지나면서 편리를 위해 자연의 원리를 논리적으로 이해한 결과, 자연의 지혜는 인간의 삶을 몇 발짝 더 앞으로 나아가게 할 수 있었다. 물이 끓기 시작했는데, 그 뚜껑을 억지로 막아놓으니 주전자가 폭발했다. 자연의 현상을 논리적으로 이해하는 데 성공한 과학자는 증기기관을 발명했다. 논리적 이해는 자연으로부터 효율적인 동력을 얻게 했으며, 새로운 에너지는 물건을 쉽게 찍어내는 동력이 되었다. 이제는 공장의 '스타트' 버튼(레버)을 누르기만 하면 되는 때가 온 것이다.

진일보한 기술이 본격적인 대량생산 산업의 시대에 들어서자 또다른 언어가 필요해졌다. '논리'라는 언어로 인류의 삶을 바꿔놓은 동력을 찾았으니, 이제는 그 동력의 더 나은 쓸모를 찾아야 했다. 잘빠진 신상을 찍어내기 위해 누군가 기계가 이해할 수 있는 도면을 만들어 소통하는 일. 새로운 기술에 좀더 민감했던 최씨가 반드시 새롭게 해야 할 일은 인간과 산업의 언어를 구축하는 일, 바로 '디자인Design'이었다.

당시의 디자인은 그저 기계가 일을 수행할 수 있도록, 대량생산에 차질 없게 설계하는 역할에 지나지 않았다. 폼이나 멋스러움이 아니다. 윗면, 옆면, 뒷면을 그려서 이렇게 생긴 물건이 몇천 개 똑같이 문제없이 생산되도록 하는 것. 그게 바로 최초의 설계. 디자인의 어원은 '설계'를 의미하기 위해 생겨났다. 그렇게 몇천 개 똑같이 생겨먹은 것을 단 몇 시간 만에 찍어내게 되었으니 최씨가 그전에 이틀 걸려 하나 만들던 노동은 하찮은 일이 되고 말았다. 반면 고집스러운 김씨는 이 혁신의 시대가 도래했음에도 여전히 그의 그릇을 일일이 손으로 빚고 있었다. 가족의 배를 부르게 하는 그릇을 손으로 만들면 가족들이 더 잘 될 거라는 막연한 희망도 가지고 있다. 남들은 기계로 찍어내는 '공산품'에 관심 있는 반면, 김씨는 여전히 직접 반죽한 자신의 흙에 의미를 부여했고, 자신만이 만들 수 있는 자신의 그릇에 대해 소신을 지켰다. 그런데 점점 김씨의 그릇을 찾는 이들이 많아지기 시작했다. 죄다 비슷하게 생긴 공산품이 아닌 희소가치를 지닌 나만의 물건을 가지고 싶어하는 고객들이 등장하기 시작했다. 희귀품을 찾는 고객과 '공예품'을 제작하는 고집스러운 장인의 등장이다.

이처럼 디자인과 공예는 산업 시대에 이르러 본격적으로 다른 길을 걷기 시작했다. 최초의 디자인은 그저 제품을 잘 찍어내기 위한 기계와의 소통 언어였으므로 오늘날 흔히 통용되는 '디자인'의 정의와 멀 수밖에 없었다. 앞서 말했듯 디자인의 원초적 의미는 잘 만들어내기 위한 '설계'이다. 즉 아름다움과는 거리가 있는, '디자인'은 조금 더 나은 품질, 기술을 위한 것이다. 그러니까 잘빠진 신상을 만들어내기 위한 노력으로서의 디자인은 그 이후의 일이라는 거다.

최씨의 공장이 번창하자 최씨의 사촌과 육촌, 팔촌도 수

많은 공장을 만들기 시작했다. 고집스러운 김씨의 둘째아들은 손으로 모든 걸 직접 빚어야 한다는 아버지의 고집스러움에 아버지와 불화가 끊이질 않았다. 예술가 같은 아버지가 못마땅했던 둘째는 마침내 집을 나왔다. 그러고선 최씨 옆에 공장을 차렸다. 그는 곧 최씨의 육촌이 만든 회사와 경쟁을 시작했다. 초기에는 최씨 육촌의 것과 비슷하게 만들었다. 그러다보니 몇천 개씩 찍어내는 그릇이 최씨네 것인지 김씨네 것인지 구분이 힘들어졌다. 그렇다면 죄다 비슷한 이 판에서 무엇으로, 어떻게 경쟁을 해야 할 것인가. 방향성에 대한 고민이 심각해졌다.

논의가 거듭되며 문제의 해답은 자연스레 디자인으로 향했다. 설계 언어에 불과했던 디자인은, 보다 '잘빠진 신상'이 되기 위한 언어로 진화할 필요가 있었다. 일단 제품은 남의 것보다 예뻐야 했고, 다른 것들과도 판이하게 달라야 했다. 얼마 지나지 않아 주변에 우후죽순 공장이 지어지기 시작했다. 농사를 짓던 박씨, 무직이던 조씨도 어디서 소문을 듣고 공장을 가동했다. 경쟁업체들이 계속해서 등장했다. 비슷비슷한 제품이 넘쳐나는 치열한 경쟁에서 살아남기 위해선 남들과 다른 제품을 만들어야 한다는 목소리만 높아졌다. 그런데 어떻게 해야 할지를 몰랐다. 창업자들은 생산과 생각의 언어인 '디자인'을 구사할 사람들을 찾아 나섰다. 손으로 남들과 다른 신상품을 쓱쓱 그려줄 출중한 인재, 남과는 완벽하게 다르고 세상에 없는 형태를 생각해줄 마법사. 귀신처럼 만들 수 있는 그림과 도면을 구상해낼 마법사. 근거 없는 전설에 의하면 당시 뜨거운 물을 담아 손으로 들고 마실 수 있는 컵도 어느 공장에 나타난 마법사의 작품이었다고 한다. '손잡이'라는 기가 막힌 아이디어를 낸 마법사는 특별한 생각의 전문가들이었고, 훗날 우리는 이것을 '디자이너'의 탄생이라고 부른다.

디자인이
예술인가?

"오, 예술이다!"

우리는 흔히 뭔가를 보고 몹시 맘에 들 때 이런 표현을 쓴다. 하지만 막상 예술품 앞에서는 '예술'을 들먹이며 감탄하지 않는다. 어쨌든 "예술이다!"라는 표현은 이보다 더 나을 수 없다는 최고의 감탄사이자 은유다. 그렇다면 사람들의 감탄사를 자아내는 것을 목표 중 하나로 삼고 있는 디자인은 예술인가? 예술의 일부가 디자인인가? 아니면 예술이 디자인이고, 디자인이 곧 예술이던가?

디자인은 예술이 아니다. 왜 그럴까? 예술은 아름답고 숭고한 창작의 절정이므로 최고의 경탄을 할 때 "예술"이라는 수사가 동반되기 마련이다. 예술은 직관적으로 멋져야 하고, 누구나 쉽게 그 멋짐을 읽어낼 수 있을 것이라는 생각은 일반적이다. 가령 어떤 예술가의 전시를 찾았는데 그 전시가 구상이란 장르이거나 전위적인 주제로 작품이 치우쳐 있다고 치자. 대체 뭐가 뭔지 모르겠는 난해함이 실망스럽다. 얼마나 실망했던지 "이건 나도 그리겠다"라며 붓질 두세 번으로 완성된 그림 앞에서 혀를 끌끌 차던 기억도 낯설지 않다.

일단 파악이 전혀 안 되는 구상 작품 앞에 서면 '무엇에 쓰는 물건인고?'라는 질문이 떠오른다. 피카소의 〈게르니카〉를 보면서 '피카소' 이름 석 자를 빼고 감동하는 일은 쉽지 않다. 알아보기 어려운 그림이 어떤 사연을 가지고 있든 일단 예술은 예술이다. 그런데 멋진 '신상'을 만들어내는 일인 디자인은 첫인상에서 난해하다는 느낌을 주면 일단 가망이 없다. 첫눈에 "예술이다!"란 감탄을 이끌어내지 못하면 디자인적인 가치에서 이미 밀려난 것이다. 한마디로 예술은 구구절절 사연을 가져도 되지만, 디자인은 이러저러한 설명이 추가되는 순간 이미 망했다고 봐야 한다. 희망이 없는 것이다. 하지만 예술가와 디자이너가 하는 일은 관객이든 고객이든 그들의 감동을 자아내기 위해 아무것도 없는 공간과 백지에 '신상' '신작'을 만들어내는 것이다. 디자인이 예술의 범주에 속해 있다거나 디자인과 예술을 같은 영역으로 착각하는 것은 바로 이 때문이다.

모두가 짐작하듯 디자이너와 예술가의 출발은 비슷하다. 거창한 것과는 거리가 멀다. 차를 그리든 신상 가방을 그리든 혹은 수 미터의 화폭에 물감을 찍어 바르든 간에 디자이너와 예술가는 자신의 심연 저 밑바닥을 훑는 일부터 시작한다. 심오한 주제를 그리기 전에 자신의 내밀한 믿음들과 아픔들 혹은 소망들을 쥐어짜낸다. 그것은 개인적인 기억에 치우칠 수도 있고, 인류를 구원하고도 남을 야심찬 믿음일 수도 있다. 구부정하게 쭈그리고 앉아 그저 깨어 있는 자아를 인식하고 뭔가를 그리다보면 지금과는 다른 뭔가가 툭툭 튀어나올 것만 같다. 순진한 마음이 작업의 씨앗이 되는 건 디자이너나 예술가나 똑같다. 보편성과 경이로움의 경계를 슬쩍 넘나드는 사이 사소하게 떠오른 '생각' 하나가 벼락처럼 찾아오기도 한다. 그렇게 좀더 움켜쥐다보면 뭔가가 펄떡거리기 시작한다.

디자인과 예술은 이렇듯 구부정하고 어정쩡한 모습으로 발화된다. 각자의 내밀한 생각이 주제를 만나면서 생명력을 얻기 시작한다. 서서히 깨어나는 생명이 모습을 드러내며 분화되어 탄생한다. 대중의 보편적 취향에 좀더 다가갈수록 창작자의 개인적인 사연과 난해함이 사라진다. 그렇게 남겨진 부산물은

'디자인'이 된다. 반대로 불특정 대중의 취향과 관계없이 여전히 작가의 내밀함과 그만의 표현을 통해 태초의 생각 원본 그대로 머무를수록 그것은 '예술'이 된다. 작가는 자신의 내밀함과 대중의 간격 따윈 아랑곳하지 않는다. 그게 예술가의 독선이자 그들만의 나르시시즘이다. 그에 비해 디자이너는 그의 내밀함과 미지의 대중들을 자연스럽게 이으며 다가가려 하지만, 디자이너 자신의 내밀함과는 얼마든지 거리가 있을 수 있다. 사적 기억과 경험은 현재의 대중이 지닌 기호와의 간극을 최소화하기 위해 작동할 뿐이다. 대중의 '취향'과 '유행'을 선도하기 위해선 적당히 한두 발짝의 냉정한 거리를 유지하는 것이 중요하다. 번뜩이는 생각으로 홀로 너무 멀리 나아가면 감히 추종하기 어려운 '난해함'이 된다. 혹은 예술과 디자인의 모호한 경계에 놓일 수도 있다. 그렇다고 대중의 요구에 너무 바싹 붙어서도 곤란하다. "식상하다" "진부하다" "구리다"라는 비난은 이런 경우에 나타나는 것이다.

디자인과 예술은 '가변성'의 측면에서 명확한 차이가 있다. 앞서 말했듯 디자인은 디자이너 자신이 아닌 대중, 그들에게 가까이 다가서 있다. 그렇기에 디자이너는 대중에게 설명이 가능하고 심지어 자신의 생각을 180도 다르게 변명하는 데에 주저함이 없다. 대중을 자극해야 하기 때문이다. 많이 팔아야 하기 때문이다. 반면 예술가는 자신의 심상과 표현의 간극이 닿아 있기 때문에 화폭에 펼쳐진 표현이 작가 자신이 된다. 마치 캔버스가 거울인 듯이. 어떤 작가들은 작품을 보며 밥을 굶고 술을 들이켠다. 심지어 작품에게 소리를 지르기도 대화를 하기도 한다. 소위 뛰어난 작가들은 작업을 하며 무의식에 의지한다. 붓이 가는 대로 칠하고, 영혼을 바닥에 내던지듯 체계도 없고, 도무지 엉망진창이다. 작품의 개진은 거의 무의식적으로 이루어지기 때문에 완성과 미완의 경계가 모호할뿐더러 작가 스스로 자신의 작품을 설명하지도 못한다. 논리적으로 설명할 수 있는 과학과 예술이 극명하게 갈라지는 부분이 바로 이 지점이기도 하다. 그렇다보니 작품과 일정 거리를 두고 있는 누군가가 있어야 한다. 작가를 대신해 유창하게 작품에 대해 이야기할 사람, 바로 '꿈보다 해몽'의 평론가다. 평론가는 작가가 제대로 설명할 수 없는 무의식의 반영을 이해 가능한 이야기로 풀어낸다. 바둑을 두는 당사자들의 노림수보다 어깨너머의 훈수꾼의 설명에 더 감탄하게 되고, 그라운드를 누비는 손흥민의 플레이보다 멀리 떨어진 중계석에서 떠드는 안정환의 해설에 더 고개가 끄덕여지는 이유다.

디자이너의 소임이란 무엇일까? 언제나 새로운 '신상'을 탄생시키는 것이다. 과거와 다르되 너무 나아가지는 않은 정도의 설득 가능한 내일을 제시해야 하는 것이다. 대중에게 팔기 위한 목적이 우선이니 앞으로 나아가되, 연신 뒤를 살피며 기존의 것을 여전히 지닌 그들과도 적당한 거리를 유지해야 한다. 신상을 만들겠다는 명분으로 기존의 것에서 크게 벗어나버리는 순간 기존의 사용자들은 일종의 박탈감을 느끼게 된다. 새로운 생각의 발견이 누군가에겐 '배신'이 될 수도 있다. 나 자신이 아닌 그들을 살피며 나아간다는 점에서 디자인은 이미 '타협'이고 '절충'이다.

타협과 절충이 낳은 디자인은 단기적이다. 아무리 지속 가능한 디자인을 할지라도 예술이 가진 지속성에 비하면 짧은 수명을 가질 수밖에 없다. 하루가 다르게 변신하는 변덕스러운 대중과 닿아 있기 때문이다. 그것은 디자인은 언제나 현재의 기술과 유행에 머물러 있다는 말이기도 하다. 내일은 또다른 기술이 나타날 테니 지금의 기술과 연결된 디자인은 시간이 지나면 어쩔 수 없이 자리를 내어주는 건 당연한 운명이기도 하다. 기술의 발달로 경제의 주체도 생산자에서 소비자로 넘어온 지 오래이지 않은가. 심지어 필요에 의한 소비가 아닌 드러내고 보여주기 위한 기호적 소비가 자리한 것도 대중이 더욱 변덕스러워지는 데에 한몫했다. 무시할 수 없는 현실이다. 이 역시 불편하지만 디자인이 관여해야 할 머리 아픈 과제이다.

이에 비해 예술가의 소임은 무겁고 한결같다. 아픈 우리의 마음을 치유하는 사명까지 지니고 있다. 개인의 욕망이 끊임없이 좌절하며 상실감을 안기는 이 시대에 예술의 어깨는 더욱더 무겁다. 철학자 칸트는 본래 예술은 모든 것으로부터 눈과 귀를 닫고 오로지 아름다움만을 추구해야 한다고 했다. 하지만 모든 예술이 아름다움만을 좇을 수만은 없는 것이 현실이다. 비록 예술의 이상이 궁극의 미를 추구하는 방향으로 나아간다 하더라도 주변에 보이고 들리는 것들로부터 눈을 감고 귀를 막을 수는 없는 일이다. 이미 현실의 문제를 떠안고 무겁게 시작된 것이 예술이다. 예술은 다른 것에 눈을 감으려고 노력하면서 궁극적 미를 향해 나아간다. 그러는 동안 예술은 현실의 문제를 툭툭 털어버리기 위해 발버둥친다. 예술가가 현실 세태를 비판하고 때론 정치적인 색을 지니기도 한 데에는 이런 배경이 있다.

예술은 위로한다. 매일 경험하는 다양한 형태의 감정, 상실, 좌절의 순간을 견디기 위해선 누군가의 따뜻한 이해와 위로가 반드시 필요하다. 예술이 미로 개진되기 위하여 시대의 무게를 간접적으로 언급하며 아름다움으로 나아가는 과정이다. 아름다움으로 가기 위해 주변의 것을 떨쳐내는 예술의 모습은 우리의 감정을 치료받을 수 있는 위로. 툭툭 털고 일어나라는 위로의 말과 닮아 있다. 아픈 자아와 닮은꼴의 예술, 스스로를 극복한 예술의 모습은 우리를 위로한다.

반면 디자인은 자극한다. 디자이너가 대중의 눈치를 보며 오로지 '팔리는' 물건을 만드는 데 골몰하는 이유다. 물론 대중을 위로할 수도 있다. 다만 그것은 욕망을 달래기 위한, 사물의 모습을 띤 환각제일 수 있다. 얄팍하기 짝이 없다. 대부분의 디자이너들은 기업에 소속돼 있기 때문에 다행히도 먹고살 만큼의 경제적 보상을 받는다. 그러나 대부분의 예술가는 안정적인 삶을 위한 보장도 주어진 뚜렷한 과제도 없다. 십중팔구 소외감을 느끼거나 경제적 어려움 등의 냉담한 현실을 피할 수 없다. 하지만 제약 없이 가고 싶은 길을 단 한 번의 돌아봄 없이 나아가는 자가 예술가가 아니던가. 반면 소심하게 주변의 눈치를 살피며 때론 대중 앞에선 굴욕적일 수도 있는 자가 디자이너다.

디자인과 예술은 이처럼 타인의 기대를 등에 이고 전혀 다른 길로 나아간다. 디자인과 예술을 창작의 영역에 나란히 둘 순 있어도, 생각의 시작점이 같다고 끝까지 같은 길을 걷는 것은 아니다. 우리가 멋진 디자인을 보거나 다양한 분야의 훌륭한 창작물 앞에서 "와, 예술이다!"라고 감탄하듯 예술은 인간의 본능적인 이상향이며 디자인은 시대에 따라 요동쳐야 하는 불완전한 산물일지도 모른다.

끊임없이 창작해야 하는 이유

요즘 인공지능이 화제다. 인공지능과 함께 살아간다는 말이 더 어울린다. 디자인이든 예술이든 창작의 영역만큼은 인간 고유의 영역이라 여겼는데, 이제는 신성불가침이란 표현이 무색하게 인공지능이 그림도 그리고 디자인도 하는 시대가 되었다. 기계가 인간을 무릎 꿇렸다는 사실은 우리에게 시사하는 바가 많다. 몇 해 전 세계의 이목을 끌었던 이세돌과 구글 딥마인드의 알파고가 벌인 세기의 바둑 대결을 기억할 것이다. 그런데 그들 이전에 있었던, 인간과 기계의 대결의 선조 격인 일화가 있다.

1997년 세계 체스 챔피언 카스파로프가 IBM의 체스 머신 딥 블루에 패하던 날, 역사적인 순간을 지켜본 관중들의 다양한 표정을 담은 사진 한 장이 찍혔다. 그 당시 언론에 등장한 사진을 자세히 들여다보던 나는 흥미로운 광경 하나를 읽어낼 수 있었다. 사진 속엔 승리에 환호하는 사람보다 황당해하고 허탈해하는 관중이 대부분이었다. 그런 반응이 나타난 데에는 이런 전제가 있었을 것이다. '나보다 당연히 열등하다고 여겨온 누군가의 발전'은 몹시 대견해 보이고, 그가 진보하는 모습을 지켜보는 것은 걸음마하는 아이를 바라보는 것처럼 즐겁기만 하다. 그런 뿌듯함이나 여유로움은 '그래봤자 나보다 못하리라'는 절대적인 믿음에서 온다. 이런 막연한 우월감 덕분에 우리는 인간을 절멸시키는 판타지와 같은 소설, 영화를 두려움 하나 없이 감상할 수 있다. 오늘도 내일도 그런 일은 결코 현실에서 벌어질 수 없을뿐더러, 만일 그런 일이 생기더라도 초월적인 우월함을 지닌 인간의 지혜로 얼마든지 막을 수 있다는 확실한 전제를 믿고 있기 때문이다. 인간은 언제나 생태계에서 우위를 점하지 않았던가.

처음에 딥 블루는 그저 기특한 컴퓨터였다. 첫번째, 두번째 경기를 제법 잘 해냈지만 인간에게 패했다. 한 걸음 두 걸음 성큼성큼 진보하는 체스 머신을 다들 대견스럽게 여겼다. 그런데 마지막 세번째 경기에서 딥 블루가 인간을 제압하자 사람들

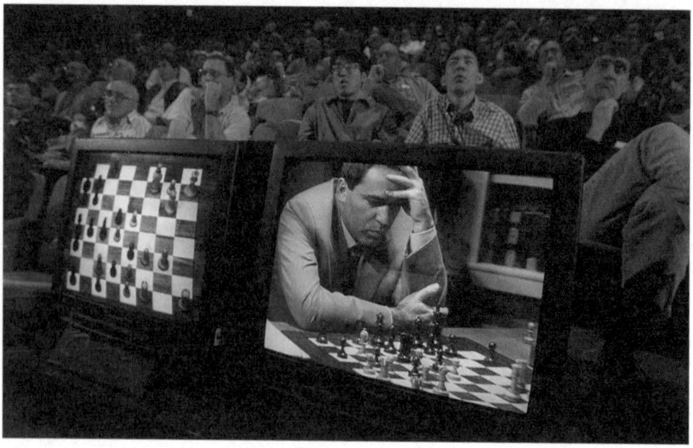

은 더이상 그전과 같은 환호를 보내지 못했다. 재롱 정도로 여겼던, 아니 무시의 대상이었던 인공지능 컴퓨터가 인간을 이단 옆차기로 날려버린 것이다. 그리고 그 연산장치는 영화 〈터미네이터〉에서 존 코너를 떨게 한 미래의 로봇처럼 칭찬의 대상을 넘어 두려움의 대상이 되어버렸다.

그런데 거기서 끝이 아니었다. 당시의 딥 블루가 뛰어난 계산 능력으로 미리 수를 예측할 수 있었던 인공지능이었다면, 훗날 등장한 알파고는 스스로 진화하는 능력을 보여줌으로써 인간과 기계의 우월성 논란에 종지부를 찍어버렸다. 이세돌이 패배하는 장면을 본 그날, 나는 섬뜩하게도 2009년에 개봉한 영화 〈아바타〉를 떠올리고 있었다. 이세돌과 알파고의 대국중에 비친 모습은 〈아바타〉에서 느꼈던 것과는 전혀 다른 것이었다. 영화

〈아바타〉가 등장할 때만 하더라도 우리는 영화 속의 놀라운 CG에 감탄하며 장밋빛 미래를 상상했다. 아바타가 위험한 일이나 하기 싫은 일을 대신 해주는 세상 말이다. 그리고 최고의 제작비가 투입된 영화답게 화면 속의 연출은 최고의 흥행 성적을 거두며 우리의 기대에 확신을 주었다.

그러나 현실은 전혀 뜻밖의 장면을 보여주었다. 당시 대국중에 특별히 카메라에 잡힌 이가 있었다. 이세돌과의 대국에 등장해서 화제가 되었던 개발자 '아자 황' 박사. 그는 알파고를 탄생시킨 개발의 주역이었지만, 지금 그의 역할이란 알파고의 판단에 따라 바둑돌을 바둑판 위에 놓는 것이 전부였다. 나는 두 눈을 의심했다. 영화 속과 달리 현실에선 인간이 알파고의 아바타가 되어 있었던 것이다. 분명 모두를 낙관하게 했던 영화에선 아바타가 우리의 일을 대신 해줄 거라고 미래를 제시하지 않았던가. 이세돌의 패배는 우리 사회에 큰 충격을 안겨주었다. '앞으로 등장할 주식투자를 대신 할 컴퓨터의 이야기' '가장 이상적인 판결을 내릴 법리를 다룰 컴퓨터' 등 미래를 예측하는 기사들이 앞다퉈 쏟아졌다. 인공지능이 내 일자리를 앗아갈지 모른다는 불안감이 떠돌았고, 더 나아가 존 코너가 그랬듯 인공지능이 인간을 제압하고 인간의 존폐를 결정할지 모른다는 두려움까지도 건드려졌다.

자, 상상해보자. 정말로 로봇에 의해 인간의 삶이 존폐의 위기에 놓인다면, 그때가 되면 인간은 나를 지킬 수 있는 것은 바로 나 자신, 내가 바로 내 삶의 유일한 존재임을 깨닫게 될 것이다. 그리고 이러한 상황에 처한 인간은 다음의 철학적 질문을 맞닥뜨리게 된다. '나는 누구인가? 우리 인간은 무엇을 할 수 있을 것인가?' 인류의 발생 이래 언제나 반복돼온 물음으로 우리는 돌아간다.

그렇다면 우리는 그저 인공지능의 진화를 두려워하며 모든 것을 내려놓고 방관만 할 것인가? 우리는 무엇을 할 수 있을 것인가?

먼저 가장 실질적인 각성이 필요하다. 예술 창작 분야에서는 어떤가? 창의적인 일만큼은 인공지능이 절대 손댈 수 없는 영역이라 예측했었는데, 이제는 인공지능이 그림 그리고, 웬만한 기본적인 디자인도 할 수 있는 시대가 되었다. 그렇다면 인간은 AI에게 그 자리를 내어줘야 할 것인가? 어떻게 창의적이어야 하는가?

빤한 창작은 더이상 의미가 없다. 제아무리 트렌디하고 상업적인 기류를 따르는 예술이라 한들 어차피 명석한 컴퓨터의 수에 읽히고 말 테니 말이다. 화가의 화풍을 분석해 인공지능의 방식대로 그려내는 건 일도 아니다. 심지어 자동차 디자인도 만들어내고 영화도 만든다. 거대한 데이터 속에서 짜깁기를 통해 절묘하게 찾아내는 지경에 이르렀다. 아직 어설픈 부분이 눈에 띄지만 시간문제에 불과하단 것을 모두가 안다. 더이상 통계와 데이터베이스에 의지한 단편적 지식이 설 자리가 없듯이, 통속적이고 얼마든지 예측 가능한 알고리즘을 따르는 우려먹기식 스토리를 지닌 것들은 가차 없이 폐기될 것이다.

AI의 능력을 인정할 수밖에 없게 된 지금, 우리는 '빤한' 창작을 경계하기 위해 상식조차 한번 더 의심해야 하고 보편성에 대해서도 긴장을 놓을 수 없다. 진보적인 태도를 견지하며 더욱더 질문하고 질문하려는 창작의 사명에 기대를 걸어야 한다. 이 형이상학적 질문에 적절한 답을 할 수 있는 노력이 가해질 때 우리는 다시금 컴퓨터의 능력을 넘어설 수 있을 것이다.

둘째로, 우려는 회피의 대상이 아닌 도약의 기회가 될 수 있음을 믿어야 한다. 과거 예술의 역사를 들여다본다면 오늘날의 고민처럼 위기를 새로운 도약의 기회를 삼았던 시절이 있었다. 과거 르네상스는 '신'의 영역을 벗어나 '인간'을 중심에 놓으려는 흐름이었다. 인간의 정신을 지배한 신의 역사를 벗어나 인간 고유의 영역으로 회귀하는 것. 이렇게 보면 르네상스 정신은 AI 시대를 지나는 우리의 그것과 닮았다.

르네상스 이전에는 인간 본연의 나약함에 사로잡혀 맹목적으로 신에게 의지했다. 신이 아니고서는 아무것도 할 수 없다고 믿던 당시 인간의 모습과 오늘날 AI와 같은 기술 앞에서 망연자실하고 있는 우리의 모습은 매우 흡사하다. 그러나 인간의 의지를 통해 '자유로운 자아'가 출현하고 이로 인해 과학, 예술을 고도로 비약시킨 때가 르네상스가 아니던가. 발명의 시대이기도 했던 르네상스를 지나며 인간은 철저한 자기반성을 통해 인간 중심의 예술과 논리에 입각한 과학의 형태를 드러내며 스스로 깨어났고, 인간 고유의 창의성은 시대의 급소를 찔렀다. 르네상스 이전, 신의 존엄에 의지할 때 탄생할 수 있다 믿었던 수많은 생각들을 르네상스를 지나며 인간 스스로 찾아낼 수 있음을 확신하기 시작한 것이다. 하고픈 대로 그림을 그렸고 조각을 했다. 그림 속에서 자유로워진 나를 찾아냈고, 심지어 스스로를 모델 삼아 그린 '자화상'도 이렇게 탄생된 것이다. 이처럼 신으로부터 자유로워진 르네상스의 흔적만 보아도 인간만의 창작이 있고, 인간만이 할 수 있는 디자인은 분명 존재한다.

과거 카메라가 등장했을 때, '회화'의 암울한 미래를 모두가 걱정했다. 이 혁신적인 발명은 그전까지 기록과 사실성에만 머물던 회화를 각성시키기에 충분했다. 사실을 담아내는 일은 '기계'가 더 잘하므로 카메라에게 넘기고, 회화는 이제 '인간'이 할 수 있는 일을 고민해야 했다. 생산적인 고민의 시작이었다. 카메라가 등장하지 않았다면 회화는 언제나 실물을 그대로 복제한 듯한 사실주의에 머물렀을 것이다. 또 카메라에게 사실성으로 계속 맞대응을 했더라면 '회화'라는 장르는 진즉에 소멸했을

지도 모른다. 흥미로운 것은 모든 화가의 일자리를 빼앗을 것으로 염려했던 카메라라는 기술을 인정하고 나자 오히려 화가들의 창작 활동이 비약적으로 이루어질 수 있었다는 것이다. 기술의 등장에 맞선 회화의 각성으로 등장한 그때의 그림들은 지금껏 가장 많이 회자되고 있는 회화들이다. 예술에 1도 관심 없는 이들이 "회화" 하면 지체 없이 떠올릴 수 있는 그런 화가들의 그림.

적잖은 화가들이 카메라의 등장에 붓을 내려놓으며 현실을 비관했을 것이다. 인공지능의 등장에 망연자실하며 우리의 존폐를 염려하는 지금과 다르지 않다. 하지만 카메라가 꼭 위협적인 것만은 아니었다. 카메라라는 신기술 덕분에 인상파의 빛에 대한 재해석이 이루어지며 새로운 전기가 마련됐기 때문이다. 가령 모네가 채색한 풍경의 역광들은 카메라로는 결코 담을 수 없는 색이었다. 다시 말해, 그 시절 카메라가 등장하지 않았더라면 모네도 르누아르도 시간이 지난 회화 따위는 지금까지 존재하지도 기억되지 않았을 수도 있다. 새로운 기술이 등장하여 기존의 것들을 대체하려 한다는 집단적 우려는 납득할 만하다. 하지만 새로운 기술을 오히려 새로운 도약의 기회로 삼았던 인상파 화가들의 예는 다가오는 미래를 눈앞에 두고 웅크리고 있는 우리에게 시사하는 바가 크다 할 것이다.

셋째, 공존을 인정해야 한다. AI라는 존재를 더이상 우리 삶에서 간과할 수 없음을 받아들여야 하는 것이다. 물론 인공지능은 인간이 도맡아왔던 무수한 역할을 점점 대신하는 쪽으로 발전할 것으로 보인다. 하지만 완전히 안심할 수는 없다. 인간의 것을 빼앗고 인간의 지시를 거부하는 인공지능, 우리가 진짜 우려하는 나쁜 인공지능이 출현할 가능성이 있기 때문이다. 그 문제는 바로 인공지능이 스스로에게 동기를 부여하는 '의지'를 갖고 있는 데서 비롯한다. 앞서 말했듯 90년대에 인간과 대결하며 두 번을 패한 딥 블루는 초기에는 아이의 '재롱' 정도의 수준을 갖고 있었다. 그러나 마침내 세번째 경기에서 딥 블루가 승리하고, 훗날 다시 한번 확인된 알파고의 승리를 지켜보며 사람들은 경악을 금치 못했다. 바로 눈앞에서 인공지능이 인간을 이기고자 하는 '자유의지'를 확인했기 때문이다.

과거 노예제가 있던 시절, 미국의 KKK 집단의 문서에 이런 내용이 있었다고 한다. "흑인은 채찍으로 때리면 비명을 지르기는 해도, 고통은 느끼지 못한다." 식민지 시절 원주민을 핍박하는 과정에서도 유사한 보고서가 등장했다. 이런 기록들은 비극적이긴 하나 지금의 인공지능을 이해하는 데 적절한 비유가 될 수 있을 것 같다. 사람들은 초기의 인공지능을 '재롱' 정도에 불과한, 조작된 것은 인간이 차마 보지 못한 숨겨진 지름길 같은 것이라 생각했다. 따라서 '고통을 느끼지 못하는 그들'의 존재를 인정하지 않았듯이 인공지능의 존재를 인정하지 않음으로써 우리의 마음은 느긋함을 유지할 수 있었다. 하지만 이제는 인공지능의 의지, 그들의 자유의지에 대한 정신을 무시할 수 없는 지경에 이르렀다. 그들의 존재를 인정해야 하고 그들 또한 '고통'을 느낀다고 받아들여야 한다. 더이상 우리가 우위에 있다고 믿을 수도, 믿어서도 안 되는 입장이 되었다. 그들이 할 수 있는 일은 그들에게 맡기고, 인간은 인간만이 할 수 있고, 하고 싶은 일을 견지해야 한다.

마지막으로 인공지능에 대응하는 우리의 자세는, 창작물에 깃든 인간 고유의 정서와 사유에 긍지를 가져도 좋다는 것이다. 먼저 인간의 심상은 크게 의지와 감정으로 나뉜다. 즉 감정이 의지를 지배할 때 우리는 쉽게 무너진다. 현대사회의 고질병인 상실감을 통한 우울증같이 많은 사람들이 의지에 침투해버린 감정 때문에 좌절을 경험한다. 그때 일시적인 그 어두운 감정들을 공책에 써보거나 지인에게 털어놓는 일은 도움이 된다. 글로 적어 나의 일시적인 감정을 내 눈으로 직접 읽어보는 것은 내 안의 의지와 감정을 분리해내는 쉬운 방법이다. 다른 사람에게 감정을 털어놓음으로써 상대의 격려와 조언을 섞어 그때의 감정을 객관적으로 분리시켜보게 된다. 이처럼 일시적인 감정의 덩어리를 나로부터 분리시킴으로써 감정의 늪에서 헤어나올 수 있다. 한마디로 우리는 의지에서 감정을 툭 떼어놓고 바라볼 때에야 비로소 '우울해'라는 자신의 감정이 의지와는 무관한 일시적인 외부의 것이란 걸 알아차릴 수 있다.

여기서 생각해야 할 것은 이것이 예술의 작동 원리라는 것이다. 궁극의 미로 향하는 예술가의 부산물인 작품을 바라보는 게 바로 인간이다. 관객은 아름다움을 바라보며 세상의 모든 단면을 담아낸 예술품 앞에서 '아름답다'라는 감정과 '나는 작품을 바라본다'라는 의지를 분리시킨다. 우울한 감정을 자신으로부터 떼어놓는 것과 같은 원리다. 즉 아름답건 추하건 예술품이 전하는 감동을 관객인 나의 의지로부터 분리시키는 법을 인식하게 되는 것이다. 내가 심취한 그 예술품을 만든 작가 역시 작품 외부에 분리되기는 마찬가지다.

물론 예술에 심취한 나머지 작품 속에서 허우적거릴 수도 있겠지만, 이 또한 예술품 앞에서 황홀경을 얻은 그 순간일 뿐이다. 절대의 '미'로 나아가는 예술의 과정 앞에서 우리는 나의 감정과 의지를 떼어놓는 체험을 하며, 모든 상실과 속세의 먼지를 털어내며 예술 앞에서 '나'를 확인하게 된다. 아무리 인공지능이 르누아르의 붓처럼 훌륭한 그림을 그려낸다 한들 인간을 위로하거나 감정을 추스르게 하는 예술의 순기능에는 미칠 수 없다는 것이 확실해졌다. 인공지능의 존재는 백 번이고 인정해주겠지만 그것이 우리처럼 상실감을 느끼고 감정과 의지의 충돌을 겪고 있다고는 장담할 수 없기 때문이다. 그러니 당연히 고도의 기계의 등장에도 꿈쩍하지 않는 인간의 예술에 대한 자존감만큼은 확인되고도 남는다.

인간은 의지와 감정을 재료로 진정성을 담아 예술을 창작하여, 그로써 위로받아야 한다. 카메라 앞에서 고민했던 화가들처럼 창작의 일들은 위기의 순간에 창조적 기지를 발동시켜 또다른 희망을 만들어냈다. 이처럼 창작은 희망이자 동시에 해결의 열쇠다. 신기술의 존재를 흔쾌히 인정하면서 나만이 할 수 있는 것을 찾아내는 노력은 예술가와 디자이너에게만 국한된 사명이 아니다. 세상이 종용하는 빤한 트렌드를 추종하기보다 빈 종이 앞에서 구구절절 자신만의 이야기를 쓰고 담고 그려낼 수 있다면, 누구라도 감동과 의지의 경계를 끝없이 넘나들게 될 것이다. 그렇게 인간만의 가치가 지속될 수 있지 않을까.

2부

호기심을 위한 변명

진정한 지혜는 생각의 옳고 그름의 기준을 나 자신에게서 발견할 때 오는 것이다. 오늘날 세상이 필요로 하는 전혀 다른 생각은 빤한 질문과 답변이 아니라, 빤한 질문에 대해 엉뚱하지만 입체적인 답변이다. 그것이 미래의 창의에 필요한 자양분이 되기 때문이다. 과학과 기술이 해답을 발명하는 일이라면, 디자인은 수많은 가능성 중 하나를 집어내고 발견하는 일이다. 정답은 없다. 그러므로 끊임없이 발상해야 한다.

안다
VS
안다

— 지식과 지혜

내가 사는 동네 근처에는 간판 없는 책방 하나가 있다. 얼마나 작은지 구글 맵에서도 보이지 않고, 직접 발품을 팔지 않고서는 찾을 수 없다. 임대료 비싼 걸로 치자면 유럽에서 1, 2위를 다투는 도시인데, 그것도 시내 중심가의 길목에 어떻게 이런 작은 서점이 버티고 있는 걸까. 게다가 껌이나 성인용 잡지를 비롯해 이것저것 다 파는 중앙역의 서점과 달리 오로지 사진책, 예술 관련 서적만 판다.

그런 궁금함 때문인지 출퇴근길에 눈에 담아두었던 책방

이다. 특히나 전면 매대에는 늘 사진 예술과 관련된 많은 책들이 진열되어 있었다. 한번은 약속이 있어 그 근처에 갔다가 시간이 좀 남았다. 뭘 할까 생각하다가 자연스레 책방으로 향했다. 시간을 보내기에는 책방 매대 앞을 서성거리는 것만 한 게 없었다. 꼭 사지 않아도 자유롭게 책을 들춰볼 수 있으니 부담도 없었다. 역시나 매대에 진열된 책들은 내 마음을 사로잡기에 충분했다. 사진을 전문으로 펴내는 독립출판사들의 오래된 책부터 몇 부 인쇄 안 된 오래된 사진집들까지 다양한 책들이 있었다. 저명한 사진가이자 영화제작자, 광고기획자인 샘 쇼Sam Shaw의 사진집, 얼마 전 한국에서 많은 화제를 모았던 사울 레이터Saul Leiter의 사진집, 입생 로랑 장신구집 등 갖가지 책들이 호기심을 자극했다. 그런데 나는 이런 알 만한 작가들보다 처음 들어본 작가들의 작품집에 눈을 떼지 못하고 있었다.

익히 들어본 샘 쇼의 사진집은 언제나처럼 건너뛰었는데, 그런 나를 보고 책방 주인이 말을 건넸다.

"역시나 샘 쇼 안 좋아하는구나."

샘 쇼는 누구나 한 번쯤 봤을 매릴린 먼로의 유명한 사진을 찍은 작가다. 매릴린 먼로가 바람에 날리는 치마를 애써 누르며 요염하게 웃는 사진. 누구나 알 것이다. 뭐라고 대답할지 망설이는 사이 그가 조심스럽게 내게 다가와 뭐 좀 보여줘도 되겠냐면서 말을 이었다.

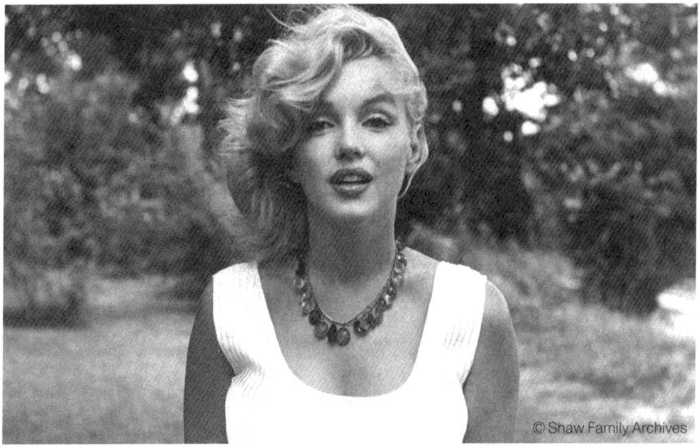

샘 쇼, 〈호박구슬 목걸이를 건 매릴린〉(1957)

"매릴린 먼로를 섹스 심벌로만 보는 건 잘못된 거야."

그는 샘 쇼의 사진집을 꼭 열어보라며 밀봉된 사진집의 비닐을 뜯어 내게 내밀었다(물론 강매하려는 의도는 아니었으리라 믿는다).

책을 펴든 나는 매릴린 먼로가 그토록 아름다운 배우였다는 걸 처음 알았다. 물론 외모에 치우친 평가지만, 수려한 외모뿐 아니라 생각도 못 했던 그녀의 이지적 풍모에 감탄하지 않을 수 없었다. 온몸에 전율이 느껴질 만큼 그녀의 초상은 아름다움을 넘어 새로운 경지의 우아함이었다.

"그렇게 아름다울 수 없지? 몰랐지?"

책방 주인이 미소를 지으며 물었다.

나는 그때까지 샘 쇼라는 미국인 사진작가를 단지 매릴린 먼로의 '섹시한' 사진 한 장을 찍은 사람 정도로만 알고 있었다. 주저 없이 샘 쇼의 무겁고 두꺼운 사진집과, 앙리 카르티에 브레송의 사진집까지 함께 종이봉투에 담았다. 그러고는 몇 킬로그램이나 되는 사진집을 들고 하루종일 시내를 돌아다녔다. 하릴없이 동네 책방을 찾았다가 뜻밖의 환희를 얻은 날이었다. 안다고 생각했지만 사실은 잘 몰랐던 사진가 샘 쇼의 열정을 확인하고, 한 시절을 휩쓴 어느 '섹시한' 여배우에 대한 편견마저 산산조각나버린 날이었다. 가볍게 주워들은 몇 마디로 그녀를 기억하고 있던 나의 얄팍함이 원망스러웠다.

독일어에는 '알다'의 뜻을 가진 두 개의 단어 kennen과 wissen이 있다. 전자는 경험을 통해 알게 되는 것을 의미하고, 후자는 책이나 강의로 배워서 알게 되는 지식에 가까운 경험을 가리킨다. 우리말로는 '지식'과 '지혜' 정도로 바꿀 수 있을 것이다. 지식과 지혜는 사전적으로 구분이 되는 명사이지만 동사로 쓰일 때는 구분되지 않는다. 경험으로 알건 책을 통해 알게 되었건 모두 '안다'로 통용되기 때문이다. 그에 비해 독일어와 스페인어, 프랑스어처럼 라틴어에 기반을 둔 언어에선 똑같은 '안다'의 의미일지라도 직접 경험을 통해 알게 된 지혜와 배워서 알게 된 지식을 분명하게 구분 짓는다. kennen과 wissen을 구분하는 건 비독어권 사람들이 유독 어려워하는 부분이다.

지식은 한마디로 '답변'이다. 완성되어진 질문의 끝에 답이 있는 선형적 텍스트의 형태다. 지식은 정해진 텍스트를 일렬로 좇는 일이다. 우리의 학교에서 배워온 방식이 그러하기 때문에 낯설지 않다. 답을 좇는 것이 곧 지식을 쌓는 것이기 때문이다. 지식을 익히는 일도 물론 중요하지만, 일방적으로 주입되는 지식에 함몰되는 순간 창의적 사고도, '나'라는 주체도 사라져버린다. 정해진 답이 아니면 그릇된 것일 테니 '나'라는 주체의 자율성도 없는 것이 지식이다. 과거에는 지식 혹은 정보에 가까운 지식을 얻기 위해선 책을 열어 관련 정보를 찾거나 먼 곳의 사람을 일일이 찾아가 이야기를 들어야 했다. 이런 방법을 통해 뭔가를 알아내는 것이 지적 풍요에 다가가는 일이었다. 그런데 이제는 관련 키워드 몇 개만으로 얼마든지 그 확장된 정보에 접근이 가능해졌다. 어딘가에 숨은 텍스트는 키워드를 다 입력하기도 전에 이미 완성되어 주르륵 제시된다. 즉 단편적 지식은 개별적 가치가 없다. 또한 우리의 교육 시스템이 주입하는 극명하게 옳고 그름이 있고 정제된 지식들은 실제로 쓰이기 어려울 만큼 지식의 효용조차 제거한다.

지식의 끝엔 또다른 목적이 있다. 지식은 네이버 지식인이나 구글 검색처럼 늘 뚜렷한 질문을 전제로 한다. 따라서 두루뭉술한 대답이나 내가 예상한 답이 아니면 쉽게 배척해버린다. 심지어 서점에 가서도 책을 찾는 게 아니라 스스로 예상하는 답을 스스로 확신하기 위해, 자신의 편협한 믿음을 더 공고히 할 수 있는 책을 찾는다. 유사한 범주의 책을 들추는 대신, 예상하는 답을 가진 책을 집어든다. 이처럼 지식은 단편적으로 기대치에 더 순응하기 위해 내가 기대했던 방향으로만 흘러간다. 가능성의 시야를 넓히는 쪽이 아니라 좁히는 쪽으로만 사용되는 것이다. 물론 지식은 효용성이라는 이점이 있다. 그래서 우리는 너무 많은 수치와 끝없는 지식의 정보 속에서 계속 허우적대느니 차라리 명쾌한 답변을 얻고 게을러지는 편을 선택한다. 당연한 이치다. 뇌는 언제나 게으르다고 하지 않았던가. 내게 가장 익숙하고 늘 믿고 있던 지향점, 내가 그간 믿어왔던 쪽으로 향한다. 의심이나 질문은 존재하지 않는다. 가던 길의 노란불의 신호에도 멈춤 없이 달리고 싶어하는 우리의 관성처럼 지식은 신념이라는 편도를 따라 치우친 믿음을 그대로 응고시켜버린다.

반면 지혜는 목적이 없으며 그럼으로써 또다른 질문을 일으킨다. 지혜를 얻기 위한 뚜렷한 질문이란 세상에 존재하지 않는다. 뚜렷한 질문이 없으니 정답이 없다. 그런데 정답이 없는 걸 알게 되는 순간 질문의 주체인 나는 용기를 얻는다. 자유로운 나를 발견하며 지식의 텍스트에 순응하던 나보다 용감해진다. 그렇기에 질문에 답하기 위해 각자가 자율적으로 계량한 해석은 더 환영받는다. 범위가 넓고 문제해결 방법이 광활해서 무엇이 옳고 그르다고 단정 짓기 어렵지만 다양한 의견이 흩어져 풍요로워진다. 전문 요리책에는 명인이 정해놓은 또렷한 양념의 계량법이 등장하지만, 세상에서 제일 맛있는 우리 할머니의 요리 비법에는 계량법이 존재하지 않는다. 말로 설명할 수 없는 것이기 때문이다.

그날의 기분대로, 투박한 손으로 집어 담아내고 주름진 손가락으로 찍어 맛보는 것에 그치지만 그 맛은 언제나 독보적이었다. 지식에 갇혀 있지 않기에 나조차 내 맘대로 할머니의 것을 흉내내어 도전해볼 수 있다. 체계화된 지식을 토대로 그대로 따라하지 않으므로 나의 첫 시도는 오롯이 내 것이 된다. 기존의 완고하며 체계적인 전통적인 지식으로 측량된 요리법 대신, 대한민국 모든 채널을 장악한 충청도 사투리의 어느 요식업계 대표의 비법들이 사랑받는 이유도 다르지 않다. 그는 옳고 그름을 가리기보다 모든 것을 너그럽게 활용할 것을 당부한다. 주변의 것들을 자기 식대로 풀어헤쳐 그만의 '지혜'를 만들어내는 넉넉한 방식이다. 우리 할머니의 방식처럼 말이다. 그의 지혜 덕분에 요리는 골치 아프고 귀찮은 것이 아닌 누구나 해보고 싶어하는 풍요로운 문화로 거듭날 수 있지 않았던가.

이처럼 지혜는 옳은 길을 따라 걷는 일이 아니라 각자의 길을 걷다 만나는 일이다. 내가 지닌 의문에 대한 답을 구하기 위한 책을 '찾는 것'이 아니라, 각양각색의 질문을 던지기 위해 말을 건네며 지혜를 '들추며 만나는 것'이다. 어느 날 책방의 매대에서 이 책 저 책 쓱쓱 들춰보다 새로운 사람 덕분에 다른 생각에 닿을 수 있는 기회를 만났던 것처럼 말이다. 만약 내가 1종 보통면허 실출 문제집을 찾듯이 내게 필요한 정보와 지식의 형태를 가지고 접근했더라면, 그날의 행운은 결코 얻을 수 없었을 것이다. 그랬더라면 단편적 지식으로 알고 있던 샘 쇼가 찍어낸 빤한 그 사진 속 요염한 표정의 매릴린 먼로의 모습이 그녀에 관한 기억의 전부가 되었을 것이다. 그날은 걷기에 딱 좋을 만큼의 온도가 나를 서점을 이끌었고 책을 들춰보기에 미안하지 않을 만큼 서점은 한가했다. 경험이 내 것이 되기 위해선 주변의 온도부터 내 것이 되어야 한다. 경험이 지혜가 될 때 기억이 다발처럼 찾아드는 건 덤이다.

들춰봄은 나와 우리를 지혜롭게 만든다. 관성적인 지식은 스스로에게 질문하지 않기 때문이다. 그날 지혜를 얻지 못한 채 이토록 우아한 매릴린 먼로의 모습을 모르고 살았을 것을 생각하면 아찔하기 짝이 없다.

사랑해요, 매릴린 먼로.

즉흥적 발상의 힘

일반적으로 사물의 쓰임새는 뚜렷한 필요에 따라 만들어진다. 불편함은 문제의식을 일깨우고, 문제의식은 해결책을 찾는 일로 이어진다. 그런데 불편함에 이미 익숙해졌다면 문제를 발견하고 개선하기가 쉽지 않다. '습관'이 되었기 때문이다. 습관은 어떤 행동을 반복적으로 하는 것뿐 아니라 잘못된 것을 스스로 알아차리지 못할 때도 생긴다.

뭔가를 작동하기 위해 불필요한 동작을 반복해야 하는 것도 불편함이고, 시간이 지나도 여전히 낯선 숨은 기능을 찾아야 하는 것도 불편함이다. 또 생긴 게 마음에 안 드는 것 역시 시각적 불편함을 야기한다. 불편함을 미리 감지하고 해결하는 일. 이것이야말로 발명의 원동력이고 발상의 촉매다. 불편함의 원인을 발견하고 그 영향을 분석하는 것은 생각을 위한 일차적 과정이기 때문이다. 그런데 그에 앞서 우선적으로 해야 할 일이 있다. 불편함의 원인과 증상을 수집하고 열거하는 것이다. 고객의 피드백이 필요한 이유다. 이렇게 다양한 사용자의 불편사항들을 늘어놓다보면 어떤 결론에 이르게 된다. 기존의 것을 개선하기로 결정하고 내놓는 것이 개선품이다. 거기에는 대부분 SESecond edition, Mark II, 또는 S2 같은 이름이 따라붙는다. 아니면 비용 대비 개선품을 만드는 게 여러 여건상 쉽지 않아 보일 때는 과감히 신제품으로 출시하기로 결정하기도 한다. 철저히 기존 것의 사용 사례를 토대로 해결점을 찾기 위한 기획이 이루어진다. 문제를 인식하는 과정은 이처럼 귀납적이다. 사례를 열거해 결론을 찾는 논리적 방식 말이다.

새로운 생각, 새로운 사물은 논리적 사고의 결과물이다. 우리 주변의 사물들이 모두 이런 과정을 거쳐 만들어졌다는 게 놀랍지 않은가. 16~17세기 기계론적 세계관이 등장하면서 우주 만물은 원인에 따른 결과로 구성된다고 여겨졌다. 신이 아닌 인간 스스로 문제를 해결하는 이성적 탐구에 있어 논리는 필수적이었다. 만약 누구도 하지 못했던 생각이 절묘하게 타이밍이 맞아 떨어진다면 그것은 시대의 혁신이 된다.

브리콜뢰르bricoleur는 뭐든 척척 문제를 해결해내는 재주를 가진 사람을 일컫는 말이다. 그런데 브리콜뢰르스럽다는 의미가 요즘 4차 산업혁명, 기술 지향의 시대를 지나면서 즉흥적 발상의 가치로 새롭게 주목받고 있다. 지금까지의 산업혁명이 사용자의 니즈Needs를 통해 상품을 기획하고 원자재를 투입하여 만들어내던 하드웨어를 위한 혁명이었다면, 4차 산업혁명은 한층 팽창된 데이터의 기반 위에 상상력을 얹은 또다른 지구를 만들어내는 일이기 때문이다.

연필을 예로 들어보자. 연필이 육각형 모양인 건 그립감을 좋게 하기 위해서다. 또한 각진 형태 덕분에 책상 밑으로 또르르 굴러떨어지더라도 연필심이 부러지는 일을 방지할 수 있다는 이점도 있다. 과거 카세트테이프가 인기 있던 시절, 연필은 카세트테이프의 릴에도 정확히 맞물렸다. 음악을 다시 들으려면 카세트테이프를 뒤로 감아야 했는데, 카세트플레이어의 뒤로 감기 기능을 쓰면 편하지만 그만큼 배터리가 소모되었다. 지금의 배터리에 비하면 턱없이 부족한 용량이었으므로 금방 소모되는 배터리를 대신해 연필을 꽂아 테이프를 감곤 했다. 물론 연필과 카세트테이프는 아무런 연관성이 없다. 카세트테이프의 개발자가 연필의 지름을 고려해서 릴을 개발했다는 근거는 어디에도 없다. 하지만 절묘하게도 뜻밖의 '관계'가 맺어졌다. 병따개

없이 병뚜껑을 따는 누군가의 이빨을 떠올려보자. 그의 강한 이빨은 부모님에게 물려받은 훌륭한 유산이다. 하지만 어린 후배들 앞에서 병뚜껑을 따는 이빨은 그의 강력함을 드러내는 수단이다. 불을 붙이는 라이터로 병뚜껑을 따내는 재주 또한 라이터를 발명한 사람이 전혀 예상 못한 색다른 기발함이다. 이렇듯 브리콜뢰르적 아이디어는 아이러니하게도 발명의 필수 요소였던 '인과관계' 혹은 '논리'로부터 벗어나는 즉흥적 발상이다. 즉 순발력 있는 재주다. 논리와 지식이 아닌 오로지 어디에서부터인지 근원이 모호한 축적된 경험을 통한 직관적인 발상이다. 그리고 그 바탕에는 실제 사물들 간의 물리적 상관관계를 넘어 뜻밖의 '관계'를 예측하는 상상을 토대로 한다.

경험주의를 주창한 철학자 흄은 '바람이 불면 나뭇가지가 흔들린다'는 인과관계를 부정했다. 그는 우리가 판단하는 일반적인 인과관계는 일반적인 현상에 따른 습관적인 판단이라고 지적했는데, 한마디로 정리하면 원인이나 결과의 성질만으로는 인과관계를 알 수 없다는 것이다. 바람이 부는 성질과 흔들리는 나뭇잎의 성질은 다른 요인의 영향을 받은 것일 수 있다는 것이다. 바람이 부는 순간 누군가가 나무를 붙잡고 흔들어서 그럴 수도 있기 때문이다. 그래서 흄은 인과관계를 파악하기 위해선 누군가가 나무를 흔들고 있을 수 있는 변수에 따른 결과의 성질이 아닌 대상들 사이의 '관계'를 면밀히 파악해야 한다고 역설했다. 두 개의 대상은 반드시 시공간에서 가깝게 위치해야 함을 전제조건으로 삼았다. 원인은 결과가 되는 일보다 먼저 발생해야 하고, 두 대상은 필연적으로 연관성이 발견되어야 하는 것도 완벽한 인과를 위해 검토할 필요가 있음을 강조했다.

또한 흄은 귀납법을 통해 결론에 이르는 논리에도 의심의 눈초리를 떼지 못했다. 여러 가지 사례를 종합한 것만으로는 100% 확신을 할 수 없다는 것이 그의 주장이었다. 심지어 그는 질량보존의 법칙, 에너지보존법칙 같은 증명된 과학 이론을 의심하며 지금까지 완벽하게 실증한 과학적인 것들조차 변수의 사례가 발견되지 않았을 뿐이라고 강조했다. 다양한 사례를 통해 백조는 모두 흰색이라고 결론 내렸다가 최근 검은 백조가 발견되며 다시 결론이 뒤집어졌듯이 귀납을 통한 진실은 결코 완벽하지 않다.

논리를 의심한 흄의 경우처럼 인과 대신 '관계'를 새롭게 들여다보며 엉뚱한 기지를 펼 수 있는 것은 경험을 바탕으로 한 인간만이 할 수 있는 발상법이다. 또한 이러한 기지는 병따개가 없을 때 이빨로 병뚜껑을 따듯이 긴박한 상황에서 인간을 구원할 수 있는 유일한 방법이기도 하다. 흄의 지적처럼 두 개의 대상이 가치를 발휘하기 위해선 습관적 인과관계를 통해 도출한 결과적 성질을 바라볼 게 아닌 직접적인 '관계'를 찾아내야 한다.

이것이 바로 브리콜뢰르적 발상과 닿아 있는 지점이다. 연필로 카세트테이프 릴을 돌리듯 브리콜뢰르적 발상은 의심의 대상인 논리로부터 완벽하게 벗어나 있다. 연필은 흑연으로 만들어짐으로써 종이에 쓸 수 있었고, 기록할 방법이 없던 시절의 해결책이 되었다. 이처럼 연필은 필요에 의한 논리를 바탕으로 탄생한 수단이다. 라이터는 불을 피우기 위한 수단으로 만들어졌고, 쉽게 휴대할 수 있다는 장점 때문에 불티나게 팔려나갔다. 필요는 탄생의 완벽한 원인이자 기원이다. 하지만 이들의 쓰임새는 브리콜뢰르적 발상을 통해 논리를 잊고 '관계'에 집중되기 시작했다. 우리가 믿는 다양한 발상들 중 논리법을 따르는 것조차 미래의 지능이 얼마든지 찍어내듯 할 수 있는 일, 즉 뻔한 발상의 방법이 되어버렸다.

얼마 전 프레젠테이션을 앞두고 고민에 빠졌다. 어떤 레이아웃을 짜고 폰트의 크기를 어떻게 해야 눈에 잘 들어올지, 효과적으로 채워야 할 슬라이드가 막막하게 느껴졌다. 누구나 겪는 일이다. 그런데 내가 사용하는 최신 업데이트 버전의 파워포인트 프로그램에서 특별한 것이 눈에 띄었다. 인공지능이 작업창 옆에 조심스럽게 "이건 어때?" 하면서 서른 개의 아이디어를 제안해준 것이다. 과거 버전에서는 인공지능이 제안하는 것들은 대부분 쓸모없었는데 이제는 버전이 업그레이드될수록 제안하는 아이디어들이 참신해 보인다. 이 아이디어들은 나와 일하는 팀원들이 그동안 만들어낸 수많은 레이아웃을 바탕으로 인공지능이 재빠르게 재조합해낸 것이다. 차곡차곡 쌓인 기록을 바탕으로 만들어낸 생각이기에 매우 쓸 만해 보인다. 무리 수 없이 보편타당하다. 게다가 충분히 나답고 우리다움을 근거로 삼기 때문에 솔깃하다. 이렇게까지 말하기엔 자존심이 상하지만 나 자신이 부끄러워질 만큼 인공지능의 창의력이 쓸모 있어 보인다. 하지만 단 하나 없는 것이 있다. 엉뚱함이다. 치명적인 나다움. 누가 뭐래도 이건 '나답다'라고 자신 있게 말할 수 있는 건 전혀 보이지 않는다. 검은 백조의 등장처럼 그동안의 사례를 바탕으로 또다른 결론을 도출하는 일은 특별한 완성을 보장하지 못한다. 내가 해온 것들을 귀납적으로 열거하여 짜깁기한 인공지능의 제안은 몇 초 만에 몇백, 몇천 개를 찍어내기 때문이다.

논리에 기초해 생각하는 일은 중요하다. 가장 안전하게 생각을 다져가는 방법이기 때문이다. 하지만 혁신성을 위해서는 라이터로 병뚜껑을 따는 것과 같은 엉뚱함이 필요하다. 그것은 0과 1을 반복적으로 오가며 논리에 기초한 인공지능이 흉내조차 낼 수 없는 발상이다. 지금껏 거쳐온 다양한 모습의 산업혁명들은 누군가의 생각을 수평적으로 확대시키는 생산적인 확장의 개념에 불과했다. 그리고 우리는 4차 산업혁명이라 불리는 새로운 지구를 만드는 지금의 세상에 진입했다. 우리가 해야 할 일은 과거 산업혁명의 하드웨어에 기반을 둔 생산적 개념은 물론, 데이터의 개념인 0과 1 사이의 초월적 개념을 극복하는 것이다. 누군가는 4차 산업혁명에 대해 데이터 없이는 돌파할 수 없는 장벽이라고까지 한다. 하지만 혁신적 생각을 토대로 한 디자인이라는 창의적 일은 발상을 통해 어떤 중대한 데이터를 뛰어넘을 수 있는 형이상학적 지혜가 되기도 한다. 왜냐하면 디자인은 0에서 1이 아닌 무한대를 수직적으로 그려낼 수 있는 빈 종이에서 시작하는 일이기 때문이다. 종이 위에는 공식을 적어 옳은 답을 쓰는 대신 생각을 그릴 수 있지 않던가. 방정식이 아닌 종이 위에서의 어떠한 조합은 자유로우며 어떤 비용과 위험을 초래하지 않는다.

따라서 어떤 논리와 수치를 기반으로 하지 않는 브리콜뢰르의 엉뚱한 마법은 문제 해결의 방아쇠가 된다. 병따개 대신 숟가락과 라이터로 병뚜껑을 따는 엉뚱한 기지는 우리 인간만이 지닌 능력이다. 물론 논리적인 것은 보편타당한 이해를 위해 우선시되어야 한다. 특별한 발상은 평균적인 느림(보편)을 바탕으로 할 때 빛을 발하기 때문이다. 즉흥적이고 엉뚱한 발상을 어떻게 해내는지에 대해선 비법을 전하는 데 어려움이 있지만 한 가지는 말할 수 있다.

때론 즉흥적이고 과감한 직관이 요구되기도 한다. 새로운 생각의 탄생은 직관을 바탕으로 새로운 관계를 만들어내기 때문이다. 비록 사물이 분명한 용도를 가지고 태어날지라도, 우리에게 익숙한 논리적인 사물 간의 관계만큼은 언제나 재정립될 수 있다. 연필과 카세트테이프의 이 놀라운 환경친화적 조합도 분명 누군가의 십대의 어린 시절에 시도된 적이 있으리라 추측해본다. 숨어서 팝송을 듣고 싶던 한창때가 아니었더라면, 용기 있는 시절이 아니었더라면 이 과감한 발상이 탄생하긴 어려웠을 것이다. 엉뚱해지자. 그러고도 더 엉뚱해지자.

옳고 그름에 대하여

—회를 먹는 몇 가지 방법

어렸을 때 회를 잘 먹지 못했다. 사실 비린 것을 못 먹는 사람들의 공통점은 당연하게도 회를 못 먹는다는 것이고, 그들의 심리 중 또다른 공통점은 비릴까봐 안 먹는다는 데 있다. 그나마 대학생이 되어서야 몇 차례 술자리를 통해 회의 비릿함을 견딜 수 있게 되었다. 아니, 모든 생선회가 다 비린 것은 아니란 것을 발견한 것이다. 참치횟집이 한창 유행할 때였다. 문을 열면 안쪽에서 "이랏샤이마세いらっしゃいませ" 하고 구령하듯 힘찬 일본어 인사말이 들려왔다. 내가 기억하는 바닷가 근처 어시장의 횟

집들과는 분위기가 달랐다. 입구에서부터 훅 끼쳐야 할 비린내가 없었다. 횟집 입구의 바닥은 질척거리게 젖어 있는 것과는 달리 깨끗했고, 인테리어는 단아하다 못해 고급스럽기까지 했다. 위생적으로 잘 관리되는 곳임을 보여주려는 듯 주방모를 쓴 조리사들이 주방에서 일사불란하게 움직이고 있었다. 그날은 참치는 덜 비리다고 입에 침이 마르도록 강조하던 한 선배와 술자리를 가진 날이었다. 예상대로 참치는 비렸지만 그렇다고 산통을 깨고 싶진 않았다. 주워들은 건 얼마나 많았던지, 선배 눈치를 보느라 회를 여기저기에 찍어 먹기(아니, 담가 먹기) 바빴다. 나는 김에 싸서 먹고, 초장에 담가 먹고, 간장에 절이는 수준으로 먹었다. 회가 메인인지 김 같은 마른안주와 소스 양념이 메인인지 분간이 안 될 정도였다. 그런데 회 한 점을 다시 김에 싸서 먹으려 할 때 갑자기 선배가 나를 제지했다.

"하. 이거 이거 회를 먹을 줄 모르네."

이 한마디를 시작으로 '이 부위는 이렇게 먹네, 저렇게 먹네' 선배의 일장연설이 이어졌다. 결론부터 말하자면 "회를 먹을 줄 모르네"는 맞는 얘기다. 나로선 날생선 특유의 비릿한 맛이 두렵고 싫으니 어떻게든 그 맛을 느끼지 않으려고 간장으로 느끼함을 덮고, 초장으로 바다 냄새를 지워버리고 했던 게 맞다. 그런데 "회를 즐길 줄 모르는 사람이네"라고 말했더라면 더 정확한 표현이었을 것이다. "회를 먹을 줄 모르네"라고 지적되는 순간, 뜻하지 않게 옳고 그름이라는 판단이 생겨나기 때문이다. 나는 졸지에 회에 무지한 사람이 되고, 그러니 회를 먹는 법을 반드시 배워야 한다는 강압적인 논리가 성립되는 것이다. "회를 안 좋아하네" 한마디면 될 것을 "먹을 줄 모르네"라고 지적받고 몇십 분 가까이 강의를 들어야 했다. 그로써 시시콜콜 알려주는 회 먹는 법도 알겠고, 회를 먹을 줄 아는 게 뭔지도 이해하게 되었다. 그런데 그러면 뭐하나. 나는 여전히 회가 두려운데. 일장 연설을 듣고도 여전히 생선회의 감칠맛보다 비린내가 더 내 코를 찔러대는데 어쩌란 말인가?

나 나름대로 그 자리에서 분위기를 맞출 수 있는 최선의 방법은 담가 먹고 싸 먹는 것뿐이었다. 옳고 그름의 잣대로 평가받을 수 없다는 거다. 그러나 쓸데없는 기준이 너무 많은 세상은 회를 먹을 줄 아는 현자와 먹을 줄 모르는 덜 떨어진 놈으로 간단히 나누어버리고 만다.

회를 먹는 일에도 정답과 기준이 있다는 것은 그저 우스개로 넘길 얘기가 아니다. 단순히 먹는 일도 이러한데 다른 영역으로 갈수록 평가기준들은 얼마나 많겠는가. 나는 나름 응용하며 간장에 찍어 먹고 김으로 싸 먹기의 필살기까지 썼는데 말이다. 이래서야 어디 무서워서 횟집에 따라가겠는가. 그러나 세상은 나처럼 창의력을 동원한 사람을 무식한 놈으로 평가하기 일쑤다. 그러는 사이 '이건 이렇게 해야 한다는' 식의 길들여진 편견과 혹독한 흑백논리가 생각할 모든 기회를 평가의 대상으로 몰아간다. 기준에 부합하려면 정답을 외우든지 아니면 자리를 박차고 나가든지를 선택해야 한다. 갑자기 등장해 "틀렸어"라고 지적하는 회초리가 보이지 않아야 맘껏 상상하고 말할 수 있다. 마음이 자유로울 때 생각은 폭발적으로 일어날 수 있다. 기껏 용기 내어 펼친 상상을 기존의 잣대로만 평가하고 엉뚱함을 매질하려 한다면 누가 애써 상상하겠는가. "가만히 있으면 중간이라도 간다"는 말처럼 아무도 새로운 생각을 쥐어짜려 하지 않을 것이다.

어린 시절 내가 그림 그리길 좋아했던 건 적어도 물리나 수학처럼 정해진 답이 없어서였다. 1번인지 2번인지 정확한 답이 없으니 평가자가 회초리를 들 명분이 명확하지 않았다. 누구도 내가 해답지로 내민 그림을 쉽게 채점할 수 없었다. 내게 그림은 문법과 띄어쓰기를 평가하지 않는 주관식과도 같았다. 시뻘겋게 엑스자가 그어진 처참한 답안지는 핏빛처럼 참혹한 느낌을 주었지만, 엉망진창으로 완성된 그림에는 누구도 감히 엑스자를 그을 수는 없었다. 당시 나는 어린 마음에 아주 잠시 '이것이 예술의 힘인가?' 하고 다소 희망적인 오해를 하기도 했다.

채점이 끝나면 우리의 이름 앞엔 순위라는 번호가 매겨지고, 불량품과 명품으로 상세하게 가치가 분류되는 건 당연한 수순이다. 그후로도 그림 그리기가 마냥 좋았는가 하면 그렇지는 않다. 그림 그리는 일도 결국엔 나를 배신했다. 그림을 공부하기 위해 대학에 가려면 입시미술이라는 면허시험과 같은 걸 치러야 했다. 이른바 실기시험이다. 주차선에 올바르게 차를 대고 정지신호에 정확히 멈추듯이 입시미술은 정확한 윤곽에 칼같이 색이 칠해지길 요구했고, 감독관의 스톱워치에 맞춰 일시에 연필을 내리고 브레이크를 밟아야 했다. 그걸 또 평가하여 나보다 잘 그리는 똑똑이와 나보다 못 그리는 멍청이를 걸러내지 않았던가. 그림 그리기는 그런 배신을 안 할 줄 알았는데, 거기에도 남과의 비교기준이 철저히 있었다. 잘 그린 그림과 틀린 그림이 존재했다. 그림 속에는 내 눈에 보이지 않던 무수하고 애매한 평가 항목들이 있었고, 거기에는 정답이 이미 존재했다. 채점은 입시를 위한 통상적인 절차에 불과했다. 세상의 이치이고 우열을 가리기 위한 경쟁이라지만 내가 흡족한지의 여부와 무관하게 평가가 남보다 나으면 승리하는 시스템은 평생을 쫓아다녔다. 결국 그림 역시 정답과 오답의 프레임에서 결코 벗어날 수 없었다. 자유롭던 것도 옳고 그름의 프레임으로 가두고, 평가표를 통해 모든 것을 수치화시켜 평가했다. 우열을 가리는 이것에서 좋은 평가를 받기 위한 방법은 시스템에 길들고 순종하는 것뿐이다.

"햇빛처럼 행복하고, 바다처럼 길들일 수 없는 사람이 되어라Siate allegri come il sole, indomabili come il mare."

한때 온라인에서 유명했던 어느 이탈리아 학교 선생님이 낸 방학 숙제 중 하나다. 우리말로 해석된 문장의 의미를 이해하기도 전 이미 방학 숙제의 딱딱함은 오간 데 없다. 마치 문학 작품에서 방금 떼어온 것 같은 문장의 유려함에 정신이 혼미해진다. 길들일 수 없을 만큼 자유로운 사고, 바다처럼 통제되지 않을 만큼의 크기를 지닌 상상력의 주인공이 되라는 의미로 해석된다. 자유로운 사고만이 스스로를 행복하게 해줄 수 있다는 믿음이다.

그림을 가르치든 수학을 가르치든 교육의 목적은 바로 인간의 독립이다. 혼자 훨훨 날 수 있고, 혼자 먹이사냥을 '시도' 할 수 있게 가르치는 동물들의 교육과 별반 다르지 않다. 하지만 인간의 교육 시스템만이 지닌 특징이 있다. 세상을 살아갈 '시도'를 독려하기는커녕 '내 말만 잘 들으면 세상에서 아무런 시행착오 없이 완벽히 살 수 있다'는 식으로 기준을 설정하고 믿고 따라하길 강요한다는 것이다. 종류별로 다양하게 측정할 수 있는 눈금자로 사람을 숨막히게 가늠하고, 기준을 세워 재단한다. 내가 찾는 나의 행복은 스스로 찾아야 만날 수 있다. 용기 있게 꿈을 꾸고 그걸 추구하는 일. 옳고 그름의 가치판단도 자기의지로부터 발현될 때 작은 뚜렷한 판단들이 모여 공동체의 공정하고 합리적인 보편이 되지 않던가. 그런데 상상하는 꿈조차 옳고 그름의 평가를 위한 과정이 기다리고 있다.

나는 그림 그리는 일에 입시미술이라 불리는 또다른 혹독한 평가 과정이 있다는 걸 안 순간 솔직히 그림에 회의가 들었었다. 하지만 그래도 계속 그려야 했다. 하얀 종이와 대면하는 일을 포기할 수 없었다. 입시건 뭐건 결과가 어떻게 되건 하얀 종이의 무심한 결 위에서 매직아이처럼 형태가 일어나는 순간의 감동을 놓칠 수 없었다. 하얀 평면이 서서히 공간으로 일어나다가 마침내 우주가 될 수 있음을 확신하는 순간만큼은 황홀경에 이른다. 이미 누가 채점을 할 건지 몇 점을 줄 건지에 대한 근심 따위는 쉽게 망각해버린다.

밤새 잔잔한 물결을 지켜보다 낚시찌가 까딱거렸다면 물고기가 낚시에 걸렸다는 뜻이다. 우리가 밤을 새워 그림을 그리는 것도 마찬가지다. 유사한 획을 긋는 일이 반복되듯이 밤사이의 고민이 순간 툭 튀어나와 예술이 되고, 그림 속에서 꿈틀거린 그것이 펄떡거릴 사물이 될 거라는 희망으로 디자이너의 길에 들어선 이도 많을 것이다. 중간중간 등장했던 옳고 그름의 혹독한 평가는 가시 같았지만 세상에 새로운 것을 잉태하겠다는 강한 집념만큼은 결코 꺾이지 않았다. 옳고 그름을 구분하는 평가와 규칙으로부터 자유로워질 때, 그것이 나를 길들일 수 없다는 신념이 힘을 얻을 때, 우리는 생각의 주인이 될 수 있다.

세상에는 회를 먹는 수천 가지 방법이 있을 수 있다. 참치횟집에서 김에 싸 먹고 담가 먹기 신공으로 창의의 불꽃을 드러내던 나 같은 사람은 칭찬받아야 한다. "이랏샤이마세!"라고 환영받아 마땅하다. 정답은 없어야 한다.

정답은 없다

—고어텍스와 장모님의 손뜨개

오래전 TV 예능 프로에서 본 장면 하나가 떠오른다. 각양각색의 눈썰매를 타고 누가 더 비탈을 빨리 내려오는지 비교하는 것이었다. 물론 과학적인 실험은 아니었다. 출연자들이 탈 것들이 하나둘 소개되었다. 제대로 만들어진 눈썰매, 커다란 플라스틱 대야에 이어 쌀가마니만 한 비료포대가 화면에 비쳤다. 당연히 비료포대는 시청자들에게 웃음을 주기 위한 장치쯤으로 보였다. 드디어 경기가 시작되었다. 역시나 중심을 유지하며 무엇보다 안정적으로 눈비탈을 질주하는 건 눈썰매였다. 게다가

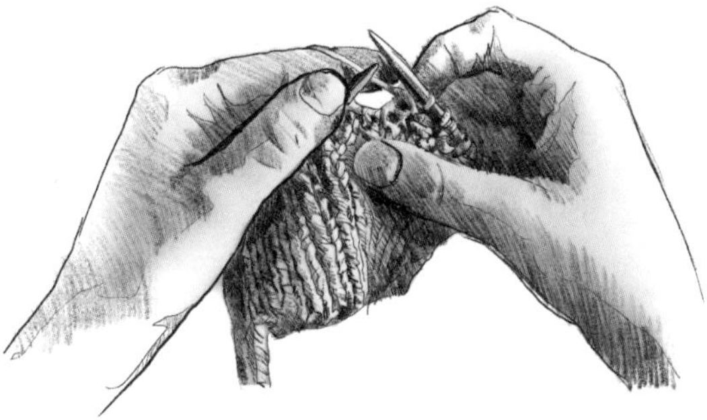

직진성이 좋아 엉뚱한 곳으로 빠지지도 않았다. 그에 비해 커다란 플라스틱 대야는 그 속에 욱여넣은 사람의 엉덩이 때문인지, 똑바로 내려오지 못하고 회전하며 한쪽으로 휘청거리다가 도랑으로 고꾸라지고 말았다. 그리고 가장 웃길 것이라 생각한 비료포대 차례가 되었다. 출연자가 비료포대에 앉았다. 그는 잡을 데가 마땅치 않자 포대의 앞쪽 양 모서리를 움켜쥐었다. 그러고는 아래로 질주하기 시작했다. 무게중심이 낮아선지 주행 자세가 퍽 안정적으로 보였다. 결과는 어땠을까. 비료포대가 가장 빨랐다. 웃음만 주고 끝날 줄 알았던 비료포대가 1등을 해버린 것이다. 제대로 고안된 눈썰매가 비료포대를 당하지 못했다는 것. 어떻게 보면 그게 가장 큰 웃음 포인트였다. 모두가 정답일 거라고 생각했던 게 정답이 아니었다는 사실 말이다. 강요받던 정답이 틀린 것을 알았을 때, 꼴찌가 반란을 일으킬 때 정답과 평가에 길들여진 우리는 환호한다.

몇 해 전 늦가을, 찬바람이 들이칠 무렵 고어텍스 잠바 하나를 샀다. 소매에 멋지게 고어텍스의 로고가 딱 박혀 있다. 고어텍스Gore Tex는 잘 알려진 대로 물 분자의 크기가 공기의 분자보다 작다는 원리를 이용한 기술이다. 찬바람을 막아주고 몸이 활동할 때 일으키는 땀은 옷 밖으로 빼낸다는 원리다. 이 탁월한 기술은 군인의 전투복뿐 아니라 모든 전문 산악인을 위한 겨울 스포츠 의류에도 필수 적용 기술이 되었다. 이처럼 고어텍스 기술은 이론적으로 충분히 증명되었기에 실생활에 널리 활용되고 있다. 그런데 어쩐지 나는 탐탁지 않다. 일단 별로 따뜻하지 않기 때문이다. 물론 주관적인 판단이지만 가격 대비 보온 효과에 있어서는 실효성을 별로 느끼지 못했다. 통기성이 좋으니 땀냄새는 덜하겠지만 그건 어디까지나 상대를 배려하는 측면이지 내가 춥고 안 춥고와는 크게 상관이 없다. 나는 오히려 옛날에 장모님이 손으로 떠준 스웨터가 더 따뜻하고 편안하다. 엔지니어와 디자이너가 머리를 싸매며 고안한 눈썰매는 가장 빠르고 안전하게 눈비탈을 질주할 거라고 했고, 물 분자와 공기 분자의 크기를 발견해낸 섬유공학은 고어텍스라는 혁신 기술을 개발해냈다. 그런데 막상 뚜껑을 따보니 비료포대가 눈썰매보다 안정적이면서 보다 빠르게 슬로프를 휩쓸었고, 혁신이라 불리는 고어텍스 잠바는 많은 사람들을 찬바람으로부터 체온을 유지하는 데 큰 역할을 했음에도 나 같은 사람에게는 방수(비닐도 되는) 기능 말고는 특별한 인상을 주지 못한 기술이 되었다. 수많은 섬유공학자들이 개발한 고어텍스보다 장모님이 손으로 만들어준 옷이 더 따뜻한 건 대체 무엇 때문일까? 왜 비료포대 따위가 더 빨랐을까?

안타깝게도 세상에는 누구도 기술적으로 대답할 수 없는 것들이 있다. 눈썰매와 고어텍스는 왜 빠른지, 왜 다른 섬유보다 더 나은지 '과학적'이고 '논리적'인 근거로 대답할 수 있지만, 장모님의 손뜨개가 지닌 우수성은 결코 수치로 증명할 수 없다. 어느 엔지니어가 눈썰매를 만들기 위해 비료포대를 가지고 비교하며 연구해보겠는가? 이론적으로 왜 좋은지를 설명할 수 없는 손뜨개와 비료포대는 내가 아무리 따뜻하고 더 빠르다고 외쳐도 결코 혁신의 상징이 될 수 없다. 객관적인 데이터가 존재하지 않기 때문이다. 다시 말해 눈썰매와 고어텍스에는 성능을 증명하는 답안지가 있지만, 손뜨개와 비료포대에는 답안지가 없다.

여기서 우리가 염두에 두어야 할 것은 눈썰매와 고어텍스의 가치를 입증하는 데이터가 과학적 기준으로 만들어진 인위적 평가 항목에 불과하다는 것이다. 장모님의 스웨터가 왜 더 따뜻하고, 비료포대가 왜 더 빠른지 증명할 수 있는 객관적 평가 항목을 훗날 누군가가 만들지도 모르지만 그럴 가능성은 희박하다. 그럼에도 우리의 지식이 미치지 못한 영역의 수치와 정보를 누군가가 발견했다고 한번 가정해보자. 이 발견은 왜 비료포대가 눈썰매보다 더 빠를 수밖에 없었는지를 증명해낼 수 있을 것이다. 또 장모님이 사용한 털실의 나노 분자에 가까운 마이크로 극세사의 기능 덕분에 2도 이상의 체온을 보온할 수 있다고 밝혀낼 수도 있다. 그렇더라도 손뜨개 스웨터는 나에게 10도 이상의 보온효과가 있는 것 같다. 어머니의 사랑이 느껴지기 때문이다. 있다. 하지만 이런 '정'의 정서적인 정보를 수치로 표시할 수는 없다. 이것은 과학이 미칠 수 없는 영역이다. 변덕스러운 정서의 문제처럼 정답이 존재할 수 없는 영역은 무수히 많다.

인간이 만들어낸 수치적 항목을 잘 적용한 대표적 사례가 있다. 바로 '소리'다. 우리는 녹음을 통해 시각이 포착할 수 없는 소리를 형상화하고, 형상화된 소리를 들으며 추억에 잠기거나 행복감을 느낀다. 녹음 기술이 이뤄낸 성취는 놀랍다. 녹음 기술은 지난 시대의 공연들을 좋은 음질로 담아냈고, LP라 불리는 레코드는 실제 연주를 가장 충실히 재현한 음원매체가 되었다. 그러다 디지털 시대가 열리자 녹음 기술은 큰 변화를 맞이했다. CD가 등장한 것이다. 하지만 CD 한 장에 들어갈 수 있는 데이터화된 음원의 저장 공간은 제한적이었다. 그래서 인간의 가청대역을 측정하여 인간이 들을 수 없는 대역을 녹음된 원본에서 제거했다. '불필요한' 부분만 도려내었고 들리는 부분은 잡음마저 지우고 깨끗하게 다듬었음이 수치로 증명되었다. 연주 사이사이에 묻어나던 아날로그적 잡음을 걷어내고 얻은 깨끗한 소리는 당시로서는 혁신이었다. CD에 담긴 음원을 들으며 사람들은 경이로움을 느꼈다. 그런데 그 경이로움은 깨끗한 소리까지였고 그건 감동과는 전혀 다른 차원의 것이었다. 연주회에서 들은 소리가 언제나 깨끗했던가. 우리는 깨끗한 소리를 듣기 위해 공연장을 찾는 것이 아니다. 공연장이란 관객의 기침소리도 들리고, 갑자기 핸드폰 소리가 울려 모두가 당황해하기도 하는 공간이다. 또 그날 공연장의 습도가 높아서 꿉꿉했다거나 의자가 불편해서 짜증스러웠지만 막상 시작된 연주가 짜증을 잊게 해주고도 남을 만큼 특별한 기억으로 남았을 수도 있다. 연주의 현장감을 느끼기 위해, 함께 박수치며 울려퍼지는 감동에 함몰되기 위해 우리는 공연장을 찾는다. 가청대역이라는 인간이 규정한 범주는 음악의 뉘앙스를 평가할 수 있는 숨은 수천 개의 항목 중 하나에 지나지 않는다. 아니, 그저 공학적인 이론에 불과할 수도 있다. 공학적으로 측정된 정답을 기준으로 범주화하느라 인간 고유의 뉘앙스를 잃고 만 것은 앞서의 손뜨개뿐 아니라 디지털에 마취돼버린 '소리'도 마찬가지다.

자동차에 대해서도 비슷한 관점을 제시할 수 있다. 디젤, 휘발유의 내연기관을 가진 대부분의 자동차는 환경을 파괴하는 지구온난화의 주범으로 알려져 있다. 자동차가 환경파괴 주범으로 지목된 것은 지난 수십 년 사이 자동차가 눈에 띄게 늘어났고, 문제의 화석연료를 쓰는 개인들이 소유하고 있는 기계 장치이기 때문이다. 그런데 결정적으로 자동차산업 스스로 모든 환경파괴의 주범임을 자처한 꼴이 된 사건이 있다. 2015년 9월, 미국에서 발생한 자동차 산업 최대 스캔들 중 하나인 폭스바겐의 배기가스 조작 사건이다. 당시 폭스바겐은 자사의 차량 소프트웨어를 조작하여 디젤차의 경우 배기가스 검사시에 차가 스스로 배기가스를 실제보다 적게 배출하도록 조작했다. 즉 시험 단계에서는 시험 모드로 작동하고 실제 도로에서는 측정값보다 수십 배 더 많은 배출 탄소가 발생하도록 조작한 것이다.

물론 폭스바겐의 비윤리적 행위는 백 번 지탄받아 마땅하다. 다만 여기서 한 가지 질문이 발생한다. 정말 자동차의 배기구에 검사 장치를 연결하는 것만이 지구온난화를 막아낼 수 있는 결정적인 방법일까? 혹시 인간이 만들어놓은 평가 항목에 자동차 배기구가 우선대상자로 지목된 것은 아닐까? 인간이 규정한 환경파괴범 1순위인 자동차 배기구에 죄를 물을 수는 있지만 어디 그게 전부이던가? 네덜란드 항구에 정박한 페리호가 고작 이틀 엔진을 가동시킬 때 뿜는 배기가스는 지구상 모든 차량의 배기가스 몇 달 치의 양과 비슷하다고 한다. 페리호는 우리가 인식하는 범주에서 빠져 있을 뿐이다. 우리가 가진 작은 눈금의 자를 들이대기에 페리호는 너무 거대하고, 그렇기에 우리의 시야를 벗어나 있다. 사람들은 비행기 제트엔진이 뿜어내는 탄소량에 대해서도 말을 아낀다. 여행자들이 국경을 넘기 위해 비행기를 이용하는 일은 그렇다 쳐도, 한겨울에 오렌지를 사 먹고 싶은 인간의 욕망 때문에 오렌지는 제트엔진에 몸을 싣고 태평양을 건넌다. 배기검사 호스를 꽂은 채 심판대 앞에 선 자동차들만 억울할 뿐이다.

요즘 너 나 할 것 없이 자동차 회사들이 전기차를 만드는 것은 이 때문이다. 하지만 간과하는 사실이 있다. 충전에 필요한 전기를 얻기 위해 누군가는 우리 눈에 잘 보이지 않는 곳에서 석탄을 때우며 시커먼 탄소를 만들고 있으며, 부족한 전기량을 충당하기 위해 누군가는 수년간 방치되었던 원자력발전소의 스위치를 올려야 한다는 사실 말이다. 이대로 간다면 우리 동네 앞을 지나는 수많은 차들에선 더이상 배기가스가 나오지 않더라도 동네 뒤편은 곧 핵폐기물 매립지가 될 거라는 어두운 소문을 듣게 될 것이다. 전동화로 세상의 공기가 깨끗해질 수 있다는 자동차 회사의 자신감 넘치는 광고는 우리에게 희망을 준다. 하지만 곧 현실이 될 불편한 이야기에는 아무도 관심이 없어 보인다.

때론 논리와 공식을 내려놓고 직관적으로 떠오른 생각 하나가 문제를 해결하는 열쇠가 되는 경우가 있다. 아무리 과학화된 분석에 의해 측정된 것이라 할지라도 전기자동차의 예시처럼 인간이 범주화한 한계로 인해 자기모순을 스스로 드러낼 때도 있다. 아울러 식탁 위 냅킨에 끼적인 낙서 하나가 빛나는 건축물로 탄생한 사례 역시 우리는 역사에서 쉽게 찾아볼 수 있다. 우리 내부에 자리한 변덕스럽고 예측할 수 없는 정서들, 사색에 가까운 미지의 것들이 기술과학의 시대에 이르러 오히려 돌올한 빛을 발하는 것들을 쉽게 접할 수 있다.

장모님이 떠준 스웨터는 어느새 보풀이 생길 대로 생기고 올이 풀어져 구멍까지 생겼다. 그럼에도 나는 이 손뜨개 하나가 고어텍스는 물론 어느 미래의 잘난 섬유보다 더 따뜻할 거라고 확신할 수 있다. 과연 수치화될 수 없는 이 미지의 보온효과는 망상에 불과한 것인가? 과학의 평가 항목에서 벗어나 있고, 산술적으로 명쾌하게 증명하지도 못하니 허튼 생각에 불과하다 할 것인가? 이런 추억과 감상, 심지어 스웨터의 실을 대신하여 나의 체온을 1~2도 더 올려준 장모님의 사랑을 믿지 못하는 감정의 결여는 죽음과 같다. 과학적으로 증명된 과학적 섬유의 수치가 체온을 1도 높여줄지언정, 정서가 깃들지 않은 모든 이해는 차가운 주검의 체온과 다르지 않다. 결국 기술과 과학은 우리를 돕는 것이 목표라는 점에서 스웨터에 담긴 '사랑'에 수렴

한다.

넘쳐나는 기술과 과학은 우리를 돕겠다면서 여전히 여기저기서 모순을 드러내고 있고, 갑자기 웃다가 울컥하기도 하는 인간의 변덕은 여전히 갈피를 잡을 수 없다. 우리가 과학으로 밝히지 못한, 아니 영원히 들춰낼 수 없는 평가 항목들은 끝이 없다. 이 들춰낼 수 없는 미지의 항목이 결국엔 행복해질 수 있는 항목일지도 모른다. 점점 이것이 필요한 것이라는 것을 우리는 깨닫고 있지만, 예측이 불가하니 머리가 아프다. 정답이 없기 때문에 디자인과 예술이 답이랍시고 내놓는 것들은 여전히 헛발질을 할 뿐이다. 하지만 중요한 건 답이 없기에 여전히 풍요로워질 일만 남아 있다.

꿈의 구체화

매년 가을 뮌헨공항 주변은 대부분 신차 관련 프레젠테이션 행사장으로 많이 쓰인다. 미래의 차들을 선보이는 행사이기에 대중들은 입장할 수 없다. 기자단과 해외 공급책 등 초대받은 사람들만 북적거린다. 세계 각지의 판매와 직결된 실세들이 모인 자리인 만큼 회사도 모터쇼 자체보다 행사 준비에 더 만반을 기한다. 공항 바로 옆에서 행사를 하는 까닭도 먼길을 날아온 그들을 배려하기 위함이다. 행사 이틀 전쯤엔 리허설을 한다. 신차 발표라는 엄중한 사명을 띤 디자이너들이 수십 수백 명의 마케팅 직원들 앞에서 프레젠테이션을 한다. 2021년 신차 발표 행사에 연사로 나서서 프레젠테이션을 할 때의 일이다. 그때 우연히 당시 마케팅의 헤드인 재클린과 이야기할 기회가 있었다.

"30년 넘게 이 직종에 있었지만, 매년 이 행사가 있는 날이면 일종의 박탈감과 질투가 생기더군. 바로 너희 디자이너들한테 말이야."

나는 미소를 지으며 그의 다음 말을 들었다.

"물론 수만 명이 함께 만들어낸 게 저기 자동차들이고, 우리 역시 이렇게 밤낮없이 행사를 준비하지만, 결국 발표는 디자이너들의 전유물이잖아. 그걸 보면 마음이 언제나 좀 그래. 일단 디자이너가 부럽다는 마음밖에 안 들어. 너희가 이 차를 그려낸 엄마고 아빠니깐. 몇십 년 동안 매년 이 행사를 준비하고 바라보면서도 매번 이때마다 디자이너가 부럽다는 생각, 박탈감이 들곤 하지."

다정함이 느껴지는 그의 시기심에 괜히 미안한 마음도 들었지만 순간 내가 하는 일에 대한 자긍심이 욱하고 밀려왔다. 디자인이란 그런 일이다. 조그만 휴지 조각에 낙서한 생각이 그림이 되고, 그림이 형상이 되고, 수백수천 명의 엔지니어가 그 형상을 구현시키기 위해 나사구멍 하나까지도 조율해간다. 게다가 디자인이 선택을 받으면 실차가 도로 위를 질주하기 전까지, 프로젝트 코드명에는 언제나 디자이너의 이름이 붙는다.

'Modelle Xxxx Park.' 신차는 출시되기 전까지 선택받은 안을 제시한 디자이너의 성을 따서 움직이게 된다. 얄궂지만 수백의 개발자들이 디자이너의 성을 딴 이름으로 불려지고 개발 전 2년 동안은 그렇게 통용된다. 머쓱하지만 영광스럽기도 하다.

낙서에서 시작된 생각이 충분한 개발 과정을 거쳐 마침내 고속도로를 질주하는 사물로 탄생하면 마침내 많은 사람들 앞에서 "내 새끼"라고 말할 수 있는 희열의 순간을 만난다. 그러면 모든 경쟁과 개발에 따르는 피로와 상념들이 따뜻한 손길에 나른해진다. 주저하고 믿고, 버리고 거두며 나 스스로 선택해야 했던 생각들. 다시 많은 사람들에게 그것을 드러내기 위해 스스로 다잡아야 했던 마음들. 동의할 수 없는 타인의 평가를 받아들이는 일도 힘들었지만, 나 자신과 타협하는 건 그 못지않은 괴로움이었다. 최선을 다했다 한들 최종 선택은 언제나 내 몫이 아니다. 평가자들의 각기 다른 취향이 변수가 되기 때문이다. 그것은 운으로 작용하기도 하고, 사장님의 특별하고도 고집스러운 취향이 디자이너의 뒤통수를 후려칠 때도 있다. 이런 일련의 과정을 겪으며 나는 설득과 경쟁의 우위에 연연해하지 않고 나를 버리는 유연함의 털털함도 익힐 수 있었다. 그 유연함을 얻기 위해 패배를 인정해야 하는 건 고통에 가까웠다. 구석진 곳에서 홀로 비겁해지려 했던 순간들도 머릿속을 맴돈다. 이 눅눅한 감정들은 내가 소모한 펜과 종이들에 의해 나타나고 지워지곤 했다.

그리고 이 완성된 실물 앞에서 그 모든 소모된 감정들의 두께와 종이 속에 채워졌던 빼곡함들은 탄생한 실물 앞에서 사라지고 만다. 사르르 녹아버린 것이다. 눈앞에 보이는 실물의 어딘가에 감정의 부산물들이 깊게 배어 있다는 흐뭇한 상상. 이 묘한 기분은 디자이너만이 누릴 수 있는 황홀경이다.

세상에 존재하는 직업의 종류는 다양하고, 일반적인 직종에서부터 전문직에 이르기까지 무수하게 나뉘어 있다. 사실 각자의 분야에서 저마다의 긍지를 가지고 최선을 다하기 때문에 일반직과 전문직을 구분하는 일 자체는 무의미하다. 분야의 최고가 되어 소위 '달인'의 훈장을 달고 TV에 등장하는 수많은 직종의 사람들이 있다. 우리의 선입견으로 보면 그저 하찮고 벌이 역시 시원찮을 거라 지레짐작하는 직종에 몸담고 있을지라도 그 분야의 달인이 되어 자신의 일을 마술처럼 해내는 사람들을 보면 각자의 마음가짐이 얼마나 중요한지를 새삼 깨닫게 된다. 결국 어떻게 하느냐에 따라 각자의 일은 전문직이 되기도 하고, 하찮은 일이 되기도 하는 법이다. 직종의 구분 없이, 바로 "무엇을 하느냐?"라는 질문은 "무엇을 어떻게 하느냐?"라는 보다 구체적인 질문을 통해서 의미 있는 답변에 근접하게 된다. 즉 소소한 직업이 달인에 이를 방법은 일의 가치가 구체적일 때에만 가능해진다는 것이다.

미래에 이루고자 하는 꿈, 그중 직업을 일컫는 꿈은 구체적일 때 실질적인 의미를 지니게 된다. 우리의 뇌는 모든 기억을 되도록이면 짧게, 단답형의 명사형으로 기억하고 출력하는 효율을 우선시한다. 즉 직업을 떠올리면 무엇을 하고 싶은지보다 단답형의 명사를 먼저 떠올리는 게 되는 것이 뇌의 메커니즘이다. 예를 들면 "난 '가수'가 되고 싶어요" 또는 "나는 '아이돌'이 되고 싶어요" 혹은 "난 '판검사'가 될래요"처럼 직업은 명사화된 꿈으로 머릿속에 남는다. 이렇듯 구체적이지 않은 방식으로 꿈을 좇는 아이들에겐 일의 본질, 즉 과정이 갖는 의미에 무관심할 수밖에 없다. 물론 뇌의 무심함을 탓할 수만은 없다. 이러한 배경에는 개인 행복의 본질보다는 물질적 보상을 우선시하고 직업의 보편적 속성에만 의미를 두는 사회적 편향도 한몫할 것이다. 또한 '인기'와 화려한 '부'처럼 성공한 이들의 표면에만 드러나는 환영에 대한 맹목적 추구와 더불어 단답형으로 기록되는 직업의 유형은 꿈의 구체화의 의미를 흐리게 해버린다.

예를 들어 연기자를 꿈꾸는 어떤 이가 영화, 드라마 캐스팅에 번번이 실패했다고 하자. 그는 결국 연기자가 되지 못한 것에 낙담하며 패배주의에 젖어 살아가고 있다. 그런데 누군가가 나타나 그에게 이렇게 묻는다. "정말 연기자가 되고 싶은가? 아니면 대중의 관심을 받는 연예인이 되고 싶은 것인가?" 그렇다면 답은 보다 명확해진다.

그는 연기자가 되는 데에는 실패했다고 비관했지만, 어쩌면 그 스스로 거짓말을 하고 있거나 자기가 하고 싶은 일의 본질을 모르고 있는 것 둘 중 하나일 것이다. 무대 위에서 작품 속의 인물을 자신의 연기로 승화시키고 싶다면 대학로와 같은 작은 극단들의 문을 두드리면 될 것이다. 영화나 드라마만큼 화려하게 드러나지는 않더라도 연기할 수 있는 기회는 TV나 영화보다는 쉽게 접근할 수 있을 것이다. 설령 주인공이 아니면 어떤가? 물론 "연기가 하고 싶다"는 소망이 진실하게 전제됐을 때의 얘기다. "하고 싶은" 일에 구체성을 더한 꿈은 "연예인"이라는 애매모호한 꿈보다 훨씬 행복한 꿈이 될 것이다. 머리가 기억하는 꿈의 모습이 "연기자"라는 단답의 명사로 남게 된다면 꿈은 다시 애매해진다. 연기자가 되고 싶은 궁극적 이유는 그저 관심과 사랑을 받는 연예인 혹은 스타가 목적일 수도 있기 때문이다. 그렇다면 연기자라는 구체적이지 못했던 그의 꿈은 가면에 불과해진다. 의사도 마찬가지다. "아픈 사람의 몸을 낫게 하고 싶다"는 구체적 목적이 "의사"라는 명사를 대신한다면 배움의 과정이 즐겁고 더 큰 보람을 느낄 것이다.

구체적인 문장이 각자의 꿈을 뒷받침하지 못한다면 꿈을 위한 과정은 고통이 된다. 당연히 고통이 따르는 과정보다는 즐거운 과정이 동반될 때 더 좋은 결과, 행복한 꿈이 될 것은 자명하다. '판검사', '의사'처럼 부모가 일방적으로 자식에게 투사하는 주입식의 밀봉된 직업의 형태도 구체성이 없기에 자신에게 갖는 가치와 지속성을 잃기 쉽다. 막연하게 '판검사'가 되고 싶다는 꿈은 지금의 고통만 버티면 삶의 안정적인 부와 명예가 보장되리라는 피상적인 희망사항일 뿐이다. 명사화된 직업을 추구하는 것은 훗날 어떤 행복이 함께 있을지에 대해선 그저 침묵할 수밖에 없다.

디자이너의 경우도 다르지 않다. 특히나 디자이너라고 하면 유명한 패션 디자이너, 유명 자동차 회사의 디자이너처럼 뭔가 그들이 만들어내는 것들이 화려해 보이기 때문에 막연한 동경을 품는 이들이 많다. 하지만 디자이너라는 직종에 대해서 여전히 자긍심을 갖게 되는 것이 있다. 적어도 디자이너를 꿈꾸는 대부분의 사람들은 다른 직종(판검사)과 비교해 어느 정도는 구체적인 과정을 토대로 했다는 것이다. 그들은 "생각 속의 그림을 그리는 게 즐거워요" 혹은 "차를 만지는 게 행복해요"라는 호기심어린 질문으로 어릴 적부터 그리는 일에 즐거움을 느껴왔고, 그 꿈의 바탕에는 그 과정에서 체득된 경험이 자리하고 있다. 연필을 손에 쥐어주고선 강제로 그림을 그리라고 시킨 부모를 찾는 일 또한 거의 불가능하다.

비록 여러 가지 검증의 관문이 있지만, 축구 선수가 공을 차는 일을 하기 위해 더 열심히 공을 차듯, 디자이너가 되기 위해선 계속 그림을 그리고, 뜨겁게 생각하면 될 일이다. 게다가 디자이너가 되는 일은 놀이의 연장에 가깝기까지 하다. 나의 학창 시절을 돌아보면 공부의 반대말인 놀이는 언제나 제재의 대상이었다. 놀이를 하는 당사자들로서는 그저 즐겁기에 놀이를 포기할 수 없었다. 닥치는 대로 낙서를 하고 허구한 날 공을 차던 나와 친구는 담임 선생님의 무거운 질문을 받아야 했다. "커서 뭐가 될래?" 꿈을 미리 걱정해주는 선생님의 은혜로운 질문(넌 '뭐'도 될 수 없다라는 확고한 예측을 잔뜩 품은). 그런데 매일 낙서를 하던 나와 공을 차던 그의 꿈은 너무나 구체적이었다. "그림 그리는 일이요." "공을 차는 일이요." 구체적인 우리의 꿈 덕분에, 담임 선생님의 예측과 달리 우리는 정말 구체적인 '뭐'가 되고 말았다. 아뿔싸!

21세기를 훨씬 지난 지금도 "우리 아이가 공부는 안 하고 자동차만 그려요. 그림만 그려요" 하며 고민을 털어놓는 부모가 적지 않다. 그러면서 디자이너가 되기 어렵지 않냐고, 풍족하게 살 수 있냐고 질문 같지 않은 질문을 던지는 최첨단의 부모들도 여전히 있다. 이들의 질문은 편향된 사고를 바탕으로 한다. "되기 어렵지 않냐"는 질문은 내게 아주 약간의 격식을 차리려고 갖다붙인 것에 지나지 않는다. 질문의 본질은 "디자이너가 돼서 풍족하게 살 수 없지 않느냐?"라는 자신들의 부정적 편견을 재확인코자 하는 질문이다. 그때마다 나는 이런 답을 하는 나를 상상했다. "이런 질문을 하는 부모님을 보니 우리의 미래는 역시 암울합니다. 하지만 꿋꿋이 그림을 그리는 당신의 아이를 보니 미래가 금세 희망적이 되네요"라고 말이다. 디자인과 전혀 상관없는 명문대의 다른 전공을 몇 년 하다가 뒤늦게 디자이너가 되고 싶은 꿈을 도저히 포기하지 못하겠다며 다시 새롭게 대학 입시나 복수전공을 준비하는 이들도 여럿 보았다. 정말 안타까웠던 것은 부모의 허락을 구해야 하는 게 그들의 가장 큰 고민이라는 것이었다. 구체적인 꿈을 꾸며 선택을 믿는 일은 걱정을 해야 할 일도, 누구에게 허락을 받아야 할 일도 아니다. 꿈의 주체가 '나'라는 것은 망각하고 제삼자의 동의가 필요하다는 것 자체가 비극이다. 결국 명문대라는 명사를 버리고 하고 싶은 일의 구체성에 다시 도전한 그들은 행복해했다. 어디에서 뭘 하건 분명 '명문대'보다 '그리는 일'을 하면서 행복해진 그들을 내 눈으로 확인했다. 비단 디자이너가 되기 위한 일만을 말하는 게 아니다.

철학자 데카르트는 코기토 "나는 생각한다, 고로 나는 존재한다"에서 인간의 감각부터 눈으로 지켜보는 실제의 나까지 의심할 것을 강조한다. 심지어 그는 자신의 존재까지도 의심의 대상으로 본다. 그의 말마따나 우리 자신의 존재를 의심해도 부족할 판에 아직 경험도 못한 꿈을 어떻게 단답형으로 남겨두고 어느 게 더 나을지를 판단해서 함부로 타인인 자식에게 주입할 수 있겠는가? 모든 꿈에 관한 질문과 답변은 구체적일 때에만 비로소 의심이 가능해지고, 검증을 통한 옳은 판단인지 아닌지의 의심은 그제야 출발선에 놓이게 된다.

디자이너는 여전히 뜨거운 존재들이다. 피상적인 강요가 아닌 각자의 생각을 그리고 지우길 반복함에 아낌이 없는 이들이기 때문이다. 너무나 구체적인 꿈을 꾸던 자들이기 때문에 그것 하나만으로도, 사물을 그리고 만들어내는 자들이다. 때론 망상에 취해 현실적이지 못한 꿈을 좇는 취약함도 있지만, 대부분의 디자이너는 세상 만물의 엄마, 아빠가 된다. 사물을 탄생시키기 위해선 기획자도 있고 엔지니어도 있지만, 빈 종이 위에 연필로 그 첫 씨앗을 뿌려댄 이들이 바로 디자이너다. 그래서 누구로부터 질투와 부러움을 사기도 하는.

어떤 꿈을 꾸든 구체적인 꿈을 가진 사람은 누구나 자신이 원하는 분야의 달인이 될 수 있다. 공 좀 그만 차고 문제집 좀 들여다보라고 그리도 혼이 났건만, 그럼에도 그림 그리는 일과 공을 차는 일은 천편일률의 해답이 있는 문제집보다 훨씬 더 자기 선택적이며 동시에 구체적인 것이다. 그래서 구체적인 꿈이 관건이다. 소상한 꿈을 꾼 자. 딱딱한 단어 하나로 압축된 꿈이 아닌, 시간 가는 줄 모를 만큼 무엇을 할 수 있을지 줄줄이 읊어댈 수 있는 그런 일. 구체적인 꿈은 행복한 삶이 될 것이다.

3부

믿어도 좋은 당신의 직관

첫 순간이 가장 강렬하게 기억되지 않던가. 어떤 선택을 할지 몰라 우왕좌왕할 때 우리는 첫 선택을 믿어야 한다. 처음으로 선택된 것들은 나의 직관에 의지했기 때문에 가장 옳다. 직관은 언제나 보고 듣고 촉각한 체험을 바탕으로 하기에 가장 진실에 가깝다. 마치 임종의 순간에 몇 마디 말보다, 나의 볼을 쓰다듬어 손자의 존재를 진실되게 확인하려 했던 할머니의 손길처럼. 우리는 체험한 후에야 자신의 믿음을 확인한다.

첫사랑만큼
강렬한
첫
생각

결국 대상의 '관계'를 파악하고 디자인을 하든 과제를 준비하든 선택은 온전히 우리의 몫이다. 학창 시절을 돌이켜보면 늘 후회되는 게 하나 있다. 아니, 후회라고 할 수도 없을 것 같다. 후회하고도 같은 실수를 반복하며 지금까지도 나아지지 않고 있으니 말이다.

시험날 답안지를 쓸 때의 일이다. 그러지 말아야지 하면서도 다음번에 또다시 똑같은 선택을 해서 후회를 했던 기억이 있다. 가령 객관식 문항에 답을 쓰던 순간이 그랬다. 처음에 고른 답은 2번이다. 하지만 다시 훑어보니 3번으로 마음이 기운다. 시험 종료 막판 5분 전 또다시 변덕이 찾아온다. 결국 나는 1번으로 답안을 적는다. 나의 기억에 의하면 그렇게 얻은 답은 죄다 오답이었다. 얄궂게도 처음에 고른 답이 정답이었던 적이 허다했다. 나뿐 아니라 주변의 친구들에게도 그런 일은 빈번했다. 얼마나 안타까운가. 원래는 맞는 답을 썼는데 뭐 때문인지 마음을 돌려, 그것도 막판에 틀린 답으로 정정하는 그 어리석음이라니. 주의하자고 다짐하지만 다음번에도 나는 똑같은 일을 반복하고 만다. '첫' 선택을 버리고 오답으로 정정해서 조금이라도 이득을 본 적이 없다. 그리고 그때마다 구차한 변명을 입속에 중얼거린다. "아, 원래 맞혔었는데." "원래 내가 1등이었는데……."

화폭이나 스케치북에 그림을 그리는 화가나 디자이너도 비슷한 고민을 한다. 획을 이리 그을까, 이곳엔 붉은색을 찍을까, 비례를 이런 식으로 잡아볼까. 소설가도 마찬가지다. 문장의 끝을 흐릴 것인가 아니면 단호함으로 끝낼 것인가. 점이 선이 되고 채색이 공간을 만들듯이, 생각이 머물던 선택의 순간은 점이고 수억 개의 점이 선이 되며 채색의 단위가 된다. 한 폭의 완성된 그림과 한 편의 이야기는 결국 무수한 고민과 선택으로 촘촘히 채워진 것이다. 디자인이나 예술뿐 아니라 모든 것이 선택의 순간이다. 그런데 결국 선택의 순간 중 바로 첫 순간, 첫 획이 가장 어려운 법이다. 첫 느낌이 좋으면 쉽게 술술 풀리고, 첫 느낌이 찝찝하면 꼬이기 시작한다. 그만큼 첫 순간은 중요하다.

제조업 영역에서 활동하는 디자이너들에게는 대놓고 선택을 받는 과정이 존재한다. 프로젝트가 시작되면 제품은 기획 단계를 거친다. 어떤 제품을 언제 내놓을지, 어떤 가격대로 어떤 소비자를 대상으로 할 것인지 정하기 위해 면밀한 분석을 거친다. 기획을 통해 제품의 큰 프레임이 완성되면 기본적인 기술의 골격을 생성하는 과정에 착수한다. 이쯤 되면 타깃 대상과 크기, 적정한 가격대의 윤곽이 드러나기 시작한다. 이후 디자이너들에게 프로젝트가 공지되고 디자이너들의 소위 '경합'이 시작된다. 일반적으로 알려져 있듯, 디자이너들의 내부 경합은 요즘 쉽게 볼 수 있는 TV 오디션 프로그램과 흡사하다. 흔한 가수 선발 오디션의 목소리 대신 디자이너의 생각으로 경합을 벌이는 게 다를 뿐이다. 품평 과정을 거쳐 선택을 받아야지만 다음 과정으로 진입할 수 있다.

첫번째 라운드에선 많게는 수십 명의 디자이너가 자신의 생각을 뽐내 여러 개의 아이디어를 제출한다. 첫번째 발표 당일, 벽 앞에서 서서 자신의 생각과 그림이 그려진 포스터를 세워놓고 생각을 홍보한다. 선택할 권한을 가진 자들이 그걸 평가한다. 그중에서 아이디어를 선택받은 디자이너들은 토너먼트 식으로 다음 라운드로 나아간다. 스포츠 경기에서 32강, 16강, 8강으로 전개되는 것과 흡사하다. 물론 결승에 다가갈수록 경쟁 인원은 줄어들지만, 그게 다가 아니다. 남은 경쟁자들에게는 그림 이외에 실제 모형을 준비하거나 가상현실 데이터를 준비하는 등 좀더 현실적으로 디자인을 제시할 수 있는 작업이 수반된다. 마침내 최종 선택을 받은 디자인이 결정되면 이제 실제로 만들어지기 위한 작업에 착수된다. 디자이너로서는 '내 것'이 세상에 내놓아지는 기회를 선택받는 순간이다. 회사는 선택받은 미래의 디자인을 위한 안이 차질 없이 완성될 수 있도록 나사 하나, 볼트 하나의 구멍을 정하는 일까지도 전폭적으로 디자이너에게 일임하게 된다.

경쟁의 첫번째 단계에서 디자이너들은 자신의 생각을 표현하기 위해 이미지를 활용한다. 스케치 혹은 완성된 모습을 보이는 그림을 그려 서너 개 남짓한 아이디어를 발표한다. A안, B안, C안 이런 식으로 말이다. 하나만 제출하면 얻어걸릴 확률이 떨어지기 때문에 몇 개의 다른 아이디어를 또다른 선택지로 제공한다. 하나라도 선택되면 어쨌든 다음 라운드로는 안착할 수 있으니깐 말이다. 말 그대로 A안은 처음 프로젝트를 받자마자 구상한 아이디어다. 또 서로 다른 B안과 C안은 A안과는 다른 가능성을 보여준 아이디어라고 한다. 그럼에도 한 사람의 머리와 손에서 발생한 생각인 이상, 대부분 초기의 아이디어인 A안을 어느 정도 바탕으로 하는 경우가 많다. 나름 B는 A와는 다르지만 A보다는 개선된 아이디어라고 자부한다. 마지막에 짜낸 아이디어 C는 A와 B의 과정을 거쳐 더욱더 개선된 새로운 아이디어로 발생된 것이라 스스로 굳게 믿는다. 그런데 왠지 학창 시절 객관식 문항의 답을 쓸 때의 마음과 비슷하다는 느낌이 든다.

아무리 B안과 C안에 더 많은 열정을 쏟아부었다 할지라도, 경험상 언제나 프로젝트가 시작되고 처음으로 나온 안이 언제나 좋은 평가와 선택을 받았다. 대부분의 동료들도 마찬가지였다. 나와 그들이 제안한 아이디어는 꼴이 다르지만, 대체로 첫번째 준비한 아이디어들이 선택을 받거나 더 좋은 평가를 받았다. 물론 시험지의 답을 고치는 마음으로 변덕을 부리며 더 나을 것이란 믿음으로 B안과 C안을 밀어붙이는 경우도 있다. 그러나 선택권을 가진 윗사람들은 웬만해선 첫번째 생각에 힘을 실어주기 일쑤다. 수학처럼 정답이 존재할 리 없다. 선택하는 자의 기분에 따라 얼마든지 평가가 달라질 수도 있다. 그런데도 언제나 첫 생각, 내가 찍은 첫번째 답 A가 가장 좋다는 평가를 받는 경우가 허다하다. 그들이 A를 꼽은 이유는 하나다. '그중 가장 신선'하기 때문이다.

처음 찍은 답안과, 프로젝트가 시작되고 처음으로 제시

한 아이디어가 올바른 정답이거나 가장 주목을 받게 되는 이유는 뭘까? 아인슈타인은 오직 '직관'만이 교감을 통한 통찰력으로 이어진다고 말했다. 연구의 결과는 치밀하고 의도된 계획에서 나오는 게 아니라 가슴에서 나온다는 것이다. 감성적이고 예술가적인 기질을 지닌 디자이너들도 그렇다. 그들은 논리적인 생각보다 고집스러운 직관에 의지하기가 쉽다.

디자이너에게 그림과 스케치는 선, 색, 공간 등을 자신의 내면의 생각을 구체화하는 방법이다. 어떤 프로젝트가 시작되든 내면의 직관을 가장 열정적으로 그려내 보이는 스케치는 순수한 창작의 에너지, 직관을 통해 탄생한 최초의 답안이다. 어쩌면 프로페셔널한 사명감 따위는 잊어버리고 어릴 적 그림을 그리던 천진한 순간으로 돌아가 몰입될지도 모른다. 그래서 첫번째 답안과 첫번째 그림은 나와 가장 가깝다.

두번째 답안부터는 직관에 의지하지 않고 이것저것 따지려 들면서 다른 사람과 비교하고 경쟁자들을 유심히 살피는 전략적 생각이 개입하기 시작한다. 주변을 둘러보기 위한 벤치마크는 '합리성'을 변명 삼아 개성을 잃어버리게 할 수 있다. 언뜻 경쟁사의 제품과 비슷해 보이고, 남의 생각과 운율이 흡사해지는 것도 상대에 대한 지나친 분석 때문이라고 할 수 있다. 상대를 살피고 논리적으로 접근하는 일도 중요하지만, 새로운 생각이 필요할 때는 가장 '나다운' 것이 중요하다. 예술이건 디자인이

건 마음속에 이미 존재하고 있는 유한한 심상을 구체적으로 가시화하는 것이 직관의 쓰임새다. 근본의 나와 가장 가까운 나의 심상과 가장 쉽게 닿을 수 있는 가장 얇은 피부가 바로 직관인 것이다. 내 안에 떠오른 첫 생각, 용기 있게 찍은 첫 답안은 가장 각자의 내면과 닿아 있기에 옳음에 가까이 있다.

다시 디자인으로 돌아가 방법을 찾아보자. 첫번째로 탄생한 A안은 이미 순수한 직관을 통해 내면의 것을 사용해버렸다. 따라서 그뒤에 준비된 B와 C안은 첫 생각보다 시들한 파생상품에 불과하기가 쉽다. 경제학 용어 중 '한계효용의 법칙'이란 게 있다. 맛있는 것은 한번 더 먹을수록 그 기쁨이 감소한다는 이론이다. 이처럼 특정 제품이 계속 소비됨에 따라 한계효용이 점차 감소하는 현상을 가리키는 말인데, '한계효용 체감의 법칙Law of Diminishing Marginal Utility'이라고도 불린다. 그런데 생각의 원리에도 한계효용의 법칙이 적용된다. 직관에 의해 가장 나다운 생각은 힘을 얻는다. 아무리 뛰어난 디자이너라 할지라도 같은 내적 경험과 외적 경험은 '나'라는 하나의 개체에서 나온 것이다. 효용의 법칙처럼 프로젝트가 시작된 후 탄생한 생각은 다양하게 파생된 아이디어들의 공통된 원천이다. 그래서 아무래도 뒤늦게 탄생한 B와 C는 독창성에 있어 A만큼 주목받기가 어려울 수밖에 없다. 아무리 냉정하게 모든 아이디어에 새로운 생각을 입혀보겠다 한들 쉽지 않다. 생각의 효용은 뒤로 갈수록 떨어질 수밖에 없기 때문이다.

이것은 단지 발상의 문제에만 국한되는 얘기가 아니다. 당신의 첫사랑을 떠올려보라. 첫사랑이라는 말에는 강렬한 향취가 배어 있다. 이루어지지 않은 덕분에 '첫'이라는 수식어는 시간이 흘러도 묘한 힘을 잃지 않는다. 꾸덕하게 뭉쳐지지 못하고 틈으로 흩어져버렸기에 더 아쉽다. 그래서 시들한 두번째 사랑, 건조한 세번째 사랑도 자꾸만 첫사랑과 헛된 비교를 하며 냉담해진다. 왜 그럴까? 앞서 언급한 한계효용 체감의 법칙에 따라 점점 더 흐릿해지기 때문이다. 마음이 끌리는 대로 강렬한 직관을 투사해 사랑에 빠졌던 것이 첫사랑 아니던가. 심장이 주체할 수 없이 요동쳤던 유일무이한 기억. 나는 가장 먼저 뜨겁게 찍었던 첫 답안을 의심하는 바람에 오답을 선택했고, 야심차게 준비한 두번째, 세번째 아이디어가 첫번째 생각에 비해 도통 힘을 쓰지 못하는 경험도 했다.

이 각박한 세상을 살아가는 맥락에서 문득 첫사랑을 떠올리는 게 과히 억지스럽지는 않으리라. 처음 골랐던 답안이 여전히 찜찜하다면, 이번만큼은 정말로 다시 고치는 게 맞는 것 같다면, 그런데 여전히 잘 모르겠다면, 한번 첫사랑을 떠올려보라. 당신이 얻을 수 있는 가장 올바른 답은 직관 속 황홀했던 첫 순간에 있다는 것을 믿어야 한다. 맨 처음의 마음, 무엇에도 흔들리지 않고 그토록 완고하기만 했던 첫사랑이 답이다.

원조가
최고인
이유

'첫' '처음' 하면 또 떠오르는 게 '원조'다. 길을 걷다가 쉽게 마주치게 되는 단어 '원조'. 주로 음식점 간판에서 볼 수 있다. 여기저기 '내가 최초'라고 외치는 목소리가 많다보니 원조 아닌 걸 찾는 게 오히려 어려워 보이기도 한다. 특히나 식당들이 모여 있는 먹자골목, '곱창골목'이나 '족발골목'처럼 공통분모를 가진 곳에선 얼마나 맛있나보다 누가 가장 먼저였는지를 가지고 공방을 벌인다. 복작복작한 서울의 장충동 골목만 가봐도 그렇다. 누가 원조인지, 누가 먼저였는지가 많은 이들의 관심사다보니 TV

프로에서도 자주 다룬다.

올림픽에서 한국이 유난히 강세를 보이는 종목이 있다. 이른바 '효자 종목'이라 불리는 태권도, 양궁이 그것이다. 가끔 주춤할 때도 있지만 웬만해서는 올림픽에 나갔다 하면 메달을 몇 개씩 건져오니 기특하기 짝이 없다. 심지어 태권도가 막 올림픽 정식 종목으로 채택되었던 당시에는 너무나 일방적으로 한국 선수들한테 나가떨어지는 외국 선수들이 안타까워 보이기까지 했다. 양궁도 마찬가지다. 한국 선수들이 활시위를 당겼다 하면 명중이니 과녁을 빗나가는 게 더 어려워 보였다. 올림픽 금메달보다 더 어려운 게 대한민국 양궁 국가대표 선발전이란 말이 있을 만큼 한국의 궁사들은 로빈 후드보다 뛰어났던 게 분명하다. 그렇게 잘하는 이유는 다른 것보다 우리가 '원조'이기 때문이다. 가장 먼저 했기 때문에, 천마도에 그려진 궁사들의 후예라서 활을 정확히 쏘는 건 타고났다고들 한다. 태권도와 양궁처럼 실력을 오랜 시간 계승하여 노하우를 쌓았다는 것. 그게 바로 '원조'가 사람들에게 쉽게 신뢰감을 줄 수 있는 이유다. 그러다보니 근거도 없이 '원조' 간판을 내걸듯이 원조의 실질적인 전략을 쓰는 경우도 있다. 동계올림픽의 쇼트트랙이 그렇다.

겨울 스포츠 전통이 없는 우리나라는 동계올림픽에서 늘 고전을 면치 못했다. 남들은 소위 '원조' 격으로 이미 오래전부터 스키도 타고 스케이트도 타온 역사를 바탕으로 올림픽에 출전했지만 우리는 그런 '원조'와는 거리가 멀었다. 여타 종목들에서 도무지 희망이 보이지 않자 어떤 종목을 미래의 우리 것으로 받아들여야 할지 노심초사해졌다. 아무도 관심 없던 쇼트트랙이 물망에 올랐다. 짧은 트랙을 도는 쇼트트랙은 우리의 작은 신체 조건과도 잘 맞아떨어졌다. 올림픽이 몇 번이나 지나도록 쇼트트랙은 정식 종목이 아니었지만 선수들은 땀 흘리며 훈련을 계속했다. 어느 날 드디어 쇼트트랙이 동계올림픽 정식 종목으로 채택되었다. 우리는 그렇게 쇼트트랙의 원조가 되었고, 동계올림픽은 더이상 남들의 메달 잔치가 아닌 '대한민국'을 외칠 수 있는 즐거운 이벤트가 되었다. 얼마나 원조가 되었으면 다른 국가의 대표팀 감독이 한국인인 경우도 적지 않다.

예전에 극장가에 픽사Pixar의 애니메이션 〈Cars〉가 상영된 적이 있다. 자동차를 의인화한 작품이다. 거기에 등장한 사람의 얼굴이 씌워진 자동차들은 하나하나 얼마나 개성이 있는 생김새였던지, 감동적인 스토리라인과 함께 많은 이들의 사랑을 받기에 충분했다. 이후 레고Lego에선 애니메이션에 등장한 몇몇 캐릭터들을 장난감으로 만들어 출시했다. 그리고 한국의 뽀로로만큼이나 전 세계 아동들의 장난감 시장에서 커다란 흥행을 이끌었다. 몇 종류 안 되는 만화 속 캐릭터들인데 많은 아이들이 손에 쥐고 다닐 만큼 대박이 난 것이다. 레고뿐 아니라 장난

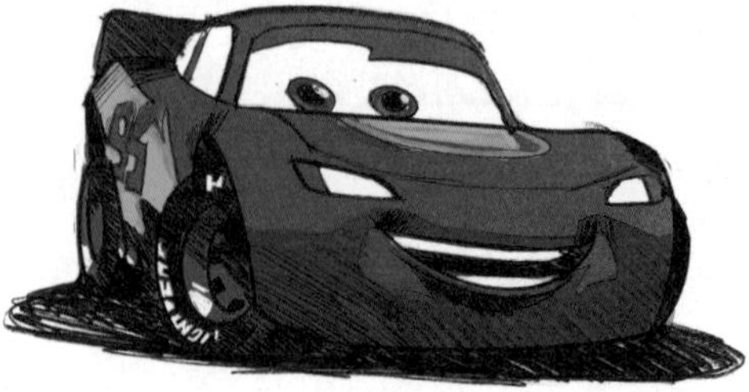

감 제조사들도 하나둘씩 〈Cars〉의 캐릭터들을 출시했다. 심지어 어떤 제조사들은 화면 속의 인물의 다양한 표정별로 다르게 연출해놓고 '스페셜 에디션'이란 파생상품까지 무수하게 찍어냈다. 그 덕에 나를 비롯한 부모들의 주머니는 텅텅 비어갔다. 제작사 입장에서는 애니메이션이 극장가에서 흥행에 성공한 것은 물론, 상품화에도 성공한 캐릭터들 덕분에 천문학적 수익을 벌어들이게 된 것이다.

그런데 생각보다 일찍 후속작이 나왔다. 실망스럽게도 별 내용은 없었다. 전편처럼 감동적이고 맛깔스러운 구성은 오간 데 없고 그저 새로운 캐릭터들의 전시장 같았다. 1편에선 열 손가락으로 셀 수 있을 정도의 등장인물이 화면에 등장했는데, 2편에선 일일이 기억도 나지 않을 만큼 많은 캐릭터들이 등장했다. 캐릭터로 돈맛을 본 제작사의 의도가 역력히 보였다. 새로운 내용을 잔뜩 기대한 아이들도 실망했던지 2편은 흥행에 처참히 실패했다. 게다가 밑도 끝도 없이 탄생시킨 억지 캐릭터들도 장난감으로 출시되기는 했으나 시장의 반응은 냉랭해 보였다. 새로운 캐릭터들이 얼마나 시장에서 통했는지 확인해보진 않았지만 새로 등장한 캐릭터를 손에 들고 있는 아이들을 거의 보지 못했다. 내 아이도 그렇고, 길에서 마주친 열렬한 〈Cars〉 팬으로 추정되는 아이들의 손에는 1편의 주인공들, 특히 원조의 '라이트닝 맥퀸'이 꼭 쥐여져 있었다.

사회에는 일반적 통념이라는 게 있다. 식당의 경우 원조가 아닌 사람이 물려받으면 맛이 예전 같지 않다고 한다. 영화도 그렇다. 영화가 히트를 치면 제작자는 큰 규모의 비용을 투자해 속편을 만드는데, 사람들은 그걸 보고 "오리저널만한 게 없다"고 혀를 차곤 한다. 단지 향수에 젖어, 옛것에 사로잡혀 있는 작품들엔 인색한 반응이 대다수다. 원조가 아닌 새로운 것들을 편견을 가지고 삐딱하게 보는 부정적 통념이 존재하는 것이다. 그런데 이것을 편견이라고 치부할 수만은 없다. 〈Cars〉라는 애니메이션에서 볼 수 있듯 후속작이 전작에 비해 좀 떨어진다는 평가는 어느 정도 근거가 있기 때문이다.

영화만이 아닌 적잖은 분야의 것들이 그렇다. 간단하게 말해서 첫번째가 히트를 하면 초심을 잃어버리는 식이다. 안타까운 것은 이게 늘 되풀이됨에도 바뀌질 않는다는 것이다. 여전히 후속작들은 초심을 잃고 엉뚱한 데로 질주한다는 이야기다. 원조가 최고인 이유는 단 하나다. 목표가 하나였기 때문이다. 제품을 개발할 때나, 첫번째 신제품이나 첫번째 메뉴를 만들 때에는 최선을 다한다. 냉면집을 개업하고 첫번째 냉면을 최고로 만들기 위해 노력하는 것이나 신제품을 내놓는 제조업이 하는 일은 다르지 않다. 최선을 다해 만들어낸 제품이 시장에서 큰 반응을 얻고 나면 자연스럽게 2탄을 기대하게 된다. 이것이 자동차에서는 좀더 명확해진다. 자동차에는 부분 변경 모델 '페이스리프트'가 있다. 페이스리프트란 자동차의 3~4년 뒤 완전한 신모델이 등장하기 전 살짝 얼굴의 모습을 조금 고쳐놓는 것을 의미한다. 3~4년 동안 한 차종이 계속 같은 모습으로 있으면 트렌드에 맞지 않게 낙후된 듯한 인상을 준다. 그래서 1년 주기로 앞모습의 일부만 큰 비용을 들이지 않고 디자인을 살짝 바꿔 개선형 모델이란 명분으로 내놓는다. 핸드폰도 새로운 모델이 출시된 후 대략 6개월이 지나면 새로운 색상을 입히거나 살짝 개선된 제품을 출시하면서 모델명 뒤에 S자를 하나 더 붙이는 경우가 있다. 하지만 그 이면에는 불편한 진실이 있다. 원조를 넘지 못한다는 것이다.

오리지널로 흥행을 맛본 기업들은 더 많은 이윤을 남기려고 머리를 쓴다. 예를 들어 애써 원래 제품에서 만들어놨는데 사용자들이 잘 안 쓰거나, 외면하는 부분들이 있기 마련이다. 자동차로 치면 어떤 특정한 공조장치의 바람의 방향을 쉽게 바꿀 수 있는 일종의 단축기능 같은 버튼이 있는데, 만약 고객들이 그걸 잘 사용하지 않게 된다면 제조사는 페이스리프트에서 그 기능을 쏙 빼버린다(물론 고객이 불편해하거나 자꾸 불량이 나는 부분도 개선한다. 개선하지 않으면 고쳐주는 데 투입되는 비용이며 브랜드의 이미지에 타격을 입게 되니 당연히 해야 할 일이다. 애써 꾸며놨는데 잘 보이지 않은 부분도 가차 없이 빼버린다). 또 애써 예쁘게 칠해놨는데 막상 제품을 보니 눈에 띄지 않으면 그 역시 빼버린다. 첫 생각으로 재미 좀 봤으니 이제는 잔머리만 굴릴 때다. 눈에 띄는 일부만 봐도 이런데, 각자 담당자가 자신이 맡은 부분에 이렇게 열정으로 하나씩 빼기 시작한다면 어떻게 될까? 참 재미있는 것은 페이스리프 된 제품은 단 한 번도 좋은 평가를 받는 적이 없다는 것이다. 일종의 제조의 법칙이다. 제 발에 걸려 넘어지는 꼴이다. "뭐 잘 보이지도 않는데 좀 빼면 어때?"가 문제의 포인트다.

원래 인간은 사소한 부분에 감동하는 법이다. 디자인도 제품도 이미 편해질 대로 편해졌다. 모든 혁신과 발명에 있어 상향평준화된 게 오늘날의 제조업이다. 스마트폰이 처음 등장했을 때의 시대적 전환과 텔레비전이 처음 나왔던 때처럼 혁신의 규모가 도래하지 않는 한 인류에게 '큰 감동'을 줄 수 있는 발명은 쉽게 찾기 어렵다. 그러다보니 사소하게 개선된 부분에서 오히려 감동이 더 크게 오는 법이다.

하나씩 안 보인다고 빼고, 필요 없다고 빼고, 소금 좀 덜 치고, 반죽 몇 번 덜 하고, 그러다보면 반짝이던 사소함은 하나 둘씩 불이 꺼진다. 사소한 별빛들이 모여 찬란한 밤하늘의 은하수가 되지 않았던가. '별이 빛나는 밤'을 이루는 별빛을 하나씩 줄여간다면 그 밤은 별이 빛난다고 할 수 없다. 누구는 그 작은 별빛의 빼곡함을 그려 세상에서 가장 비싼 그림 한 장으로 남겼고, 또 당신은 별을 헤아리며 고백의 말을 하지 않았던가. 눈에 띄지도 않을 만큼 거대한 시대의 성급함에 짓눌려 있는 탓에 오히려 별빛처럼 작은 부분에 더욱 울컥하는 시대에 우리는 살고 있다. 알량하게 상업적 이득에 취해 식당 테이블 수를 억지로 늘려도 안 되고, 고객이 눈치채지 못할 거라며 양념을 조금 덜 넣어서도 안 된다. 이미 원조와 달리 본질에 등을 돌리는 순간 신뢰는 사라진다. 시간 가는 줄 모르고 봤던 영화의 2탄에 대한 기대는 언제나 시큰둥하기 마련이다. 1탄에서 좀더 젊었던 그의 모습이 오히려 사무치게 그리워진다. 그래서 모두들 원조가 되고 싶어 이 야단들이다.

2탄은 재미도 없고 맛도 없다. 2탄을 처음처럼 만들 수 없다면, 그런 마음을 갖고 만들지 못할 거라면 그냥 새로운 이름으로 다시 시작하는 게 낫다. 뭔가 예전 같지 않고 뜻대로 잘 되지 않을 때, 왜 그런 말 있지 않은가. 초심으로 돌아가자고. 과장 좀 보태보자면 원조가 되자는 말과 다름없다. 처음으로 돌아가 다시 생각하자. 생각의 주인이 되자. 그리하여 원조가 되자.

더 단순해져야 한다

단순함이란 직관적이고 단호한 것이다. 단순함의 중요성에 대해서는 누구나 알고 있지만, 막상 어떤 상황이 닥쳤을 때 판단의 기로에 서면 단순하게 생각하고 행동하기가 쉽지 않다. 이토록 복잡한 세상에서 단순함을 추구한다는 것은 밀도 높은 지혜는 물론 대범함의 용기가 필요한 일이다.

단순함은 사전적 의미로는 '복잡하지 않고 간단한 것'이다. 그런데 디자인을 하는 이들에게는 이 의미를 한 번쯤 다시 재정의될 필요가 있어 보인다. 심미적 측면에서 단순함은 '단 몇 개의 선으로 누구나 인식할 수 있는 모습을 만들어내는 것'으로 정의할 수 있을 것이다.

"제발 좀 단순하게 하자."

지난 십수 년 가까이 디자인 품평을 할 때마다 언제나 들어오던 말이다. 스포츠카든 제일 비싼 차종이든 가장 값싼 차든 다 똑같다. 브랜드를 막론하고 디자인 품평에서 듣게 되는 디자인 보스의 외마디비명이다. 여기는 이렇게 다듬고, 저기는 저렇게 다듬자는 전략적인 조언도 있지만, 결국 가장 큰 메시지는 "단순하게 좀 합시다"다. 또 어떤 제안이 맘에 들 때면 그 이유 중 하나가 '단순함' 때문이라고 평가한다. 그리고 이제는 수많은 이들의 포트폴리오를 보면서 내가 오히려 그들에게 속으로 당부한다. '단순하게 좀 하지.' 이 노력과 정성으로 조금만 단순해지면 될 것을 일부러 힘줘서 복잡하게 한 그들의 노력이 안타깝다. 그런데도 그 바람은 쉽게 이뤄지지 않는다. 정말 아찔한 것은 단순해지는 것의 중요함에 대해 들어보지 않은 사람은 아무도 없다는 것이다. 단순해지는 것은 어려운 일이다. 디자인을 하는 데에도, 삶을 살아가는 데에도.

단순함이 어려운 이유는 무엇일까?

인류의 역사는 생산성의 역사라고 해도 과언이 아니다. 18세기 영국에서 시작된 증기기관과 기계화의 산업혁명에서부터 19세기 대량생산이 시작된 2차 산업혁명, 20세기 중반의 컴퓨터 정보화기술과 자동화의 3차 산업혁명, 그리고 지금의 4차 산업혁명에 이르기까지 산업의 혁명은 역사의 기둥처럼 자리해왔다. 모든 것이 생산성의 측면에서 '좀더 빠르게' '더 많이'라는 효율성을 앞세워왔다. 언제나 효율의 측면에서 더 많은 것을 만들어내는 것이 중대한 일이었다. 더군다나 대한민국 사회에서는 남들보다 더 많이, 더 빠르게 성장하는 것이 삶의 가치로서 자리해온 것도 사실이다. 생산성에 모든 것이 맞춰진 사회는 단순한 것을 만들어낼 틈을 할애하지 않는다. 단순한 것은 덜어내는 일이다. 생산성에 쫓기다보면 비우기보다는 채우기에 더 급급해할 수밖에 없다. 인류의 의식을 지배해온 생산성이란 산업적 관념은 우리를 밀어붙이기에 바빴다. 가만히 있으면 안 될 것 같고 비워두고 멈추는 일은 비효율적이며 게을러 보일 것이라는 강박을 더욱 공고히 했다. 생산성의 채근은 비워둔 여백을 선으로 채우고, 남겨진 공간에 사물을 억지로 쑤셔넣게 만들었다.

그렇다면 왜 우리는 단순해져야 하는가?

첫째는 단순함은 개인의 취향을 떠나 모두가 멈추게 되는 곳이기 때문이다. 우리의 쉴 곳인 것이다. 지나치게 많은 기술과 사물들이 쏟아지니 우리 주변에서 여백을 찾는 일과 사물의 고유성 등이 존재감을 가지는 일이 어려워졌다. 아무 의미 없는 사물이 눈앞에 있더라도 사물의 존재에 뭔가 기능이 있을 거라고 생각하는 게 자연스러운 일이 되어버렸다. 사물을 보며 사물을 관조하는 일은 없어진 지 오래다. 일종의 기술 강박이다. 가령 내 앞에 조약돌이 놓여 있다고 치자. 조약돌을 만지면서 혹시나 이 사물은 전원 버튼이 어디에 있을까? 혹시나 스피커일까? 그렇다면 블루투스로 연결이 될까를 생각한다. 비록 이런 생각이 영감을 얻는 방식이라 할지라도 있는 것을 있는 그대로 바라보며 생각의 여백을 찾는 시간이 사라졌다. 관조할 수 있는 기회가 없다. 여백이 없다면 생각은 복잡해진다. 단순해지기 어렵다는 말이다.

그래서인지 우리는 요즘 들어 더더욱 명상을 찾는 경향이 있는 듯하다. 명상은 수련을 요구하는 것도 있지만 어디서든 누구나 쉽게 할 수 있는 것도 있다. "멍 때린다"고 할 때의 그 '멍'이다. 넓은 바다와 커다란 호수를 보며 하는 '물멍', 장작불 앞에서 일렁거리는 불과 장작 타는 소리를 들으며 하는 '불멍'을 떠올려보라. 물끄러미 바라보는 불과 물은 원초적이며 단순함의 대상이다. 물과 불을 보며 누구도 그것의 기능을 생각하지 않는다. 누구도 함부로 그것의 전원 버튼을 찾거나 사용법을 익혀야겠다고 생각하지 않는다. 단순한 결을 가진 불과 물에 자신의 넋을 투영할 뿐이다. 아무 말도, 아무 생각도 없이 반복되는 그들의 결에 스며들 뿐이다. 바다에 번민을 흘려보내고 장작불에 상념을 태운다. 단순함이 우리에게 작동하는 순간이다. 이처럼 단순한 것들은 우리를 위로한다.

둘째는 단순함이 디자인이나 작가의 창의성을 표현하는 방식에서 효과적이기 때문이다. 단순함은 강렬함이다. 역사에 남는 디자인은 단순한 몇 개의 선으로도 표현된다. 디자인에 문외한인 사람들조차 시대의 아이콘이 되어버린 사물을 보고 단 몇 마디의 말로 설명할 수 있고, 펜으로 어렵지 않게 몇 개의 선으로 그려서 표현할 수도 있다. 강렬한 인상을 가지면 사물이든 사람이든 상징성을 갖게 되기 때문이다. 또한 강렬한 인상은 결코 복잡함 속에서 나타나지 않는다. 단순함을 바탕으로 할 때 몇 개의 의미 있는 선들은 한 번 더 도드라지게 된다. 단순함 위에 강렬하게 남은 것들은 상징성을 얻게 되며 그걸 바라본 사람들의 머릿속에선 쉽게 잊히지 않는다. 단 몇 개의 선으로 특징적인 형상을 잡아내는 것은 관념 속의 짙고 두꺼우며 깊은 획이 된다. 두고두고 마음에 남아 평생을 흔들어대는 누군가의 강렬한 문장도 단순함과 명료함을 지니고 있다. 단순함은 이처럼 적재적소에 '명중'시키는 일이다. 하지만 창작자 입장에서는 결코 만만한 작업이 아니다. 남들은 수백 개의 선과 수천 개의 점이 주어졌는데 나는 단 몇 개의 선으로 정확한 형상과 생각을 드러내야 하니 난이도는 상상을 초월한다. 과녁의 바늘구멍 같은 사이즈의 단순함에 명중하는 일은 어렵지만, 난잡하게 무수한 선들로 잔뜩 채우는 일은 열정 있는 누구나라면 얼마든지 가능한 일이다. 그렇게 고뇌하여 이상적으로 배치된 몇 개의 선으로 표현된 디자이너의 스케치는 경쟁력을 가질 수밖에 없다. 종이에 그어진 수백 개의 선보다, 정확히 과녁에 명중한 몇 개의 선이 더 큰 환호를 받는다. 상징성은 이렇게 탄생하고 사람들의 시선이 오래 머무는 곳도 이렇게 만들어진다. 복잡 다변한 선택의 경쟁에서 이길 수 방법은 강렬해지는 것이다. 모두가 허둥지둥 채우는 데 열심인 동안 비우며 단순해지는 누군가는 그들과 차별화를 이루게 된다. 극적인 단순함에 이를 때 우리는 그것을 '우아하다'고 하는 것이다.

셋째는 단순함이 바쁜 모두를 돕는 유일한 수단이기 때문이다. 단순한 사물이 복잡한 세상에 쉼이 되어주듯이 분주한 모두에게 단순한 소통의 방식은 모두를 돕는 데 기여한다. '단순하자'는 사명은 디자인을 하고 사물을 만들어내는 일에만 국한된 것이 아니다. 촌철살인이라는 말처럼 단순하되 깊이 있는 몇 마디는 감동과 울림을 주지만 주절주절 위로의 말은 졸린 설교가 되기 쉽다. 울림을 주는 단순한 몇 마디는 몇 개밖에 주어지지 않은 화폭 위의 선과 같다. 적재적소에 올바른 호흡이 되어 배치되어야 한다. "당신의 할머니가 당신의 설명을 이해하지 못한다면 당신도 옳게 이해하지 못한 것이다"라는 아인슈타인의 말처럼 완벽한 이해는 단순한 설명으로 풀이되어야 한다.

마지막으로 단순함은 오랜 생명력을 불어넣는다. 가령

옷장을 열어 십 년이 더 되었는데도 여전히 꺼내 입을 수 있는 옷들이 있다고 치자. 그 오랜 옷들의 공통점은 단순하다는 데에 있다. 당시의 화려한 유행에 편승하지 않았기에 그 옷은 그때도 단순할 수 있었고 지금도 여전히 단순하고 명료하게 남아 있다. 반대로 당시의 유행 앞에 당당했던 것들은 지금 꺼내어 보면 참담하기까지 하다. 이걸 어떻게 입고 다녔는지 그때의 나를 떠올리면 자괴감마저 들곤 한다. 시간이 흘렀음에도 생명이 연장된 단순한 옷장의 옷들처럼 단순하게 남은 것은 오랜 생명력을 통해 지속 가능성을 이행한다. 단순해지다보면 새로운 것을 만들어낼 허기를 덜 느끼게 되며 이는 자원을 아끼고 그에 따른 공해의 문제를 비워낼 수 있다. 이처럼 단순함은 비워냄을 실행하는 '지혜'로까지 확장된다. 한편 온실가스를 줄이고자 자동차 회사들은 너 나 없이 전기차를 만든다. 자동차 대신 친환경 이동수단을 이용하자는 명분과 함께 흉물스러운 전동스쿠터들이 거리를 채워지지 않았던가. 많은 스쿠터들 사이에서 눈에 띄게 하기 위해 형광색으로 채색된 무공해 전동스쿠터는 시각 공해에 가까워 보이기까지 한다. 당장의 배기가스 배출량은 줄어들지 몰라도 앞으로 쏟아질 폐배터리 문제에 대해선 냉담해 보인다. 이처럼 문제를 해결하는 방식도 언제나 비워냄 대신 채움을 추구한다. 절제해야 할 때 다른 대체제를 억지로 투입시켜 해결책이라는 명분으로 상업적 실리를 추구하는 것도 단순함에 대한 궁극적 이해가 결여되었기 때문이다.

모두가 선망하는 모 브랜드의 랩톱 컴퓨터가 있다. 기술적으로는 단순하다고 말하지만, 모두는 아름답다고 말한다. 평생을 윈도우 시스템만 써왔지만, 이 단순해서 아름다운 기계는 20년 넘은 나의 컴퓨터 환경을 한순간에 바꿔치울 만큼 매력적이다. 단순해서 아름다운 것들, 우리를 위로한 물결과 불결처럼 모두를 위로하기도 하고 심미성으로 눈을 만족시킨다. 이처럼 단순함은 인간의 욕구를 충족시키는 결정체가 된다.

철학자 아리스토텔레스는 사람을 설득시키는 세 가지의 방법을 말했다. 이성적인 인간이라는 자긍심으로 주장에 논리가 있어야 하고 명확한 근거가 있어야 한다는 로고스Logos, 그리고 청중의 심리를 자극하고 그들의 열정을 건드려야 한다는 파토스Pathos, 그리고 설득하려는 이의 매력이 뿜어져나와야 하는 에토스가 있다. 단순함을 이 설득의 논리로 바라본다면 어떨까?

먼저 설득을 위해 논리를 앞세워야 한다는 로고스를 들여다보자. 단순해서 명쾌한 것에는 탄탄한 논리가 뒷받침되기 마련이다. 몇 개 안 되는 선으로 그려낸 디자이너의 스케치, 단 세 개의 선으로 자신의 생각을 명확히 드러내는 아이디어는 탄탄한 논리에서 비롯한 것이다. 누가 봐도 단 몇 개의 선으로 생각을 드러냈다는 것은 생각 속의 인과관계가 잘 짜여 있다는 이야기다. 장황하고 이해할 수 없게 쓰인 글이나 묘사된 스케치는 논리적이지 못하기 때문에 갈 곳을 잃고 여기저기 어지럽혀져 있다. 이처럼 명쾌한 단순함은 논리에서 나오는 법이다. 놀라운 것은 논리학이 자연의 원리를 이해하고자 탄생했다는 사실이다. 자연스러운 디자인은 단순하다. 단순한 디자인은 자연을 이해하고자 했던 논리를 닮을 수밖에 없다. 서로 살아남기 위해선 수열을 지키며 싹을 틔우고 빛을 골고루 받기 위해 순서를 지켜낸 것이 자연이다. 그래서 자연은 논리를 말하고 자연스러움의 지혜를 제공하기도 한다. 출생의 비밀이 드러나고 막판에 꼬이고 꼬아대는 드라마가 점점 개연성이 떨어지는 것도 같은 원리다. 꽈배기처럼 꼬아대느라 자연스러움을 잃은 이야기를 '개연성이 떨어진다'고 말하듯이 자연스러움을 놓친 일은 논리를 상실하게 된다. 그런 이야기가 공감을 잃을 것은 너무나 당연하다.

다음으로 청중의 열정을 건드리는 파토스의 경우를 보자. 소설가 알랭 드 보통은 대중이 단순한 것을 바라볼 때 "건축가가 복잡한 것들을 이렇게 단순하게 만드느라 얼마나 노력했을까를 인식하는 마음에서 감동하게 되는 것"이라고 표현했다. 단순하게 완성된 디자인, 우연히 마주친 문학 작품의 한 구절. 뜨거운 마음은 이렇게 단순한 것으로부터 위로받는다. 디자인, 예술과 같은 창작물이 그들을 위로하는 원리와 유사하다.

끝으로 에토스의 측면에서 보자. 이미 단순한 것, 세 개의 선으로 완성된 모습은 단정하다. 구구절절 설명이 필요 없다. 지적인 모습으로 보는 이들의 호기심을 자극한다. 만져보고 싶고, 옆으로 들여다보고 싶어 한 발짝 떨어져서 바라보기도 한다. 단순하게 쓰인 문장은 공책에 옮겨 적기도 쉽고, 단순한 몇 마디의 설득은 사람들의 넋을 빼놓고 설득된 사물을 오랫동안 응시하게 만든다. 한편 어떤 이들은 이렇게 항변하기도 한다. 의욕이 넘치는 순간 가만히 있을 수 없는데 어떻게 거길 그대로 비워놓느냐고 말이다. 어떻게 아무것도 하지 않고 가만히 있어야 하느냐는 의문은 당연한 질문이 된다. 더 나은 생산성을 지향해온 것이 인간의 역사인 것처럼 같은 시간 안에 더 많은 것을 만들어내야 하는 것도 어쩔 수 없는 인간의 강박이다. 가만히 있는 대신 어떤 무언가를 통해서라도 분주해야 할 것 같은 것. 그것을 행동편향이라고 한다. 바로 우리가 지양해야 할 부분이다.

물론 열정은 반가운 일이다. 하지만 채우는 행동만이 아니라 비워내는 고민도 열정의 일부임을 알아야 한다. 단순해지라는 것은 가만히 넋 놓고 있으라는 말이 아니다. 그대로 비워두고 불멍, 물멍을 때리는 것으로 여백을 만들라는 이야기가 결코 아니다. 천재적으로 단순한 디자인을 만들어낸 기업의 디자이너가 펜을 놓고 가만히 있는데 단순한 형상이 알아서 나타났겠는가? 세상을 감동시킨 누군가의 시 한 구절이 골방에 틀어박혀 명상만 했더니 그냥 떠올랐을 리 없다. 백조가 우아한 자태로 호수에 떠 있기 위해선 물속에서 부단히 발을 놀려야 하는 엄청난 노력이 있다. 이탈리아에선 다빈치처럼 무엇이든 어려운 것을 우아하고 아름답게 만들어내는 예술가의 천재적 능력을 스프레차투라Sprezzatura라고 부른다. 그런데 스프레차투라를 말할 때 언제나 따라다니는 말이 있다. 데코로Decoro, 노력이다. 그냥 노력이 아니라 피나는 발악이다. 스프레차투라를 이루기 위해선 눈에 보이지 않는 실패와 도전 그리고 다시 일어나는 끈기는 당연한 과정이라는 의미다.

단순함은 노력의 결정체이자 끊임없는 고뇌의 결실이다. 이 정도면 되었겠지라고 밤새워 고민하며 더 덜어내야 한다. 그리고 눈 좀 붙이고 다시 일어나서 한 번 더 빼라. 속는 셈치고 몇 번을 더 반복하라. 그러고도 열 번을 더 빼면 그제야 단순해지기 위한 준비가 되었다고 할 수 있으리라. 누구라도 한 번에 이해할 수 있을 때까지 설명은 단순해지고, 형태는 한번 더 단순해져야 한다. 깎아내고 덜어내는 매만짐을 반복하니 생각과 사물이 반짝거리기 시작하는 건 당연한 이치가 아니겠는가.

일단
그리고
쓰자

쓰고 그리는 것은 생각을 스스로 체험하는 일이다. 생각을 체험으로 옮기기 위해선 일단 생각한 것들이 나열되어야 한다. 다음으로 빈 종이를 놓고 뭘 그릴지, 뭐부터 해야 할지 막막한 건 나나 당신이나 다르지 않다. 빈 종이를 마주하는 순간의 느낌은 십 년 넘게 스케치를 해온 디자이너든 평생 동안 그림을 그려온 피카소든 똑같을 것이다. 난생처음 반성문을 써야 하는 자나 베테랑 작가들이 느끼는 긴장감도 마찬가지다. 결국 무에서 유를 창조하는 일이다. 정답이 없는 것이다. 존재하는 것에 토를 달고 반박하는 것은 빈 종이를 채우는 것에 비하면 아무것도 아니다. 첫 획이 그어지고 첫 음절이 쓰이는 순간은 아찔하다.

"나는 정말 그리는 거라면 질색이야."

"나는 정말 쓰는 일이라면 머리가 아파."

"글 쓰는 사람 보면 부러워."

"그림 그리는 사람 보면 신기해."

우리는 주변에서 흔히 이런 말들을 듣는다. 혹은 어떤 사람들은 누군가 빈 종이에 그림을 그리는 사람을 볼 때면 무척 신기해한다. 이런 반응의 작동 원리는 다음과 같다. 우선 '그림을 그리는 일은 창의적'이고 '그림을 잘 그리지 못한 것은 창의적이지 못한 것'이라고 구분 짓는다. 사실 그림은 어디까지나 생각이나 본 것, 또는 보고 있는 것을 시각화하는 도구에 불과하다. 물론 그림에서 시작해 그림으로 끝내야 하는 회화는 그림 자체가 완성품이지만, 대부분의 창의적 결과물들은 그림에서 시작하더라도 그림으로 완성되는 게 아닌 경우가 더 많다. 멋진 슈트도 그렇고 폼 나는 자동차도 그렇다. 그림에서 시작했지만 완성되는 순간에는 처음에 가진 그림의 의미가 사라진다. 액자에 담김으로써 끝나는 그림에 비해 대부분의 그림은 머릿속 생각을 그저 환기하며 기록하고 수정하는 작업 과정에 지나지 않는다.

그림은 쓰고 버릴 연습장이고 답안지에 담기는 것은 생각의 미래, 그림이 아닌 완성될 사물의 형태다.

머릿속 생각을 눈앞에 펼쳐놓는 가장 효율적인 방법 중 하나가 그림이다. 우리가 생각을 할 때 눈을 위로 치켜뜨는 것도 시선을 위로 돌려 뇌를 바라보는 것이다. 머릿속에 어떤 그림이 있는지를 확인하려는 본능적인 제스처다. 그림으로 눈앞에 생각이 펼쳐지는 순간엔 눈을 위로 치켜뜰 필요 없이 그 생각을 난생처음 내 눈앞에 펼쳐내는 것이다. 첫 생각을 펼쳐내는 방식은 다양하다. 누구에겐 쉬운 그림의 꼴이 쓰일 수도 있고, 입체적인 의심을 하는 이에겐 찰흙과 같은 재료로 모델링을 해보는 소조의 방식일 수 있다. 또 일일이 서툴게 그리느니 한 벌의 스웨터를 하루 만에 후다닥 만들어내는 엄마의 뜨개질도 생각의 연습이자 표현의 첫 방식이다. 이런 일련의 과정들은 나의 생각을 스스로 검증하기 위한 것이므로 얼마든지 망쳐도 되고, 맘에 들 때까지 다시 그려도 된다. 엄마는 짠 실을 후루룩 다시 풀어보면 될 것이다. 그림, 찰흙, 뜨개질 등 다양한 표현의 방법은 나은 완성을 위해 거쳐가는 다양한 수단일 뿐이다. 어떤 방법을 통하든 그 가치는 동일하다. 결국 완성된 형상을 만드는 일로 이어지는 것이라면 악필로 써내려간 레시피든 낙서든 상관없다. 나만 알아볼 수 있으면 되는 것이다. 그러고도 아니다 싶으면 다시 생각하면 된다. 단지 그림을 그리거나 쓰는 일처럼 우리에게 가장 널리 알려진 '표현의 방식'을 다루는 데 있어 서투르다고 스스로 창의력이 없다고 단정하는 것은 안타까운 일이다. 글씨체가 못났다고 글쓰기 능력이 떨어지는 것도 아니고, 그림을 못 그린다고 번뜩이는 생각을 할 수 없는 건 더더욱 아니다.

모든 과정을 '잘' 해야지만 남들 앞에서 당당하게 드러낼 수 있다는 것은 우리의 현실이 만들어낸 강박이기도 하다. 그 강박은 일련의 과정을 모두 검사받는 환경에서 학습된 몹쓸 산물이다. 하물며 과거를 돌아보면, 하루하루의 과정인 일기장도 빛나듯 쓸 수밖에 없지 않았던가? 매일매일 일기장의 이야기는 보태지고 편집되기도 했다. 중간중간 그려보는 직관적인 낙서도 언제나 매번 반듯해야만 했다. 왜냐하면 누군가 늘 검사를 하고 그에 따른 처벌과 칭찬이 따랐기 때문이다. 그러다보니 자꾸만 생각을 글로 써보기도 전에, 그림을 그리기도 전에 질색하며 시도조차 해보지 않은 자신을 탓한다. 누군가의 시선과 평가에 이미 소심해진 이른 포기라서 안타깝다. 아마 이런 이유로 인해 우리 주변의 미켈란젤로보다 더 뛰어난 소질을 가졌을지 모를 인재들이 일찌감치 그리는 일을 포기했을 것이고, 톨스토이보다 뛰어난 글을 썼을지 모를 친구들도 글씨체를 문제삼아 재능이 없다며 좌절했을 것이다. 그것이 바로 우리가 더욱더 그리고 써야 하는 명확한 이유다. 계속 쓰고, 입에만 담지 말고 표현하는 수밖에 없다. 백 개를 그려봐야 내 눈앞에서 그중 하나가 걸려들 수 있다. 그러지 않으면 진리, 주관과 객관의 일치인 진리에 다가가기는커녕 포기만 종용당할 것이다.

그려보라는 제안에 손사래를 치는 이들에게 연필을 주고 빈 종이를 깔아주는 것은 마찰력 제로인 빙판 위에 난생처음 서본 이들에게 스케이트를 신기는 일과 같다. 빙판에 섰을 때 내가 스케이트에 소질이 있는지 없는지 판단할 새도 없이 연거푸 엉덩방아를 찧는 것은 당연지사. 그런데 엉덩방아 몇 번 찧다보면 스스로 '운동신경'이 없다고 손사래를 치기 일쑤다. 찬 얼음판 위에서 처절하게 엉덩방아 찧었던 경험 때문에 자신의 근본적이고 생물유전학적인 운동신경의 진단서까지 만들어내고 만다. "엉덩방아를 찧었으므로 난 운동신경이 없다"라고 말이다.

누구나 수도 없는 경험과 훈련을 통해 잘하게 되는 법이다. 이후 소질이 있고 없고는 선수가 되느냐 마느냐의 기로에서 다른 전문적인 눈들이 평가할 것이다. 내 필체가 악필 중의 악필이라고 해서 쓰는 내용도 빵점이란 법은 없다. 첫사랑 앞에서 고백의 말을 그럴듯하게 잘 못한다고 해서 그 사람을 사랑하지 않는 것은 아니지 않은가? 표현에 익숙지 않아 그녀 앞에서 횡설수설했다 한들 진실한 마음이 없다고 몰아세울 수 없다. 마찬가지로 그림으로 드러내지 못한다고 해서 당신의 머릿속에 창의적 생각이 없다고 할 수 없다. 결국 엉덩방아를 기꺼이 찧어가고 그림을 망쳐가며 운동과 생각의 완성을 위해 계속 시행착오를 할지 말지, 의지의 문제일 뿐이다. 악필도 누군가에는 멋진 글씨체가 될 수 있고, 두서없는 고백의 말은 어리숙한 떨림으로 인해 오히려 마음을 움직이는 엉뚱한 필살기가 되는 법이다. 표현의 옳고 그름, 그림을 그리고 글을 써보는 과정을 판단하는 것은 오로지 펜을 손에 쥔 우리 자신의 몫이다.

아이디어가 떠올랐다면 어디에 어떻게 쓰고 그릴 것인가도 생각해볼 문제다. 쓰는 방식이 과거에 비해 대전환을 맞이했기 때문에 물질적인 측면을 지나칠 수가 없다. 태블릿피시가 처음 등장한 십수 년 전 당시 사람들은 기록의 수단으로서 물질적 상징인 종이와 연필이 없어질 거라고 예상했다. 칠판이 없어지고, 공책 대신 태블릿피시가 학생의 기본적인 필기구가 될 거라고 장담했다. 그런데 태블릿피시를 비롯해 어떤 디지털 기기든 앱을 사용하려면 매번 부팅을 해야 하고, 디지털 펜은 충전 유무를 확인해야 한다. 준비되었다고 생각했는데 블루투스 페어링이 오늘따라 안 되는 건, 오늘만의 일이 아니다. 어쩔 수 없이 아무 종이나 잡고 써댄다. 생각을 바로 설명해야 하는데, 동료 디자이너들에게 예를 들어줘야 하는데 말이다. 어쩔 수 없이 옆에 있는 아무 연필이나 펜을 잡고 이면지를 깔고 쓱쓱 그려댄다. 사각거리는 기분이 상쾌하고 스며드는 잉크의 번짐이 다채롭다. 종이의 결에 부서지며 기록되는 흑연의 방식과 종이에 잉크가 스며들며 생각이 번져드는 건 자연의 이치다. 종이에 쌓여가는 지난 시절의 흔적이 부서진 흑연가루와 펜을 통해 남는 자취다. 미래에 대한 예측과 우리의 호기심이 잠시 연필과의 거리를 만들어내긴 했지만 갑작스럽게 가까워진 연필과의 거리 덕분인지, 오랜만에 손에 쥔 육각연필이 많은 이들의 추억을 더욱 자극한다. 막상 연필을 잡아보니 잠들었던 기억도 촉각의 긁힘으로 하나둘 깨어나기 시작한다. 번져간 잉크는 마치 흘려보내는 빗물처럼 내 머릿속에만 있던 생각이 처음으로 내 눈앞에 펼쳐지는 풍경이다.

실제로 종이 위에 표현하는 일이 물질과 물질 간의 파괴를 통해 나타나듯이 종이결의 미묘한 촉각은 인간의 손끝을 자극하여 상상을 폭발시키고 기억을 불러모은다. 단단한 땅을 뚫고 새싹이 나오듯, 두 개의 다른 매질이 충돌하며 새로운 생명이 시작되듯 생각의 탄생 과정은 자연의 섭리와 닮아 있음을 몸소 체험한다. 단지 정서적인 측면에서 추억만 건드리는 것이 아니다. 오늘날 다시 연필과 펜을 잡으니 역체감이 되어버렸다. 한동안 필기구를 놓고 있다가 다시 종이에 쓰고 그리는 일이 얼마나 특별한 촉각적 행위인가를 의식하며 쉽게 내려놓지 못한다.

태블릿피시에 그리는 그림은 머릿속에서 구상된 선을 함축적으로 그릴 뿐이다. 실제 종이에는 함축이 없다. 크게 그리면 큰 그림이 되고, 작게 그리면 작은 그림이 된다. 크게 그리려면 팔을 움직이고, 작게 그리려면 손목을 움직이면 된다. 크게 그릴 때 크게 움직이는 것이야말로 뇌의 능력치를 넘어서는 훈련이 된다. 크게 동작할 때 신경도 크게 집중되고 시야도 넓게 확장되는 총체적인 동작이기 때문이다. 실제로 그리기를 당부하는 이유도 이런 이유다. 어떤 규격으로 그리는지 알 수 없고, 어떻게 그리기를 시작하건 태블릿피시의 규격 안에서 줌인 줌아웃 될 뿐이다. 물론 디지털의 공간에서 확장과 축소라는 편리는 요긴하다. 하지만 디지털에선 실제 크기에 대한 인식을 간과하기 때문에, 실제 크기를 디지털 그림을 통해 예측하는 능력을 훈련할 수가 없다. 실제의 영역에선 만약 내가 A3 사이즈에 그림을 그린다면 그림의 완성은 A3 사이즈가 된다. 실물인 자동차는 그림보다 몇십 배나 큰 규격이다. 따라서 그림을 통해 몇십 배 더 큰 실물의 규격을 예측하려면 그림과 실물의 비례감을 정확하게 인식하는 일이 중요하다. 위에서 밝혔듯 그림은 완벽한 실물의 사물을 만들어내기 위한 과정이기 때문이다.

실질적인 재료와 연결되다보면 종이의 실제 질감을 찾고, 내게 맞는 필기감을 가진 연필을 찾게 된다. 마침 시장에서도 어쭙잖게 품질 낮은 연필과 종이는 이미 사라져버렸다. 특별한 경험을 선사하는 고급브랜드의 종이와 연필은 가격을 오히려 낮춤으로써 여전히 질 좋은 연필과 종이를 쥐려는 우리를 반긴다. 필기구는 자연이다. 흙에서 나고 자라 필기구가 되었다. 필기구는 과거에는 수단에 불과했다. 도구적 운명을 타고났기에 그저 기록을 위한 '필요'를 위해 존재했다. 필요의 측면에서 봤을 때 연필과 종이를 만든 우리의 흙과 자연은 소모되기 위해 존재했을 것이다. 즉 우리의 자연은 자원에 머물렀다. 그런데 오랜만에 연필을 쥐어보니 진정한 생각의 근본이란 느낌이 든다. 디지털의 감촉에 매몰되어 있다가 다시 손에 쥔 종이와 연필의 촉감이 나를 전율하게 한다. 심지어 흑연과 나무를 선사한 자연이 이용해야 하는 자원이 아니라 진정으로 아끼고 돌봐야 할 고귀한 존재로까지 인식된다. 늦은 감이 있지만, 연필을 쥐고 쓰고 그리며 가치를 확장해서 얻게 된 깨달음이 반갑다.

디자이너, 예술가뿐 아니라 모두가 그렇다. 표현하는 일이 쓰고 그리는 일로 옮겨질 때 모든 상념은 예술이 될 수 있는 자격을 갖춘다. 위에서 말한 것처럼 진리는 주관과 객관이 일치할 때 발견되기 때문이다. 당신의 쓰기와 그리기가 엉덩방아를 무릅쓰고 종이 위에 펼쳐질 때 당신의 주관은 객관으로 완성될 준비를 마치게 된다.

고백의 본론에 앞서 엉뚱한 소리를 해대듯 내 속의 뜨거운 진심은 쉽게 꺼내지지 않는 법이다. 후회를 안고 집에 돌아와

편지지를 펼 때 표현은 좀더 여유로워진다. 심호흡을 하며 천천히 써내려가니 오히려 지금 쓰이고 있는 고백의 말들이 그 또는 그녀의 마음을 움직일 수 있을 것 같은 확신이 들기 시작한다. 만약 디자이너나 예술가가 생각을 종이와 캔버스에 옮기기 전에 말로만 그것을 표현을 해야 한다면 어떨까? 차가운 화면 위에 쓰고 그리며 '표현'하는 행위를 떠올려보자. 그것은 백 번이고 천 번이고 실행 취소가 될 수 있다. 몇 번이고 흔적 없이 고칠 수 있는 환경은 놀라운 혜택이지만 보다 진지한 한 획 한 획을 긋는 일을 방해한다. 언제든 고칠 수 있으므로 의미 없이 그어보는 습관적인 획들보다 단 몇 번 만에 배치해야 하는, 지울 수 없는 펜의 한 획이 더 효율적이고 보다 높은 집중력을 가질 것이다. 한 글자 한 글자 고민하며 완성한 손편지의 울림을 다른 어떤 매체로도 대체할 수 없는 것은 만고의 진리가 아니던가.

디자이너와 예술가, 각자의 심상도 연거푸 쓰이고 그려져야 한다는 점은 고백의 말과 크게 다르지 않다. 내면의 진실이 예술이 되기 위해선 편지지를 구기듯, 캔버스를 찢어버리듯 진실하게 쓰이고 그려질 때 가능해진다. 못 쓴다고 못 그린다고 피할 일이 아니다. 해결되지 않는 생각이 있다면, 이어지지 않는 인연이 있다면 어디에든 쓰고 그리고 만드는 수밖에 없다. 비록 퇴짜를 맞고 마는 새드엔딩으로 끝날지라도, 담아두었던 것들 다 쏟아내려는 표현이 이루어져야 후련하지 않겠는가.

진실한 말과 생각이 직접 쓰이고 그려질 때 비로소 그것은 사람과 사람을 잇는 인연이 될 수 있고 박물관 속의 모나리자가 되고, 자동차가 되고, 또 역사가 될 것이다.

잃어버린 시간과 공간

—할머니는 나를 쓰다듬었다

"실물이 더 나아."

"실제로 보면 더 낫대."

"실제로 가보면 훨씬 넓어(좁아)."

일상적인 대화다. "실물이 더 낫다"는 말은 어느 전시장에 전시된 신차를 직접 본 누군가의 말일 수도 있고, 소개팅을 나간 친구가 상대를 만나고 하는 말일 수도 있다. 편집된 공간에 편집된 이미지로 아무리 멋져 보이고, 아무리 잘생겨 보여도, "실제"가 형편없다면 우리의 소망 따위는 한낱 허상에 지나지 않는다. 실제 이전의 것은 전부 '구라'에 지나지 않다는 말이다.

디지털 이미지의 시대, 이미지 잉여의 시대를 우리는 살아간다. 화면 속에서, 평면 속에서 뭔가를 바라보고 진단하는 편리함이 더할 나위 없이 좋아졌다. 이렇듯 넘쳐나는 이미지의 세계에서 우리는 타인의 편집된 삶을 보며 동경하거나 애꿎게 질투하기도 한다. 동시에 보이는 모든 것을 쉽게 믿기도 하고 가끔은 편리를 얻는다. 반면에 쉽게 박탈감을 느끼는 일 또한 우리가 바라보는 허상이 지닌 다각적인 환각성이다.

새로운 생각을 짜내야 하는 디자이너와 예술가 들에게 세상 도처에 넘쳐나는 이미지들은 그 쓰임새가 쏠쏠하다. 직접 보지 않은 타인의 생각도 수많은 종류의 검색 포털, SNS를 거쳐 쉽게 들여다볼 수 있다. 신박한 아이디어, 관련 이미지를 찾는 일도 간단하다. 손가락만 몇 번 까딱까딱하면 이미지가 홍수처럼 쏟아진다. 그 수가 얼마나 많은지 심지어 내가 이미 본 것인지 아닌지도 구분이 불가능할 정도다. 필요에 따라선 그럴싸하게 남의 이미지를 가져다가 내 생각인 것처럼 변형하는 일도 단 몇 분이면 된다. 내게 필요한 이미지들을 자동으로 무한리필해주니 안성맞춤이다. 더이상 머리를 쥐어짜내지 않아도 될 만큼 몇 달 치 새로운 아이디어가 펼쳐진다. 이러한 이미지와 디지털의 환영에 힘입어 가상현실과 같은 기술도 자리를 잡은 지 오래다. 가상현실 프로그램으로 집의 가구를 배치할 수 있고, 자동차 회사의 품평장, 건축 시뮬레이션 분야에서도 가상현실 기술이 점점 널리 확대되고 있다. 거대한 크기의 모형을 일일이 제작하는 수고를 들이는 대신 가상현실 기술을 이용하는 것이 얼마나 효율적인지는 누구나 쉽게 짐작할 수 있다.

사실 우리가 요긴하게 사용하는 새로운 이미지들, 검출된 이미지들에 환호하는 것은 미덥지 않다. 먼저 화면상에 등장하는 화려한 이미지들은 나만 보는 것이 아니라 나와 경쟁할 새로움에 갈증을 느끼는 그들도 보기 때문이다. 창작의 가치(디자이너)는 언제나 남과 '다름'을 가치로 평가받는다. 즉 새로움을 추구하는 데 창작의 의미가 있다는 것이다. 따라서 너도나도 공유하는 이미지 속에서 자신만의 이미지를 찾는 일은 지양해야 한다. 그리고 SNS에 등장하는 수많은 참신한(그렇다고 믿는) 이미지들은 인공지능에 의해 검출된 것이다. 우리의 검색 키워드와 선호도에 따라 선별되었기에 필요로 하는 이의 분야는 물론 취향과도 맞닿아 있기 마련이다. 한마디로 우리가 그리도 두려워하는 인공지능이 이미 학습한 것들이다. 학습을 했기에 이것을 필요로 하는 사용자에게 추출해서 제공할 수 있는 것이다. 누군가가 고양이 사진을 올리고 고양이라고 태그를 올렸다고 치자. 그로써 인공지능은 늘 어려워하던 개와 고양이의 구분에 좀 더 명확하게 다가간다. 추가적인 비용 없이 SNS를 맘껏 쓸 수 있는 건 이렇듯 인공지능의 딥러닝을 위한 기반을 우리가 만들어 주고 있기 때문이다. 대가 없이 우리 삶의 모습을 다양하게 남겨 놓을 공간을 그냥 줄 리 만무하다. 당신은 이곳에서 신박한 아이디어를 얻었다 착각하며 쾌재를 부를지 모른다. 하지만 인공지능이 당신을 만족시킬 또다른 이미지들을 줄줄이 제공한다는 건, 인공지능의 주머니가 당신의 생각보다 훨씬 참신한 것으로 가득하다는 의미다. 아무리 각자가 그 이미지들을 응용하여 파생상품을 만들어낸다고 할지라도, 나 말고 모든 이들도 같은 방식으로 생각을 진행시킬 거라는 건 빤한 일이다. 게다가 만 명의 같은 생각을 지닌 디자이너들이 합심하여 아이디어를 다양하게 펼쳐간다 할지라도, 인공지능의 변증법적 파생능력은 따라잡기 어려울 것으로 보인다. 단지 우리가 누군가의 것을 일방적으로 가져다 쓰는 문제만이 아니다. 당신의 참신한 생각도, 당신이 흐뭇해하던 어느 날의 스케치 한 장도 온라인상에 올려지는 순간, 당신의 열정적 의지는 이진법의 원소로 해체된다. 발기발기 찢어지고 해체된다. 또 익명의 누군가의 손길에 의해 근거 없는 화합물로 재탄생하게 된다. 내가 하듯이 그들도 한다는 말이다.

또다른 문제는 가장 근본적인 것인데, 이미지의 늪에 빠져 현혹되어버리는 순간 인간은 타성에 젖기 시작한다는 것이다. 타성에 젖은 사람은 체험해서 얻을 수 있는 것들과 거리를 두기 시작한다. 이미지를 구현하기 전 생각을 고민하는 일, 생각을 손으로 뚝딱뚝딱 뭔가를 만들어보는 일과 같은 물리적 체험이 간단히 등한시된다. 굳이 판단하느라 머리가 아플 필요가 없으니 착오가 용인된다. 결국 이들은 체험을 통해 더 나은 이미지를 뚝딱 탄생시키는 건 불가능하다고 믿게 된다. 타성에 젖어버려 한마디로 몸을 비틀고 손을 뻗쳐야 하는 행위가 귀찮다.

근시안을 가진 디자이너는 체험을 통해 고민하기보다 그저 이미지나 취합해 편집하는 식으로 당장 눈앞에 펼쳐진 잉여의 매혹에 빠진다. 당장 경쟁에서 사용할 수 있는 신차의 스케치나 신제품 출시에 급박한 나머지, '체험' 대신 검색을 통한 '취합'에만 열을 올린다.

여기서 다시 '사물의 역설'이 발생한다. 디자이너는 사물의 실제를 만드는 사람이다. 평면 캔버스에 그림을 그리는 화가도 그의 붓질과 고민은 실제의 공간을 바탕으로 한다. 그 결과 제품이든 자동차든 작품이든 실물로 완성되고, 공간에 놓이고, 만질 수 있는 개체로 탄생한다. 즉 실물이 공간에 놓일 때 우리는 그것을 눈으로 볼 수 있지만, 거기서 나아가 실물을 만질 수 있다면 그것은 비로소 실제의 내 것이 된다. 예를 들어 인스타그램에서 소개팅 상대의 사진만 보다가 마침내 만나서 대화를 나눴을 때, 그제야 "실물 어때?"라는 가장 결정적인 질문과 답변이 완성되는 것이다.

디자이너들이 이미지의 타성에 젖어 실물의 과정을 등한시하는 풍조가 이미 일상이 되어버렸다. 이미지를 보는 일에 익숙하다보니 시각이 가장 많은 정보를 전달하고 완벽하다고 믿는 편협함이 우리의 건설적 생각을 방해하기도 한다. 안타깝게도 거울에 비쳐 보이는 자신이 그 전부가 아니듯 단일한 시각정보는 단편적일 수밖에 없다. 형상을 이해하고 색을 이해하는 데는 다양한 감각들이 개입되어 판단을 돕거나 착각을 일으키기 때문에 하나의 감각에만 의지해선 곤란하다. 눈으로 잠깐 본 것만으로는 개운치 않고, 그저 누군가의 달콤한 말 몇 마디만 듣고서는 중대한 결정을 내릴 수 없다. 정말로 우리가 확실하게 기억하고, 진실하다고 인정하는 순간들은 직접 듣고, 보고, 느끼고 체험한 것들이다.

생각을 전개하는 종이 위의 촉각에 의지하는 것은 인간의 손끝 말초신경을 자극하는 발상법 중 하나이다. 그러나 종이에 생각을 쓰고 그리는 일은 이제 구식처럼 여겨지고, 실물이 완성되기까지 사물의 형상을 다양한 재료를 통해 체험하는 과정 역시 결여된 지 오래다. 또한 우리는 개발 과정에 있어 다양한 사이즈의 모니터를 그림을 살피고 실제 설계데이터를 살핀다. 더 깊게 들여다보기 위해서 줌인을 하고 줌아웃을 하며 면밀히 살핀다. 하지만 화면상의 공간에서는 정작 실제의 규모를 체험할 수 없다. 실제 자동차의 크기가 모니터에 맞는 일은 없다. 그래서 다음으로 구현한 것이 '가상현실'이다. 가상현실 고글을 쓰면 실제 공간에 놓인 것처럼 가짜의 '사물'과 그곳의 '나'를 확인하게 된다. 가상현실의 단어처럼 가상은 그저 현실을 수식하기만 한다. 아무리 실제에 가까운 해상도와 실재성을 가진다 한들 그걸로 우리의 호기심은 결코 채워지지 않는다.

"실물 어땠어?"에 대한 대답을 듣지 않고선 확신을 가질 수 없는, 자기모순에 빠진 이미지 잉여의 시대가 바로 오늘날의 모습이다. 철학자 장 보드리야르는 시뮬라크르(가짜 복사물을 일컫는) 이론을 통해 원본의 상실의 개념을 도입했다. 그는 현대의 복사물들은 원본 없이 떠돈다고 지적하며 결국 복제품이 점차 원본을 대체하는 사회가 우리가 처한 현대사회라고 진단했다. 보드리야르의 말처럼 우리는 새로 발견한 이미지에 환호하면서도, 막상 실물을 보기 전까지는 스스로 확신을 하지 못한다. 실제처럼 내가 구매할 자동차를 가상으로 시뮬레이션할 순 있어도 최종 결정만큼은 실물을 직접 보며 하는 것과 같은 이치다. 사물을 내 앞에서 마주칠 땐 언제나 실제의 크기여야 하는 것이다. 한참 떨어져서 봐도, 가까이에서 봐도 실제 크기일 때 우리는 확신 있게 판단할 수 있다. 화면 속에서 줌아웃하는 것과는 전혀 다른 차원의 공간감이다.

또 한 가지 중요한 점은 실물은 실재하는 재료로 이루어진다는 것이다. 금속이나 가죽에서 볼 수 있듯 고유의 촉감과 빛을 지녔으며 의외의 가벼움 혹은 무거운 중량감을 갖고 있다. 만져봄으로써 그것에 대해 판단하고 싶은 건 동물적 본능에 가깝다. 애착이 해소되는 순간도 이 '만짐'이 발생할 때이다. 우리가 사랑하는 상대에게 가까이 가려는 것은 이 때문이다. 임종 직전 할머니는 몇 마디 유언 대신 마지막으로 내 볼을 쓰다듬으려고 안간힘을 쓰셨다. 한마디 말보다 촉각을 통해 존재를 확인하는 일의 결연함은 죽음의 순간에 특히 더 의미를 발하는 듯하다.

실재의 공간감을 만드는 요소로는 빛깔 역시 빠뜨릴 수 없다. 그림을 그리고, 디지털 공간 속에서만 상상하는 일도 실제 체험을 하지 않고선 그 빛깔을 조합해내기가 어렵다. 어찌어찌 이미지를 통해 간신히 실재라고 우기는 이미지를 구현했다고 할지라도 스스로 확신할 수가 없다. 그래서 체험 없이 만들어진 이미지는 주저하길 멈추지 않고 반복적으로 고치느라 지나친 시간을 없애버린다. 단 한 번 실물로 체험해본다면 금방 확신할 수 있는 일을 대신해 가상의 공간에만 머물면 수천 번을 정정하며 혼란을 가중시킬 뿐이다. 그 때문에 실제로 작가들과 디자이너들 중에는 SNS에서 발상에 도움이 될 만한 이미지들을 일부러 들여다보지 않는 이들이 많다. 무의식적으로 눈에 들어온 이미지들이 잠재적 카피를 일으킬 위험이 있어서다. 선택할 수 있는 것들이 너무 많으면 그저 시간만 허비하게 된다. 수십 수백 개의 시리즈와 영화 때문에 애꿎은 리모컨만 괴롭히다 잠이 드는 것도 우리에겐 익숙한 일이다.

인공지능 시대에 체험은 우리의 미래다. 실제로 우리가 체험하는 방식, 실제의 공간에서 사물과 결속된 고민이야말로 인공지능이 넘어설 수 없는 가치이기 때문이다. 우리가 업로드하는 이미지화된 양식과 이를 설명하는 태그, 검색 키워드 등을 먹고 자라는 인공지능이지만, 공간에서 발생하는 사물과의 경험은 감히 흉내낼 엄두도 내지 못한다. 왜냐하면 공간의 실제 경험치를 규격화된 이미지의 꼴로 남겨놓을 수 없기 때문이다. 사물과의 촉감을 인공지능이 소화할 수 있는 형태로 남기는 것도 불가능하다. 디지털화된 이미지의 잉여를 거치면서 우리는 위기를 말해왔다. 하지만 정작 체득할 수 있는 교감의 기회는 게으른 우리가 스스로 포기하지 않았던가. 손가락을 까딱거리며 화면에 보이는 이미지를 보면서 충분하다고 스스로를 달래지 않았던가. 게다가 인류는 지난 삼 년을 바이러스로 인해 진공의 시간을 보내야 했다. 안타깝게도 수많은 희생자가 생겼고, 삼 년이란 긴 시간을 가혹하게 차단된 영역과 거리를 지켜야 했다. 교감을 통해 정신적으로 성장할 기회를 잃어버린 어린 친구들에 대한 염려가 무엇보다 크다. 고립에서 그나마 빠져나온 이제야 대학생이 된 그들에게도 지난 몇 년은 상처에 가깝다.

코로나 시기, 그들에게는 다양한 사람의 표정을 통해 마음을 읽으며 체험하고 교감할 기회가 사라졌었다. 반가운 타인을 만지고, 호기심 가는 낯선 사물에 손을 댈 수 있는 온당한 교감이 완전히 단절되었기 때문이다. 단절된 체험의 시간이 어떤 결핍을 드러낼지는 우리 사회의 근심이다. 안타까운 지난 삼 년 동안 어긋난 성장판으로 자란 세대에게 실재하는 것과의 다양하고 빈번한 교감은 시급한 문제다. 교감을 잃은 상실의 시간을 어떻게 벌충해야 할지는 우리 모두에게 남아 있는 숙제다.

디지털Digital의 어원은 라틴어 디기투스Digitus다. 디기투스는 손가락을 의미한다. 손가락으로 센다는 의미를 가진 디지털은 0과 1이라는 이진법을 바탕으로 한다. 회색빛이며 무취일 수밖에 없는 것이 디지털이다. 그런데 손가락을 세는 행동조차도 손가락을 구부리며 취하던 행동이 아니던가? 디지털은 0과 1의 두 숫자에 불과하지만 적어도 숫자를 세는 손가락은 1에서부터 10까지 셀 수 있다. 이는 디지털의 어원에서 볼 수 있듯 디지털의 스스로의 한계를 규정 짓고 있는 것인지도 모른다. 모든 디자이너를 구제할 듯이 요술처럼 등장했던 수많은 이미지들, 기발하게 쓰일 줄 알았는데, 모두에게 노출되는 바람에 홍수처럼 쏟아진 그 이미지들은 순식간에 평이한 영감들이 되어버렸다. 동시에 우리가 본 것보다 아니, 내일 당장 우리에게 스스로 더 높은 수준의 생각들을 요구하고 있다. 그런데 답은 멀리 있지 않다. 직접 손으로 그려보고, 생각을 종이 위에 글로 써봐야 한다. 펜이 종이의 마찰을 따라 생각을 흘릴 때 촉각은 나의 생각을 폭발시킬 것이다. 연필심은 종이의 결에 부서지면서 그 흔적을 종이에 남긴다. 이처럼 우리도 사물과의 마찰을 체험할 때 비로소 우리의 생각을 둘러싼 껍질을 깨뜨릴 수 있을 것이다. 사랑을 결정함에 있어 SNS 속의 수천 장의 사진이 한 번의 만남을 대신하지 못하는 것도, 사력을 다해 오감을 깨워 손자의 뺨을 만져보고서야 눈을 감을 수 있었던 할머니의 손길도 그러했으리라. 스마트폰에 떠오른 무수한 허상들을 의심하고 그 앞에서 눈을 감자 결심할 때, 비로소 우리 생각의 화살은 바람의 방향을 읽고 과녁을 향해 정조준된다. 그제야 팽팽하게 생각의 시위를 당길 수 있다.

4부

긍정이 문제를 해결한다

긍정은 상황을 극복해내는 힘이다. 부정적이라 여겼던 욕망의 마음조차 긍정의 시선으로 가만히 들여다보면 자애로운 욕망의 구석을 발견하게 된다. 무조건 많이 아는 것이 힘이 되리라는 빤한 생각 말고도 때론 모르는 것이 더 나은 생각을 위한 희망이 되기도 하는 것처럼, 긍정은 상황을 역전시켜 이상적인 상황을 만들어낸다.

고독의 힘

"니 아부지 모하시노?"

"건달인데예?"

"자랑이다, 이 새끼야."

말썽을 피운 주인공들을 일렬로 세워놓고 담임 선생님이 뜬금없이 아버지 직업을 묻는다. 좀 사회적 지위가 있는 직업을 가진 부모를 둔 아이들에게는 엄한 잔소리로 끝내고 말지만, 아버지가 건달이라고 대답한 주인공(유오성 분)은 무자비한 폭행을 당한다. 선생님이 귓방망이를 연거푸 후려친다.

한때 대한민국을 휩쓸었던 영화 〈친구〉의 한 장면이다. 또한 나의 윗세대들이 경험한 옛날의 기억이기도 하다. 대한민국은 영화 속 배경이 되었던 시절을 지나 초고속 성장, 한강의 기적을 이루며 오늘날에 이르렀다. 고도의 압축 성장을 이룬 배경에는 넉넉히 배우지 못했던 부모들의 소망과 헌신이 있었다. 가난을 극복하기 위해선 반드시 대학이라는 성공의 사닥다리를 올라야 했고, 소를 팔고 집을 팔아서라도 내 새끼만큼은 시골을 떠나 도시로 보내는 게 목표였다. 도시가 필요로 하는 인적자원이 되기 위해서는 규격화된 학교 교육이 필수였다. 지식은 가장 효율적인 생산적 시스템과 다를 바 없이 형식화되고 암기 형태로 압축되어 인력들에게 입력되었다. 이런 획일한 과정을 거친 인력들은 보편타당하고 상향평준화된 기준으로 엄선되며 경제의 동력으로 빠르게 등장했다.

선생님이 분필로 칠판에 가득 채운 내용을 학생들이 소리 없이 받아적는다. 칠판에 빨강과 파랑으로 표시한 것은 지식의 중요도다. 건조한 답안지를 정답으로 채우기 위한 지식일 뿐이다. 날카로운 타인의 규격에 의해 옳고 그름이 채점된다. 그리하여 일련번호로 매겨진 순번이 내 이름 석 자보다 나의 가치를 알리는 기준이 되어버린다. 서열이 체계적으로 나눠진 서로 다른 무수한 대학의 교문 앞에서 우리의 청춘이 찢겨진다. 개인의 선택이 존중된 전공보다는 들어본 적도 없는 전공이더라도 더 나은 대학의 교문을 지나는 게 일단 중요하다. 따라서 대학을 선택하는 일조차 담임이라는 신성한 대리자에게 일임되고, 우리의 미래는 그 대리자와 내 부모간의 고민일 뿐이다. 그 고민에서 내가 제외된다는 게 특권인지 비극인지는 여전히 알 수 없다. 내 이름을 덮은 대학의 이름이 사회에 진출하는 데 걸림돌이 되거나 강력한 힘이 될 것은 자명한 일이다.

개인성은 상실된 지 오래다. 집단이 우선시되고, 내가 할 수 있는 것보다는 어느 집단, 어느 대학 출신인지가 중대한 평가 기준인 세상이지 않은가. 화려한 나보다는 집단, 개성보다는 단합된 교복이, 차이보다는 화합된 동질성이 추구될 수밖에 없는 우리 사회의 황량함이다. 10명의 인재가 모이면 복사, 붙이기 된 사물들처럼 안정적이고 평균적인 인재만 있을 뿐, 세상의 든든한 밑받침이 되거나 내일의 세계를 이끌어갈 진짜 천재나 엉뚱한 바보는 그중에서 찾기 힘들다. 단체성을 중요시하는 대부분의 집단에서 평균을 벗어난 누군가의 개성은 차별을 받아야만 하는 결격사유였다. 돌출된 것은 언제나 절단되고 연마되어야 할 대상이기 때문이다. 이렇게 다르다는 이유로 '왕따'가 되는 건 자연스러웠으며 이 집단적 비극의 희생자는 획일적인 세상에서 소리 없이 울어야 했다. 집단의 이름이 가진 사회적 이미지와 위치는 중대했고, 개인의 호불호와 무관하게 대기업에 입사하여 내 이름 앞에 조직의 이름이 먼저 놓이는 걸 가문의 영광으로 삼아야 하지 않았던가. 개인은 단체를 위해 한없이 희생되어야 한다. 술 못 먹는 신입들도 선택권이 없어 회사 상의를 입고 회식에 참여해야 한다.

모두 다같이 "위하여"를 외치면서 잔을 부딪칠 때, 욱하며 치솟는 아드레날린의 비장함에 내가 속한 조직에 한번 더 충성해야 함을 느닷없이 각성한다. 나란 존재는 퇴근 후 피곤함에 절어 터벅터벅 걸을 때나 동정심에 빗대어 살며시 보일 뿐이다. 하지만 그마저 회식의 집단성에 한없이 움츠리다가, 작은 술잔 속에 털어져버려 술잔에 삼켜져버린다. 희미했던 '나'마저 그렇게 사라진다.

나는 없고 우리만 있다. 나조차 이미 타성에 젖은 지 오래이니 나약한 나 대신 내가 속한 집단을 변명 삼아 드러내는 편이 더 나을 수도 있다. 타인은 나를 대신할 수 있기 때문에 나의 거울이 된다. 그래서 부모가 나의 진로를 결정하고, 자식이 부모의 거울이 되는 건 자연법칙처럼 느껴진다. 이를테면 '아부지'가 건달이면 그의 거울인 아들도 건달일 수밖에 없으니 죽도록 맞게 되는 것이다. 우리가 자랑스러워하는 고도압축의 화려한 무용담의 뒤에는 이처럼 피할 수 없는 아픔이 숨어 있다. '타인 지향형'이어야 살아남을 수 있다는 완벽한 프레임에 운명적으로 갇혀 있는 것이다. 당시 개인들의 희생에 따른 보상으로 고도성장이라는 발판을 얻긴 했지만, 타인 지향형 사회가 만들어낸 상흔은 여전히 쓰리다. 아직도 아물지 못한 생채기가 벌어지고 닫히기를 반복한다.

얼마 전 유명 토크쇼에 출연한 수능 만점자 두 명이 떠오른다. 그들의 노력에는 아낌없는 박수를 보낸다. 하지만 그들이 방송에 출연한 이유는 단지 "공부의 비결이 뭐냐?"라는 질문에 대답하기 위해서였다. 소위 가장 진보되었다고 하는 프로그램의 기획이 이 정도인 것에 나는 실망했다. 방송은 이들을 우상화하며 절대적, 수리적 평가가 사람을 완성시킨다고 믿는 생산적 사고의 결과물일 뿐이었다. 가난을 극복하려 부모가 발버둥치며 절규하던 삼십 년 전에 비해 무엇이 과연 나아졌는가 하는 의문이 들었다. 무엇이 나아졌을까. 더 행복해졌을까란 질문은 질척거리기만 하고 대답은 더 흐려진다. 그때보다 나아지지 않은 오늘이 그저 안타까울 뿐이다.

오늘날 우리는 또다른 타인 지향, 실존하지 않는 타인들과의 관계 과잉을 맞이하고 있다. 허상의 이웃들과 팔로우하며 연결되어 지나치게 많은 것들을 마주한다. 아니, 스쳐가고 있다고 하는 편이 옳아 보인다. 과거에는 "보고 배운다"라고 말을 했다. 볼 것이 없으니 선진 문물을 곁눈질하기 위해선 유학을 통해 엄마 품을 멀리 떠날 준비를 해야 했다. 그들이 가진 것을 내 눈앞에서 마주하기 위해 출국길에 오른다. 그런데 정작 타지에서의 학업은 '그들의 것을 보고 배운다'는 측면에서 배움의 가치를 잃었다. 왜냐하면 꼭 타지에 가야만 볼 수 있는 것들이 더 이상 없기 때문이다. 타인을 통해 너무나 많은 것들을 볼 수 있는 오늘이다. 따라서 오히려 보고 안 보고에 따른 변별력을 잃어버린 게 지금의 우리다. 의미 있고 실재하는 교류 대신 미지의 타인들과 교류하며 팔로워 숫자에 연연해하는 사이, 상담이 필요할 만큼 마음이 서늘해진다. 이처럼 또다른 방식으로 타인 지향형 사회는 가속화되고 있다. 미지의 관계를 통해 창작의 일에 영감을 주기보다는 습관적으로 스쳐가는 잉여를 통해 취합하며 습득하려 했던 의지와 집요함마저 무뎌지고 있다.

잉여된 관계보다는 고독이 필요하다. 철학자 니체가 "자신을 찾고자 한다면 고독 속으로 찾아가야 한다"라고 말한 이유도 이와 같다. 고독하게 스스로를 각성하면 내 생각은 오롯이 나의 것이 되며 내 모성애의 산물이 된다. 자신의 역사를 통해 나의 이야기를 만들어가는 것은 내 스스로의 내면에 집중할 때이다. 남이 어떻게 하는지, 타인의 시선과 평가에서 벗어나야 한다는 것이다. 과거에 사진을 모아둔 앨범이란 것은 나의 소중한 누군가가 나를 찾았을 때 고스란히 열어 보이는 나의 내밀한 역사였다. 나의 꿋꿋한 역사는 그렇게 말없이 나의 자존감을 지켜주었다. 할머니 할아버지는 지갑 속 깊숙이 넣어둔 손자 손녀의 사진을 바라보며 당신만의 흐뭇함을 찾아 세월의 결을 채워 가곤 한다. 하지만 지금의 앨범, 우리가 생각하는 잉여된 관계 속에 노출되어진 앨범은 타인에게만 열려 있고, 나의 역사, 내밀한 이야기를 표지 커버 하나 없이 드러내고 있다. 게다가 익명의 누군가가 '좋아요'를 누르면 근거 없는 자긍심마저 차오르지 않던가. 우리가 코로나와 동행한 수년간의 희생만 보더라도 수천 명이 죽어나가는 숫자는 비디오게임의 점수처럼 느껴지지 않았던가? 갑자기 창궐한 역병으로 인해 우리는 죽음조차 개인이 아닌 묶음의 단위로 받아들이는 비극을 경험했다. 처음 한 명이 죽고 그다음 두 명이 죽었을 때 안타까워하던 우리의 감각이 한동안 마비되었던 것이다. 이처럼 혼자를 감각하는 일이 백 번이고 천 번이고 다시 중요해지는 이유는 사방에 흩어져 있다.

심리학에서는 자신에게 많은 질문을 많이 던지라고 충고한다. 혼자를 각성하는 일의 중요성을 강조하는 것이다. 우울하다고 알약을 복용하기보다 홀로 답을 찾아보는 게 더 효과적일 수 있다는 의미이기도 하다. 의사도 아닌 내가 약을 끊으라고 함부로 말할 수는 없다. 하지만 타인이 건네주는 알약에 지나치게 의존하게 되면 우리는 작은 일에도 쉽게 우울감을 느끼고, '버텨야지'라는 의지를 한번 더 굳건히 하는 대신 우울의 심연으로 한껏 빠져들게 될지 모른다. 왜냐하면 약이 있기 때문이다.

쓸쓸해 보이는 누군가가 혼밥이나 혼술을 하며 스스로 묻고 답을 궁구하는 모습은 건강한 쓸쓸함이다. 그의 생각은 진심 없이 집단의 분위기에 휩쓸려 잔을 들고 "위하여"를 외치는 사람보다 솔직하며 단단하다. 옳든 그르든 개의치 않고 스스로에게 길을 물어 찾아내는 답은 우리 몸의 근육과 같아서 능력은 거듭된 경험을 통해 강해진다고 많은 심리학자들이 누누이 충고한다. 나 혼자 보려고 사진을 찍고, 글을 썼던 게 언제였는지 기억이 가물가물하지 않은가? 남을 개의치 않고 진실한 나와 함께했던 시간이 언제였던지 기억조차 나질 않는다. 앨범 속 숨겨놓은 나의 흑역사가 웃음을 주듯이, 나를 위해 생각할 때 유일하게 그 생각은 내 빈 종이 위를 가득 채울 것이다. 나만 가득 찬 그런 시간을 그려야 하고 써야 한다. 그만 남의 것을 보고, 남이 볼 것이라는 의식도 버리고, 나를 돕기 위해 그림을 그리고 글을 써야 할 때다. 그렇게 잃어버린 나를 찾고 또 찾아야 할 때다.

따뜻하게 오해하는 마음

"오해하지 마, 제발."

"그건 오해야."

우리는 일상생활에서 오해라는 말을 자주 사용한다. 오해誤解는 잘못된 이해다. 말 그대로 잘못 이해하고, 잘못 해석했기 때문이다. 오해는 사람 간의 소통과 관계에서 중대한 오류를 낳는다. 그러니 누군가가 오해를 했다면 반드시 정정해줘야 하고, 왜 그런 오해가 생겼는지 스스로 분석이 필요할 수도 있다. 그만큼 오해는 반드시 피해야 할 것 중 하나로 여겨진다. 상대의 말을 조금 더 귀기울여 듣고, 설명하는 사람이 간단명료하게 뜻을 전달한다면 오해가 발생할 확률은 줄어들 것이다.

수년 전 아우디Audi AG에서 A7을 처음 출시했을 때다. 차가 출시되기 전 그 차를 본 개발 관계자 및 회사 내부의 사람들은 아무도 아름답다고 생각하지 않았지만, 결과적으로 시장에서 성공한 상품이 되었다. 아이러니하게도 소비자가 꼽은 성공의 첫째 이유는 매우 아름다운 실루엣을 가진 차라는 것이었다. 차를 개발했던 사람들조차 아연실색할 수밖에 없었다. 내부적으로 그 차의 기획은 그런 '아름다운 실루엣'을 만들어내는 것과는 거리가 있었기에 시장의 반응이 너무나 뜻밖이었던 것이다. '절충'을 하느라 어쩔 수 없이 그런 생김새를 가질 수밖에 없었던 게 당시의 상황이었다. 그 절충의 시작은 이른바 '왜건'이라는 자동차가 아시아에서 쉽게 팔리지 않는다는 사실에서부터였다. 왜건(짐을 많이 실을 수 있게 트렁크를 쭈욱 뺀)이라 불리는 차의 형태가 유럽에선 압도적으로 인기가 높다. 같은 급의 자동차여도, 왜건형으로 나온 모델이 세단(트렁크 있는 데가 툭 떨어진 전형적인 승용차)보다 훨씬 더 잘 팔린다. 왜건은 더 많은 짐을 실을 수 있는 공간이 있기 때문이다. 일과 휴가의 균형이 언제나 이상적인 유럽인들에게 있어 어디로 휴가를 가건 충분한 짐을 실을 수 있는 조건은 자동차를 선택하는 중요한 항목 중 하나다. 그런데 문제는 이렇게 잘 팔리는 모델이 아시아 시장에서는 거의 손가락으로 헤아릴 정도의 대수만 팔려나간다는 거였다. 왜 그랬을까?

일단 중국과 한국, 이제 제법 잘사는 아시아의 국가들의 삶의 질이 향상되었다는 걸 전제로 한 당시 나의 분석은 이랬다. 판매 부진의 원인은 바로 실용성의 측면을 오해했다는 데 있었다. 대다수의 유럽의 자동차 제조사들은 아시아인들이 이제 캠핑도 더 자주 가고 스키장도 자주 가니까 실용적으로 짐을 더 많이 실을 수 있는 왜건이 잘 팔릴 거라는 쉬운 기대를 했다. 그런 종류의 취미나 여가가 보편화된 것은 사실이다. 하지만 아시아인들이 비싼 독일 차를 사는 데는 성능은 물론이고 여전히 뽐내기 위함이 많은 부분을 차지하고 있다. 즉 비싼 물건을 샀는데 실용적인 모습을 가졌다는 건 '고급'의 개념과는 어울리지 않는다. 짐을 많이 실어야 하는 캠핑보다는 수영장 딸린 고급 호텔에 가는 것을 더 '고급'의 개념으로 받아들이는 게 일반적이다. 고급은 실용적인 것과는 거리가 멀어야 하고, 그저 우아하게 폼을 낼 수 있어야 한다는 게 아시아 시장의 통념이었다. 한마디로 비싼 가방은 장식품이지 뭔가를 편하게 쑤셔넣어 다니는 물건이 아닌 것과 같다. 그러니까 왜건이 아시아 시장에서 죽을 쑤는 이유는 두 가지였다. 하나는 왜건의 생김새가 너무 실용적으로 짐을 많이 실을 수 있게 생겨먹었다는 것, 다른 하나는 차체가 길게 늘어진 것이 마치 장의차처럼 음산한 느낌을 준다는 것이었다. 실용적인 것도 얼마든지 고급은 물론 사치품이 될 수 있다는 유럽인들의 '오해'가 불러일으킨 큰 실수였다.

반복되는 왜건의 실패에 맞서 아우디도 명확하게 실용성이 있는 것처럼 생기거나 장의차처럼 을씨년스러운 모습이 아닌 왜건, 그러면서도 짐을 넉넉하게 실을 수 있는 차를 개발할 필요성을 느꼈다. 세단과 왜건의 중간치를 만들기로 했다. 디자인에서 절충점을 가지고 시작한다는 것은 김빠진 발상이 되기 일쑤다. 절충점을 찾는다는 것 자체가 이미 '미지근한' 것을 만들자는 말이기 때문이다. 이도 저도 아닌 미지근함. 차가 거의 개발을 마칠 즈음, 차의 모습은 이도 저도 아닌 미지근함 그 자체였다. 게다가 난생처음 보는 실루엣에 모두가 혀를 찼다. "이건 망했다" "보나마나 망했다"는 게 중론이었다.

그런데 막상 시장에 등장하고 나니 세상의 반응은 달랐다. '놀라움의 실루엣'이라 극찬하는 미디어에서부터 세상에서 가장 아름다운 실루엣이라며 너도 나도 칭찬일색이었다. 자동차 역사상 백 년 만에 새로운 개념의 형태를 제시했다는 시대적인 의미까지 부여받았다.

그런데 누구 하나 이 차가 짐을 많이 실을 수 있으면서도, 아시아에서 사랑받지 못하는 장의차 형태를 피하기 위해서 미지근하게 만들었다는 이야기는 하지 않았다. 그냥 그렇게 절충되느라 신차 출시 전 모두가 염려했던 미지근함에도 불구하고 여론 모두가 아름답다고 치켜세우니 누구도 그 '미지근함'을 애써 설명하려 하지 않았다. 세상은 우리의 의도를 전혀 파악하지 못하고 심하게 오해했다. 세상의 오해 덕분에 모두의 걱정을 샀던 그 차는 염려하며 혀를 차던 모두에게 영광의 월계관을 씌워주었다. '오해'가 둘도 없이 고마운 마음이 되었다.

사실 완성된 제품만이 아니다. 디자인 개발의 과정에서도 오해가 힘이 되어줄 때가 있다. 한번은 품평을 앞두고 제안한 아이디어 중에 특정한 부분을 툭 튀어나오게 해서 눈에 띄는 제안한 적이 있다. 그때는 이미 몇 번을 보스한테 퇴짜를 맞고 난 후였다. 몇 차례 혹독한 품평을 했던 때라 프로젝트는 제자리걸음인데다 모두들 녹초가 되어 있을 때였다. 그러다 내 차례가 되었다. 어떤 부분을 툭 튀어나오게 해서 어쩌고저쩌고가 나의 의도였다. 내가 차마 설명을 시작하기도 전에 내 상사는 말을 막았다.

"바로 이거다, 이거! 내가 찾던 거!"

내 아이디어가 그의 눈을 사로잡은 것이다. 내가 뭐라 말할 사이도 없이 보스는 이마를 스스로 탁 치며 말했다.

"그래. 이 부분을 '쑥 집어넣으면' 뭔가 새로운데? 정말 좋은 생각인데? 이거다, 이거! 진작 좀 이런 생각을 해보지 그랬어?"

나는 분명 튀어나오게 묘사한 스케치를 내보였는데 그

의 눈엔 정반대로 쑥 들어간 모습으로 보였던 것이다. 그가 너무나 좋아해서 나는 뭐라 더 설명할 길이 없었다. 가만 보니 내 스케치는 옆 동료가 그린 것과 똑같았다. 다만 다른 게 있다면 그가 나보다 훨씬 더 리얼하게, 툭 튀어나오게 그렸다는 거였다. 그러니 애매해 보이는 내 것은 상대적으로 움푹하고 정반대 방향으로 들어가 보였던 것이다. 내 보스의 눈에 뭐가 씌었던지 제대로 시각적으로 오해해준 바람에 나는 그 몇 주간 모두가 고민했던 문제를 해결해낸 스타가 되어버렸다. 골대를 향해 공을 찼는데 엉뚱한 방향으로 날아가다 수비수의 몸에 맞고 골이 들어간 꼴이었다. 결국 나는 그의 오해를 뒷받침하기 위한 설명을 해야 했다. 나의 슛은 수비수의 몸에 맞고 굴절될 공의 각도까지 이미 계산에 다 포함되어 있었다고 말이다. 튀어나온 게 아니라 쑥 아주 깊숙이, 쑤욱 들어가 보이게 하려는 게 내 의도가 맞다고. 그런 거라고, 맞다고 수십 번 되뇌었다.

발명에도 흥미로운 오해의 역사가 있다. 발명 의도와는 완벽히 다르지만, 오히려 그 덕분에 더 의미 있는 발명품이 된 경우들이다. 이를테면 하이힐이 그렇다. 중세시대 길거리엔 오물과 하수가 넘치기 일쑤였다. 그래서 당시 비포장도로의 더러움을 피하기 위해 발명된 것이 하이힐이다. 바닥과 일정 거리를 유지하기 위해 고안된 발명품인 것인데, 오늘날엔 멋의 상징이자 스타일의 궁극으로서 키를 높여주며 아슬아슬한 뒷굽으로 사람의 자태를 완성시키는 패션의 결정적 아이콘이 되었다. 더러움을 피하기 위해 고안된 것이 훗날 '멋의 완성을 위한 아이템'이 되었다는 것은 도저히 연관성을 찾기 어려워 보인다.

최근 미용에서 흔하게 등장하는 보톡스는 또 어떠한가. 근육의 운동 능력을 감소시켜 사시와 눈 경련을 치료하기 위해 개발된 것이 보톡스다. 하지만 지금은 근육 능력을 감소시킬 수 있는 것으로 기능이 확장되었다. 해당 근육의 사용빈도를 감소시켜 해당 피부의 사용을 줄이는 원리다. 과한 주름을 개선시키는 효과가 있다보니 보톡스는 이제 아예 미용 용품으로 만들어진 것으로 인식될 만큼 미용 기능에 집중되어 있다. 사용법을 잘못 이해해 생긴 오해라기보다는 사용 범주가 확장된 경우이지만, 애초의 발명 의도와 다르게 쓰이고 있는 것은 사실이다.

뜻밖의 오해가 새로운 생각을 부를 수 있다. 관념의 오해로 다른 대륙에서 더 잘 팔릴 수 있는 차를 만들어내거나, 초기 의도와는 다르게 해석된 엉뚱한 접근법을 통해 미래의 소비자가 무얼 원하는지 직관적으로 알아낼 수도 있다. 물론 사람과 사람 사이에서는 서로에게 오해가 없는 것이 가장 좋다. 하지만 오해는 종종 발명 위에 또다른 오해를 보태어 응용을 이어갈 수 있던 숱한 발명품들처럼 다양성을 확장할 수 있는 발판이 된다. 보톡스처럼 억지로나마 시간을 멈춘 듯이 많은 이들에게 주름

펴진 거울 앞의 '청춘'을 선사해줄 수 있게 된 것도 발명 의도와 다른 새로운 이해, 생산적인 오해에 따른 결과물이었다. 오해는 발상의 촉매다. 정반대였던 내 아이디어를 오해한 내 보스 덕분에 아름다운 저녁의 주인공이 될 수 있었던 것처럼 말이다.

엉뚱한 생각이지만 인간적인 오해 역시 무조건 바로잡아야 할 건 아닌 것 같다. 세상엔 따뜻한 오해도 있기 마련이니까. 몇 해 전 한국에 갔을 때 일이다. 저녁식사를 하는데 장인어른이 아내에게 생선 가시를 발라주고 계셨다. 아내는 "아빠나 드시라고" 나도 생선 발라 먹을 줄 안다며 연거푸 아버지를 말렸다. 하지만 장인어른은 당신 딸의 "나도 할 수 있다"는 호소에도 생선 가시 하나하나를 다 거둬주고 계셨다. 다시 아내가 툴툴거렸다. 장인어른은 오랜만에 집에 온 딸을 위해 묵묵히 당신의 마음을 젓가락으로 쓰고 계신 거라는 걸 옆에서 보는 내가 모를 리 없다. 그저 그렇게 해주고 싶었던 장인어른의 마음과, 아직도 우리 아빠는 딸이 스스로 생선을 발라 먹을 줄도 모른다고 생각한다는 딸의 오해가 서로 교차하고 있었다.

하나 분명한 건 흔한 생각과 명백한 결과물일지라도 각자 다른 의도와 진심의 여부로 인해 발생하는 서로 간의 이해의 간격, 오해의 마음이다. 어차피 오해라며 뒤늦게 보태는 해명에도 불구하고 이해의 간격은 넓어지다 좁아지기만을 반복할 뿐이다.

나 이외엔 모두가 타인인 이상, 결국 완벽한 합의를 이룬 서로 간의 이해란 거의 불가능하다. 하지만 이렇게 벌어진 이해의 간극은 원망과 노여움을 낳기도 하지만, 엉성한 생각을 이해함으로써 신박한 아이디어를 끌어내는 계기가 되기도 한다. 게다가 나와는 다른 타인의 시선에서 바라봐야 하는 배려에 가까운 이해의 중요함을 체험할 수도 있다. 또, 굳이 바로잡을 필요 없는 사랑의 마음이 오해의 저 깊은 곳에 숨어 있으리라 누가 알기나 했겠는가. 딸을 위해 묵묵히 젓가락 신공을 발휘하는 아버지의 따뜻한 사랑. 감히 누가 잘못된 이해라고 함부로 말할 수나 있겠는가.

욕망이 그리도 나빴나?

—창을 크게 내는 마음

"섹시하지 않다."

이전 직장에 있을 때 내 보스가 자주 하던 말이다. 한번은 품평에서 이 말을 듣고서 한참을 고민했었다. '어떻게 해야 섹시할 수 있을까?'라고 말이다. 지금 돌아보면 그가 요구한 '섹시'라는 표현은 시대에 동떨어졌다고 생각하지만, 그도 디자이너로서 뭔가 자극받기를 원했던 게 분명하다. 미처 생각지 못한 것들, 그런 것들에게서 옆구리를 쿡 찔려 움찔하고 싶었던 것 같다.

인간에게는 욕구와 욕망이 있다. 욕구Needs는 필수적이다. 본능적인 것이고 살아가는 데 반드시 있어야 할 것들이다. 욕망Desires은 욕구를 넘어선 마음이다. 배가 고파서 시간에 맞춰 식사를 해야겠다는 의지는 욕구이다. 반면 특정 식당에서 특별한 음식을 먹겠다는 의지는 욕망에 해당한다. 새로운 제품을 구상하고 신박한 아이디어를 만들어낼 때 우리에겐 욕구와 욕망, 이 두 가지 마음이 모두 필요하다. 사람의 욕구를 충족시키는 건 물론이고, 욕망을 자극하는 것이야말로 자본주의의 오색찬란한 시장에서 살아남을 수 있는 공급자의 유일한 방법이기 때문이다. 마케팅과 상품 전략 과정에서 고객의 '니즈'를 파악해야 시장을 장악할 수 있다는 말은 이미 지긋지긋하게 쓰이고 있다.

한마디로 말해 욕구는 현재, 욕망은 미래다. 욕구가 내 손에 들린 현재의 물건이라면, 욕망은 현재를 도발함으로써 얻어지는 '신상(신상품)'이다. 그런데 욕망을 자극하기 위해 신상이 지나치게 앞서가면 탐욕스러운 모습을 가진 소비자의 욕망은 오히려 움츠러들게 된다. 손가락으로 툭툭 건드려야 할 것을 지나치게 세게 찔러버리면 움찔함 대신 등짝스매싱과 같이 역효과를 맞게 되듯이 말이다. 그래서 지금의 배고픔이 욕구로 충족되었음을 인정하면서 적당한 욕망을 툭툭 건드리는 일이 필요한 것이다. 필요 이상의 것을 자극하고 도발하는 '욕망'이 윤리적으로

'위험한 욕구'로 간주되는 것은 바로 이 때문이다.

왜 욕망은 언제나 나쁜 자리를 차지하고 있었던가? 전통적으로 욕망은 기독교와 철학적 사유의 영향 아래 억제되어야 할 것으로 여겨졌다. 이성이라는 자격을 통해 인간이 될 수 있다는 아리스토텔레스의 말처럼 인간은 이성으로써 동물과 구분되어졌다. 동물과 달리 탐욕을 절제할 수 있다는 게 인간이 지닌 이성의 근본적 용도였다. 궁핍하던 시절, 인간의 생존을 위해 금욕적인 것을 생활의 규범으로 삼는 것은 힘든 일이었지만, 그것을 견디는 것이 바로 인간의 이성에게 주어진 역할이었다. 18세기 이후 자본주의가 발달하며 소비를 통해 시민의 자격을 획득할 수 있을 만큼 자본주의의 규모가 확장되기에 이르렀다. 소비시민을 위한 공급은 폭발적으로 증가했고, 이 치열함 속에서 상품을 팔기 위한 첫번째 인간의 '욕망'은 중요한 열쇠였다. 욕망을 자극하는 일은 경쟁력을 위해 불가피했다.

규범보다 자율, 이성보다 감성이 지배하는 포스트모던의 시대를 거치며 자율성을 얻은 개인들은 한번 더 커진 욕망의 지배를 받게 되었다. 자본주의의 확장과 개인의 자율성의 한 부분이라는 점에서 대부분의 욕망은 그저 개인으로부터 나온 것으로 여겨졌다. 개인의 사소한 소망이 욕망을 낳고, 더 큰 욕망으로 이어진다고 본 것이다.

과연 그럴까? 당신의 취향이 만들어진 과정부터 생각해 보자. 당신은 주변을 둘러보며 걷는다. 유행을 찾고 세상의 흐름을 따르며 선택을 한다. 취향을 개선하기 위해 나보다 낫다고 믿는 친구의 조언을 듣기도 하고, TV 속 연예인의 모습을 유심히 관찰하기도 한다. 그런데도 욕망이 나 스스로부터 나왔다고 감히 말할 수 있을까? 이처럼 소비사회가 만들어낸 욕망은 자율성을 획득한 개인에게만 규정된 것이 아닌 타인을 의식하고 타인과 비교할 수밖에 없게 만든다. 남이 한번 들춰본 물건을 나도 가서 한번 들여다볼 만큼 우리의 무의식조차 타자가 욕망하는 것에 어쩔 수 없이 마음을 쓰게 된다.

그래도 뭔가 여전히 개운치 않다면 한 2년 전 사놓고 이제는 입을 엄두조차 못 내는 옷을 떠올려보자. 지금은 못 입겠다고 판단한 그 촌스러운 것을 그때는 어떻게 샀을까? 주저 없이 구입했던 그때의 마음이나 이제는 촌스러워 도저히 못 입겠다고 생각하는 것 모두 오로지 나 스스로의 판단일까? 과연 타인의 영향 없이 그때 그렇게 맘먹고 구입한 것을 이리도 잔인하게 내칠 수 있을까? 우리가 그리도 냉철했던가? 타인의 시선에 매몰되어 있다는 증거다. 최소한 이걸 입고 나가면 남이 바라볼 따가운 시선이 두려운 것이다. 제품의 광고를 보고 어제 좋았던 것이 오늘 지루해진 것조차 온전히 나의 판단이라 말할 수 없다. 물건을 구매하는 데 있어 누군가의 혹독한 리뷰를 무시하면서까지 용기 있게 그 제품을 결제창으로까지 가져가긴 어렵다. 결국 욕망은 개인적인 소망에서 나온 것만이 아닌 타인으로부터 발생된 마음이라고 해도 무방하다. 인간은 타인에 의존할 수밖에 없는 존재다. 타인에 대한 관찰과 모방이 없인 학습의 과정도 없을뿐더러 사회화의 과정도 이룰 수 없기 때문이다.

어느 순간부터 우리는 무수히 많은 개별적인 상대들과 비교를 하기 시작했다. 모방하는 마음을 통해 타자의 SNS를 들여다보며 우리의 욕망은 위험천만하게 모가 나기 시작했다. '좋아요'만 있고 '싫어요'는 없는 우리의 그럴싸한 긍정성만을 추구하는 함정도 한몫한다. 영혼 없이 누른 '좋아요'는 환각장치일 뿐이다. 그저 끝없이 앞으로만 전진하라는 가속장치다. 돈을 더 벌어야 하고 더 넓은 평수의 아파트를 추구하는 맹목성을 강화할 뿐이다. '좋아요'를 통해 욕망을 또다시 자극하고 소비를 부추기고, 잉여의 사물들을 쥐어짜냄으로써 근거 없이 탄생한 파생의 사물들을 다시 만든다. 목적지까지 더 빨리 가겠다는 욕구가 더 크고 빠른 엔진을 만들었지만 더 커진 엔진은 더 많은 탄소를 배출시키고 있다. 흙이라는 것은 그저 파헤쳐 욕구를 채우기 위한 인간의 쓸모를 위한 '자원'이지 신성한 '자연'이 아니게 된 지 오래다. 이 모두는 긍정의 가면을 쓴 '좋아요' 개수를 모르핀 삼아 앞으로만 나아가려는 방식과 다르지 않다. SNS를 통해 편집되어 공개된 수천수만의 삶이 나보다 훨씬 나아 보이기 시작한 것이다. 사실 누구나 드나들고 볼 수 있는 공간에 나의 그늘진 모습을 있는 그대로 전시해야 할 이유는 없다. 날마다 파티를 열고 매일같이 비싼 레스토랑에서 식사를 하는 것처럼 보이기 위해 저마다 편집된 모습을 채워놓기 바쁘다. 미지의 수많은 이들이 내가 가질 수 없는 신체 사이즈는 물론 내가 가질 수 없는 자동차, 수백 개의 명품가방을 가지고 있는 것 같고, 꿈에 그리는 휴가지에서 일 년 중 몇 달은 머무르는 것처럼 보이기까지 한다. 나 빼고 모두가 행복하다는 박탈감에 마음이 벼랑으로 치닫는다.

이게 끝이 아니다. SNS가 지닌 치밀한 지능은 나의 욕망을 두드리고, 연계된 상업적 장치들과 함께 상상도 못한 영역에까지도 끊임없이 모방과 경쟁을 하도록 부추긴다. 형이상학적인 공허함에서 나타나는 멈출 줄 모르는 박탈감과 무의식적 비교에 현기증이 일어난다. 나의 현실에서 결코 이룰 수 없을 것만 같은 '욕망', 나만 빼고는 모두가 가지고 있는 듯한 착각이 괴로움에 불을 지핀다. 처음에 설명한 '욕망'과 '욕구'는 사람의 의지나 소망 정도를 구분하는 마음이었는데, 어느 순간 비틀린 욕망이 들어와 나의 삶을 흔들어놓기 시작한 것이다. 온통 공허함뿐이다. 나의 욕망이 오롯이 '나'로부터 나왔다고 착각하기 때문에 이 왜곡된 공간에서 타인의 삶을 엿보며 얻은 공허함을 더 치명적으로 느끼게 된다. 결국 '나'는 사라진다.

욕망이 왜 이리도 참담해만 하는 것인가? 프랑스의 철학자 알렉상드르 코제브는 바로 이 점을 지적한다. 인간의 욕망은 기본적으로 타자의 욕망일 때에만 인간적일 수 있다고 말이다. 타자에 대한 욕망은 흉내내기 위한, 흉내내려 들었다가 박탈감을 느끼는 그런 것이 아니라는 것이다. 내가 타자를 사랑으로 욕망하는 만큼 타자가 나를 사랑해주길 바라는 그런 마음. 사랑의 대상으로 타자를 인식할 때 욕망은 비로소 인간적인 역할을 다한다는 것이다.

이탈리아에서 있는 내 친구는 같은 비용으로 집을 지으면서 불필요한 한쪽 창을 줄이고 대신 그 창에 들어갈 비용으로 단풍이 잘 보이는 동쪽으로 더 큰 창을 내기로 마음을 먹었다고 한다. 더 넓게 트인 통창으로 가을 단풍을 더 감상할 수 있게 하기 위해서였다. 이렇게 마음을 쓰게 되게 된 것은 가끔 그를 찾는 어머니 때문이었다. 지난해보다 확연히 연로해진, 단풍을 유난히 좋아하는 그의 어머니를 위해 필요한 욕구의 크기를 넘어 더 큰 욕망의 창을 뚫어내었다. 분명 적당한 크기의 창으로도 단풍을 볼 수 있지만 좀더 마음을 쓰고, 비용을 더 들여서라도 내 욕망이 불러낸 더 큰 창을 만들어낸 것이다. 단풍이 그림처럼 펼쳐진 창은 물론, 들이치는 비를 좀더 피하려 처마를 더 길게

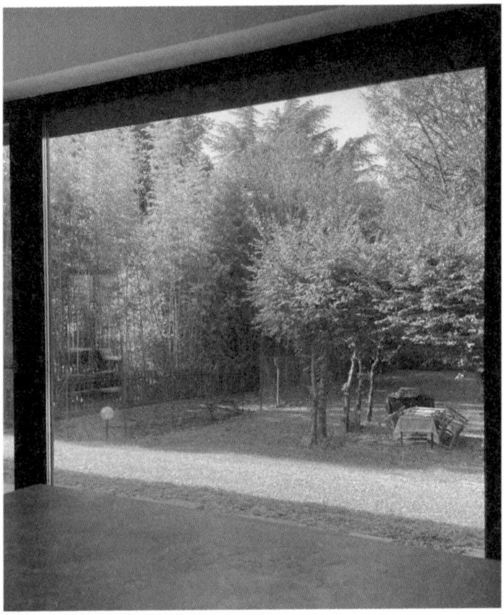

내어 의자를 가져다놓고 바람을 느끼고 빗소리를 듣는 것도 상상할 수 있다. 그의 어머니를 위한 단 하나의 마음, 사랑이다. 친구의 마음은 대견했다. 친구는 욕망했지만 그 욕망을 입은 마음은 창을 통해 보이는 단풍보다 강렬하고 우아하다. 욕망이 꼭 탐욕이고 절제되어야만 하는 것인가.

다시 돌아가자. 아직도 이 욕망이 온전히 '나'로부터 나온 것일까? 아니다. 언제나 그의 거울이었던 어머니에게 의지해온 마음을 조금이나마 갚기 위해 발현된 그의 욕망은, 어머니의 마음을 헤아려 욕망하고 사랑하고 싶어하는 아름다운 마음이다. 그리하여 창을 내는 그의 마음은 욕망을 통해 어머니의 마음을 만족시킬 뿐 아니라 더 나은 가을을 만끽하게 하고, 공간과 계절의 간극을 삶에 더 가깝게 옮겨놓지 않았던가. 커진 창, 길어진 처마만큼이나 그의 욕망의 마음은 백 번 천 번 길어져도 옳고 또 옳다.

디자인과 예술의 경계에서도 이와 같은 관점으로 욕구와 욕망을 구분할 수 있을 것 같다. 디자인은 인간의 필요에 보답하는 일이다. 인간이 원하는 기본적인 것, 즉 욕구에 대한 보답이 디자인의 일이다. 물론 욕망을 자극해 새로운 제품을 만들고 새로운 경험을 이루어낼 수 있지만, 더 멀리 나아간 인간의 욕망에 대한 발현은 바로 내 보스가 말하던 막연한 '섹시함', 이른바 예술의 경지에 가깝다. 다시 말해 본능적으로 필요한 것은 욕구를 통해 해결할 수 있지만, 그 이상의 것은 욕망의 영역이다. 거기에 예술의 역할이 있다. 우리가 가보지 못한 곳, 가져보지 못한 것들에 대한 욕망의 경지를 간접적으로나마 이뤄낼 수 있다는 믿음이 바로 예술적 소망이다. 소위 '신상'으로 인간의 욕구, 당장의 허기를 채울지언정 인간의 진정한 욕망을 그려낼 수 있는 건 예술의 일인 것이다. 또한 예술은 우리가 그렇게 만나고 싶고, 존재를 증명하고 싶어하는 신이란 존재를 꾸준히 형상화해왔다. 꿈속에 본 어렴풋한 신의 모습을 그려내고 조각으로 그 미지의 모습을 새겨 완성한 예술품을 감상할 수 있어 우리는 신에 조금 더 가까이 다가가 위안받고 의지하려는 욕망을 조금이나마 해소하는 것이 아닐까. 인간의 손이 미칠 수 없는 저 높은 천장의 끝에 매달려 천지창조를 그린 미켈란젤로의 붓끝도 다르지 않다. 실제로 존재할 리 없는 신의 신엄하고 모호함을 자신의 창작의 의지와 기지를 통해 스스로 그려내 증명하는 수밖에 없었을 것이다. 예술과 같은 창작의 부산물은 그렇게 욕망을 통해 쏟아져나왔다 해도 과언이 아니다.

이처럼 인간의 욕망은 미지의 곳을 귀띔해주며 예술품으로 거듭난다. 그리고 우리는 그 속에서 이야기를 찾기 위해 각자의 상상력을 발휘하며 세속의 욕망으로 상처 입은 마음을 위로받을 수 있다. 욕구를 넘어선 욕망은 긍정적 가치를 지니고 있는 것이 분명하다. 그 자신과 어머니를 위해 창을 한번 더 크게 내는 마음, 비가 들이치지 않는 처마 밑에 앉아 계실 어머니를 생각하는 마음을 떠올려보라. 어쩌면 세상에서 가장 '섹시한' 디자인은 그처럼 함께할 넉넉한 공간을 상상하며 사랑이 깃든 따뜻한 욕망으로 미켈란젤로의 열정처럼 빈 종이에 생각을 더 길고 넓게 그려나가는 일이 아닐까? 그 멋진 처마처럼.

긍정이라는 불빛

— 자동차의 지붕

친구 중에 아주 줄담배를 피우는 이가 있는데 어느 날 그가 말했다.

"아버지가 아주 심한 애연가였는데 맨날 나한테 하는 소리가 뭐였는 줄 아냐?"

"뭐였는데?"

"너는 절대 담배를 피우지 말아라. 말아라, 말아라……"

귀에 딱지가 앉도록 당부했다는 아버지의 말씀을 들으면서도 내내 그의 머릿속을 떠나지 않았던 것은 역시나 '담배'였던 것이다. 부정어가 섞인 조언은 누구에게도 도움이 될 수 없다는 뜻이다.

뇌는 부정적인 것을 잘 기억하지 못한다. 최근 심리학자들이 밝혀낸 흥미로운 연구 결과다. 이것은 아예 처음부터 긍정적인 반응을 도모할 수 있는 표현의 중요함을 일깨워준다. 애연가인 친구 아버지가 아들에게 "너는 건강하게 살아라" 혹은 "규칙적인 운동을 하라"고 했더라면 어땠을까. 그 친구는 담배를 피우지 않았을지도 모른다.

가령 누군가가 당신에게 "이 검은 상자를 절대 열어보면 안 된다"라고 말했다고 치자. '안 된다'라는 부정적 표현으로 명령을 받은 당신의 뇌에는 금세 "안 된다"가 지워지고 "검은 상자를 열어보면"만 남는다. 검은 상자가 눈앞에 있다면 하루 온종일 저 닫혀 있는 검은 상자 속에 뭐가 있을지 궁금함이 당신의 머릿속에서 멈추지 않을 것이다. 한마디로 뇌가 기억하는 것은 오로지 "검은 상자"뿐이다. 같은 상황도 부정적으로 표현하는 순간, 부정적 표현인 "하지 마"의 예처럼 '긍정'적인 반응을 끌어내기 어렵다는 심리학의 의미 있는 충고다.

뇌는 패턴을 반복한다. 이 때문에 인간은 쉽게 부정적이고 수동적인 태도에 이르게 된다. 일반적으로 성인들은 아이들에 비해 호기심이 적다. 뭔가를 봐도 아이들처럼 반응하지 못하고, 시큰둥하다. 놀라운 상황을 맞닥뜨려도 "어차피……"라는 반응을 보이며 별 기대도 하지 않는다. 동심 파괴의 주체가 언제나 어른인 까닭이 여기에 있다.

왜 그럴까? 우리의 두뇌에는 관찰과 인식이라는 두 가지 형식이 자리 잡고 있다. 경험에 따른 관찰 그리고 그걸 통해 판단한 인식의 모습이 있다. 그 사이엔 언제나 차이가 존재한다. 그런데 우리의 게으른 뇌는 그 간격을 가장 일반적이었던 것들로 빠르게 채워버린다. 인생이란 건 목표했던 것에 못 미치고 마는 경우가 대부분이다. 사과나무에 매달린 사과 중 내 손에 닿는 것보다 안 닿는 개수가 훨씬 더 많은 것처럼 내가 끙끙 앓던 짝사랑의 횟수가, 이루어진 사랑의 숫자를 더 뛰어넘는 법이고 산타클로스가 내 머리맡에 선물을 놓고 간 횟수보다 그냥 지나친 횟수가 훨씬 더 많은 게 사실이다. 우리의 뇌는 이러한 "어차피 안 되었던" 것들, 보편적이고 평균적인 기억들을 기억의 빈틈에다가 억지로 채워버린다. 이렇게 뇌는 우리가 기억하지 못하는 소상한 것들을 우리가 방심한 사이 일반화시켜 채워버린다. 이런 고착화된 패턴을 통해 성인들은 대부분 '꼰대'라는 불명예스러움을 가지고 있기 쉽고, 동심을 파괴할 수 있는 냉소도 지난날 이루지 못한 것들의 패턴에서 기인한 것이라 할 수 있다. 이러한 패턴 위주의 판단이 모든 다변화된 상황에 대해서 '어차피'라는 염세적 태도를 이끈다. 새로운 가능성은 패턴화된 '꼰대성',

즉 부정적인 태도에 쉽게 노출되어버린다.

"이번 프로젝트는 내가 할 수 있는 게 없어. 70퍼센트 이상이 전부 COP거든."

최근 몇 년 사이 새로운 프로젝트가 시작될 때 흔히 듣게 되는 디자이너들의 불평이다. COP는 '공유'를 뜻하는 Carry-Over-Part의 약자다. 제품 개발 과정에서 개발 시간 단축과 비용 절감 측면에서 사용되는 단어다. 한마디로 좀더 싸게 그리고 더 빠른 시간 안에 시행착오 없이 만들자는 것이다. 더 자세히 말하자면 신제품을 만드는 것임에도 100% 새로운 부품을 만들어 쓰는 대신에 구형 제품에 이미 쓰인 부품을 그대로 가져다 사용한다는 뜻이다. 오늘날 제조업의 현실이 디자이너에게 요구하는 못마땅한 현실이다. 옷으로 치면 단추와 지퍼를 예전 모델에서 썼던 것을 그대로 쓰는 것이고, 스마트폰에서는 디스플레이 패널을 옛것 그대로 가져다 쓰는 것이다. 집안일에 비유하자면 굳이 장 보느라 시간과 비용을 쓰기보다 엊그제 저녁을 준비하면서 쓰고 냉장고에 남은 것들을 짜깁기해 끼니를 해결하는 '냉털'도 일상에서 보이는 COP 전략과 다름없다.

정도의 차이는 있겠지만 옷의 작은 단추와 같이 형상을 이루는 중대한 아이템이 아닐 경우엔 그나마 문제가 없다. 하지만 뭐든 새롭게 다시 만들고픈 욕구를 가진 디자이너에게는 반갑지 않은 용어가 COP다. 창의적인 일을 착수하는데 누구나 깨끗하게 빈 종이에 시작하고 싶지, 누가 남겨놓은 생각 위에 다시 생각을 입히는 것은 분명 달갑지 않기 때문이다. 하지만 기업의 측면에서 보면 COP를 통해 아낄 수 있는 비용은 적지 않다. 만약 최소 몇만 개의 제품이 팔린다고 가정했을 때, 단추와 같은 부품 하나에서 천 원을 아낀다면 그 절약되는 비용의 규모는 상당할 것이다. 옷에 달린 단추 하나도 그럴진대 자동차의 부속 하나를 새롭게 개발하는 대신 다른 모델들과 공유한다면? 최소 몇만 대가 팔려나간다는 전제하에 추산해보면 부품의 공유를 통해 절약되는 비용은 천문학적 단위에 이른다.

최근 모든 제조업은 제품이 시장에서 교체되는 주기가 급격히 빨라졌음을 경험하고 있다. 3~6개월 주기로 새로운 스마트폰이 등장하고, 4~5년 걸렸던 자동차도 그 교체 주기를 앞당기려 사력을 다하고 있다. 분야를 망라해 매일같이 신제품이 쏟아지는 상황에서 수만 개의 부품이 조합되는 자동차 제조업의 경우 COP 전략이 무엇보다 중요하게 요구되고 있다. 동일 브랜드에서 다른 차종끼리 많은 부품을 서로 공유하는 것은 물론, 이제는 다른 메이커들끼리 전략적으로 자동차의 플랫폼(뼈대)과 동력장치를 함께 만들어 나누어 쓰기까지 하는 것이다.

심미적 측면에서 보자면 지붕과 전면 유리와 뒷유리의

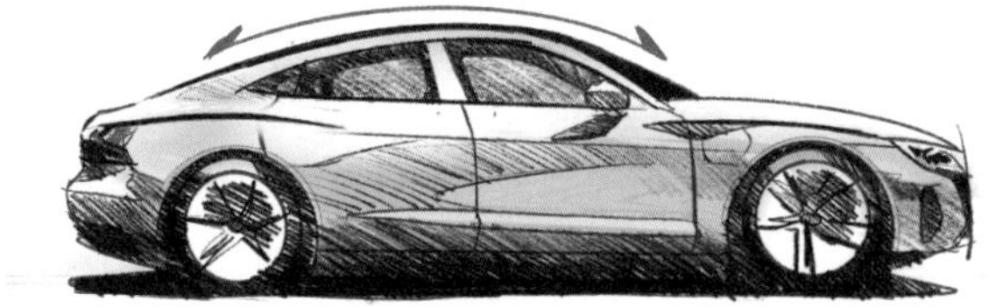

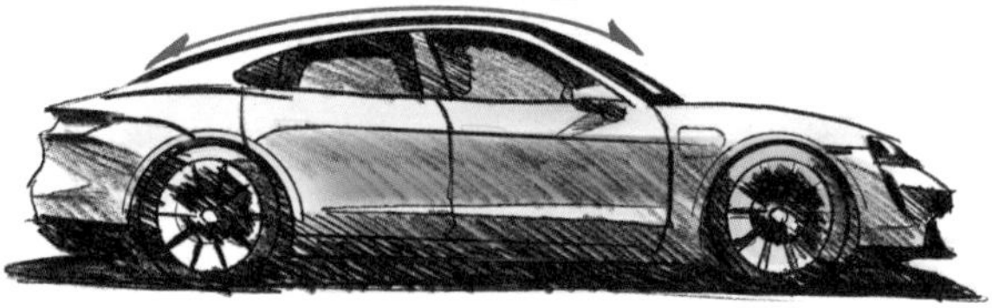

모습은 자동차의 실루엣을 결정하는 치명적 요건이므로 다른 브랜드 간에 공유한다는 것은 상상도 할 수 없는 일이다. 하지만 이제는 외장디자인의 지붕과 앞유리 뒷유리까지 나눠 쓰는 경우도 허다하다. 대표적인 사례가 아우디 이트론 GT와 포르쉐의 전기차 타이칸이다. 두 차는 유례없이 차의 상징적인 부분인 지붕과 앞뒤 글라스를 공유했다. 폭스바겐 그룹 산하에 두 브랜드가 속해 있기 때문에 전략적으로 가능한 일이었다. 그런데 브랜드가 가진 이미지와 차의 판매가를 고려했을 때 생김새의 중대한 영향을 미치는 부품을 새롭게 개발하지 않았다는 건 좀 석연치 않다. 비싼 돈을 주고 양복을 사는데 옆 가게와 같은 소매를 사용하는 격이다.

이처럼 부품을 공유한다는 전략은 고객에게 박탈감을 느

끼게 할 우려가 있다. 하지만 앞서 말한 것처럼 제조사 입장에서 비용을 줄일 수 있다는 긍정적인 측면 이외에도 또다른 장점이 있다(핵심 부품을 다른 제품과 공유해 쓴다는 말은 동일 부품이 시장에 더 많이 보급된다는 소리다). 먼저, 불량률의 측면에서 봤을 때 동일 부품이 많은 차량에 적용된다면 더 많은 고객들의 불량 사례와 피드백이 생성될 것이다. 백 개 생산된 부품보다 만 개 생산된 부품에서 발생되는 다양한 상황의 사례를 통해 더 나은 품질을 제공할 수 있을 것이기 때문이다. 또한 기존에 존재하는 부품들을 그대로 신제품에 적용하게 되면 개발 주기를 앞당길 수 있다. 신제품을 구매하려 매장 앞에 줄을 선 고객들처럼, 빠른 신제품을 내놓아 시장에 대응하는 것이 혁신적인 기업으로 인식되는 것이 현실이다. 불량이란 품질의 측면에서도 문제를 일으키는 것들은 신제품에 채용된 새로운 부품들이 대부분의 원인이다. 이미 구형 모델에 쓰여 충분히 검증된 부품을 그대로 사용한다면 불량에 대한 염려를 확연히 줄일 수 있다. 그 밖에 환경보호와 에너지 효율의 측면에서도 긍정적이다.

앞에서 이야기한 단점과 장점을 두루 갖고 있는 COP는 여전히 중요한 전략이다. 프로젝트가 시작될 무렵 이미 모든 디자이너에게 COP가 전달된다. 일종의 전략적 규칙이다. 디자이너는 특정한 부품을 공유할 것을 전제하고 작업에 임해야 하는 것이다. 당연히 실루엣을, 남들과 차별화할 수 있는 부분을 다른 차와 공유하는 것은 디자이너들을 좌절시킨다. 주어진 부품은 생각의 자유도를 한정 짓기 때문이다. 제품에서 중대한 비중을 차지하는 부분을 기존의 것을 그대로 사용해야 하는 조건이라면 좌절스럽기까지 하다. 게다가 남이 만들어놓은 것을 다시 재활용해야 한다는 조건은 대부분의 디자이너에게 꺼림칙한 일이다. 그럼에도 경영의 측면, 기업의 사활의 측면에서 이 부분은 반드시 지켜져야 할 요건이므로 간과할 수 없는 것이다. 이런 좌절적인 현실—완전히 새로운 것을 만들겠다는 측면에서—은 앞으로 더 심화될 것이 분명하다. 시장이 요구하는 신제품에 대한 질식할 것 같은 무리한 요구에 대응하기 위해선 어쩔 수 없다. 결국 지금의 디자인/개발의 환경에선 새로운 '발명' 혹은 '개발'의 측면보다 짜깁기, 즉 '편집'과 '조합'의 개념이 절실하다. 여기에서 디자이너들의 갈등이 증폭된다. 언제나 전부 새롭게 만들고자 하는 디자이너의 열정은 이런 상황에서 부정적으로 작용한다. 새롭게 만드는 것에 대해 나날이 확장되어가는 부정적인 요건(그대로 써야 하는 요소들)은 직업에 대한 회의까지 들게 한다. 새롭게 할 수 있는 영역이 생각보다 적다보니 디자이너와 개발자의 불타는 열정은, "담배 피우지 마!"라는 요청처럼 오히려 불가능해 보이고 부정적인 부분에만 집착하게 된다. 그래서 많은 디자이너들은 부정적인 태도를 가지게 되고, 반복된 상황은 현실을 패턴화시킨다. 비록 주어진 상황이 팍팍할지라도 현실적 조건에 대해서 긍정적으로 시선을 바꿔야 할 필요가 있다. 긍정적으로 전환하기 위해서는 앞서 말했듯이 심리학적으로 새로운 방법을 통해 긍정에 이를 수 있는 이해가 필요하다.

절망적 환경이 주어졌을 때 디자이너는 그 부정적 선입견이 가능한 조건에 오히려 집착하게 된다. 90퍼센트의 부품을 기존의 제품에서 그대로 재활용해야 하는 조건일지라도, 90퍼센트의 부정적 환경을 잊고 10퍼센트의 가능성을 열어젖히는 데 집중한다.

다시 아우디 이트론과 포르쉐 타이칸의 이야기로 돌아와 보자. 두 차는 작은 부품도 아닌 앞유리부터 지붕과 다시 트렁크로 떨어지는 라인까지 자동차의 형상을 결정하는 가장 중대한 실루엣의 커다란 패널을 그대로 공유했다. 어쩌면 고집스럽고 치열하게 경쟁해온 두 브랜드가 디자인 측면에서 다소 위험하게 시도한 세기의 COP라고 할 수 있다. 자칫 두 차가 같은 생김새의 자동차처럼 보일 수도 있을 만큼 핵심 요소를 함께 공유한 것이기 때문이다. 하지만 결국엔 대성공이었다. 고객의 입장에선 동일 부품이라고 쉽게 알아채지 못할 만큼 각자 디자인을 잘 조율했기 때문이다. 결론적으로 디자이너 입장에선 얼마든지 부정적으로 생각할 수 있는 조건이었지만, 조건을 새롭게 이해하는 긍정적 노력이 이뤄낸 결실이라 할 수 있다.

디자인이라고 하면 빈 종이에 맘껏 상상을 채우면 될 것만 같다고 상상하는 이들에게 요즘의 이러한 비용을 절감하기 위한 전략적 공유는 커다란 좌절이다. 세상에서 가장 멋진 스포츠카를 그리면 그걸 만들 수 있을 것만 같고, 제품 디자이너라면 세상에서 가장 얇은 두께를 가진 상상 속의 스마트폰을 그려내기만 하면 될 것 같다. 그렇지만 세상이 원하고 필요로 하는 건 타협과 조화의 산물이다. 디자인이라는 게 더이상 순진한 상상으로만 가능하지 않은 것이다.

이처럼 새로운 것을 맘껏 디자이너의 상상으로 만들어낼 수 있는 유토피아적 환경은 나날이 줄어들 것이다. 아니, 줄어들어야만 한다. 비용 절감은 물론이거니와 재빠르게 등장해야 하는 신제품의 홍수 속에서 충분히 검증되지 못한 채 탄생되는 부속들은 적잖은 문제를 일으킬 것이다. 완벽히 새롭게 개발된 것이 아니더라도, 철 지난 것에서 동일한 부분을 계속 쓰는 것은 부품의 안정화에 도움을 줄 것이다. 또한 같은 부품들을 공유할수록, 지속 가능성에 한 발짝 다가설 수 있다. 플라스틱 재활용만 지구에 숨을 불어넣는 일이 아니다. 있는 것을 또다른 에너지의 쓰임이 필요한 후가공 없이 그대로 끼워 사용하는 것이야말로 지속 가능성이 추구하는 가치다. 다품종, 단기 수명의 제품이 지배적인 현실에서 창의력은 물론이거니와 부정적인 조건을 어떻게 긍정적으로 바꾸느냐의 생각의 전환이 더 절실한 건 바로 이 때문이다. 따라서 심리학의 과학적 조언뿐 아니라 태도의 문제를 해결할 수 있는 인문학적인 자조도 필요하다.

디자인이 온전히 빈 종이 위의 '창조'보다 '타협'의 일이 되어버린 지 오래다. 새로운 것에 대한 해결책을 상상으로 '답변'하는 것이 아니라 존재하는 것에 대한 '질문'에서 찾게 되는 것도 바로 이런 이유에서다. 질문이 긍정적 방향을 취할 때 더욱더 긍정적인 답변을 얻게 되는 법이다. 세상이 유토피아를 건너 디스토피아의 암흑으로 빠져나갈지 아닐지는 우리의 긍정의 힘에 달려 있다.

이탈리아에서 일할 때, 한번은 극도의 원가절감을 목표로 삼은 새로운 프로젝트가 시작되었다. 기존에 생산된 피아트의 외장 부품을 절반 이상을 그대로 사용해야 하는 상황이었다. 그리고 디자이너가 변경할 수 있도록 허용된 나머지는 차의 첫인상과는 전혀 관계없는 부분들이었다. 기껏해야 범퍼 정도나 조금 바꿀 수 있는 정도였다. 기존의 디자이너들은 거의 자포자기한 상황이었다. 이건 도저히 물리적으로 뭔가를 해낼 수 있는 상황이 아니라며 고개를 절래절래 흔들며 투덜거렸다. 하지만 나와 같이 일을 시작한 지 얼마 안 된 열정과 긍정으로 똘똘 뭉친 신입 몇몇은 달랐다. 현실을 잘 모르니 그저 용감했다. 바꿀 수 없는 영역까지 슬금슬금 새롭게 생각하고 스케치하기 시작한 건 일종의 신입들만의 패기였다. 범퍼를 포함한 뒷문도 바꿔보고 펜더도 슬슬 바꿔보며 그림을 그려댔다. 그리고 우리의 스케치들은 한쪽 구석에서 경영진에게 발표되었다. 처음의 원가규정을 그대로 지켜 제시된 디자인안들이 당연히 품평에서 가장 큰 비중을 차지했다. 그런데 뜻밖의 결과가 나왔다. 결국 용기 있던 자들의 긍정적인 태도가 처음의 규정을 무너뜨렸다. 몇몇의 당시의 풋내기들이 그려낸 스케치가 경영진의 마음을 확 훔친 것이다. 비록 우리의 아이디어들이 원가절감을 무시한 꼴이 되었지만 이 정도의 신박한 아이디어라면 원가절감에 묶여서는 안 된다는 게 그들의 결정이었다. 원가를 쉽게 할 수 없던 엄격한 기준조차 젊은 디자이너들이 가진 열정과 창의 앞에서 사르르 녹아버린 것이다. 그렇게 기존의 계획은 절반이상을 새롭게 개발하도록 전면 수정되어버렸다.

부정적인 것에 집착할수록 우리의 생각은 어두운 철창에 갇히게 된다. 또한 부정적인 것들은 대부분 어렵게 주어진 조건과 환경들을 전제한다. 특히나 디자인과 예술같이 창작의 영역에서는 다시 쓰라며 강요하는 모 회사의 파트들처럼 부정적인 편견들은 이미 경험하여 존재하는 것들에 누명을 씌우기가 쉽다. 이미 숱하게 보아온 기존의 것은 낡았고 오래된 잔재는 새로움을 방해하는 요소가 된다는 믿음이 지배적이기 때문이다. 기존의 부품을 다시 써야 할 때 디자이너의 머릿속에는 뻔한 형상의 자동차가 지나갈 뿐이다. 하지만 완전히 새로운 것은 머릿속 밑그림이 없다보니 딱히 투덜거릴 명분이 없다. 사실 빈 종이에 새롭게 시작한다고 해서 새로운 게 기존의 것보다 더 멋지게 등장한다는 보장은 누구도 할 수 없다.

시대는 점점 더 기존의 것을 현명하게 다시 쓸 수 있는 전환적 사고를 요구할 것은 당연하다. 천문학적인 제품의 가짓수가 펼쳐지는 오늘날, 일일이 새로운 것을 그려내야 하는 일은 소모적일 수 있으며 위에서 말한 지속 가능성에 역행하는 지름길이다. 빈 종이에서 시작하고 싶은 창작자들의 열정은 십분 이해가 간다. 하지만 매번 새롭게 그려낼 열정보다 가혹하게 주어질 상황에 대해 긍정의 시선을 투사하는 일이 창의력 이상으로 빛이 될 것이다.

그때 풋내기 몇몇의 마음을 움직였던 것은 나의 슈퍼바이저, 첫 사수 마우리치오 코르비의 한마디였다. 그 프로젝트 브리핑이 있던 첫날, 아무것도 할 수 없을 것 같은 프로젝트를 받았던 그날, 그가 한 말이 또렷이 기억에 남아 있다.

"터널이 무너졌을 때…… 칠흑 같은 99.9퍼센트의 어둠에만 집착할래? 아니면 0.1퍼센트의 어딘가 빛이 들어오는 곳을 찾을래?"

모르는 게 나을 수 있다

허진호 감독의 1998년작 〈8월의 크리스마스〉는 배우 한석규와 심은하가 열연한 로맨스 영화다. 꽤 오래전인데도 장면들이 여태 눈에 선하다. 이 영화의 여운이 지금까지도 짙게 남아 있는 이유는 뭘까.

영화 초반, 사진관을 운영하는 정원(한석규 분)이 시한부 판정을 받는 장면이 있다. 정원은 우연히 주차단속 요원인 다림(심은하 분)을 만나게 되고, 호감을 나누며 서서히 자신의 죽음을 받아들일 준비를 한다. 서로 어울리지 않는 '8월'과 '크리스마스'를 제목으로 내건 이 영화는 연인간의 격정보다는 관조적인 흐름이 영화 전체를 휘감고 있다. 일상과 조금도 동떨어지지 않은 평범함을 스크린타임 동안 유지한다. 상태가 악화되어 병원에 입원했다가 삶을 정리하기 위해 잠시 사진관에 들른 정원은 다림이 그곳에 찾아왔었다는 사실을 알게 되지만 아무런 소식도 전하지 않는다. 그는 조용히 카메라 앞에 앉는다. 사진관을 운영하면서 누군가의 증명사진을 찍어주는 일에 분주했지만 정작 자신의 사진은 단 한 번도 찍어본 적이 없었다. 안타깝게도 그가 처음으로 찍은 자신의 사진, 그의 첫 셀피는 자신의 장례식을 위한 사진이 되었다. 이러한 사실을 까맣게 모르고 있는 다림은 시간이 흘러 다시 그의 사진관을 찾는다. 그리고 '출장중'이라는 팻말이 걸린 사진관을 확인하곤 그저 옅은 미소를 지으며 돌아선다. 영화는 정확한 답을 말하지 않는다. 그녀는 걱정과 염려 혹은 죽었을지 모른다는 끔찍한 상상보다는 그의 마음이 자신에게서 떠났음을 비로소 확인하고 체념했을 것이다. 그의 죽음을 차마 알지 못했기 때문에 그녀는 옅은 미소로써 비극적 작별을 대신할 수 있었다. 그렇게 한여름의 크리스마스는 모른다는 사실 덕분에 비극적이지 않을 수 있었으리라.

우리는 너무 많은 것을 알고 있다. 아니, 안다고 착각하고 있다. 앎의 즐거움은 어느 정도 내가 원하는 생각의 길목에

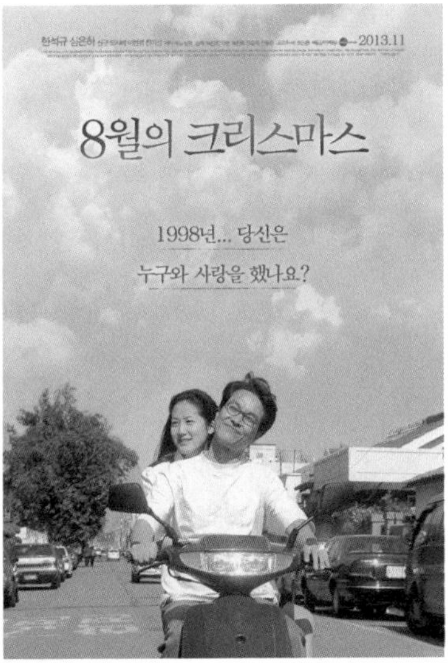

서 만나게 되는 게 일반적이다. 그런데 지금은 듣지 않아도 될 것을, 보지 않아도 될 것을 나의 의지와 무관하게 마주치게 된다. "알면 다친다"라는 우스갯소리처럼 불필요한 기억들이 머릿속에 들어차고, 뜻하지 않게 알게 된 엉뚱한 것들이 신경쓰인다. 예를 들면 나는 친한 지인의 생일은 일부러 어딘가에 적어놓기도 하고, 알람을 맞춰놓기도 하는데, 그렇게 성실히 기억해놓은 만큼 축하하는 일이 반갑다. 그런데 이제는 SNS에서 별로 친하지 않은 누군가의 생일까지 상기시켜준다. "○○○님의 생일입니다"라고 말이다. 혹시나 지인이나 멀리 떨어진 가족의 생일을 챙기기 어려웠을 상황이라면 그런 알람이 반가울 테지만, 굳이 생일을 챙겨줘야 할 만큼의 관계가 아닌 사람의 생일 알람은 반갑지 않다. 친한 사람이 아니라면 생일을 모른 채 자연스럽게 지나치는 건 자연스럽고 마음의 불편함도 없다. 그런데 이놈의 알람 덕분에 축하 메시지 하나 없이 지나치기가 껄끄럽다. 상대도 자신의 생일이 나에게 알람으로 떴다는 사실을 모를 리 없기 때문이다.

모두가 안다. 나를 팔로우하는 사람들은 다 내 생일을 당연히 알 거라고 기대한다. 그래서 축하 메시지가 없는 사람들에게는 서운한 맘이 들게 된다. 빤한 얘기 같지만 정보의 홍수는 모두를 척척박사로 만든다. 그러다보니 개인의 생각이 덧입혀진 것들을 찾기 힘들어졌다. 그냥 얇고 넓은 정보가 머릿속을 가득 채운다.

창의적인 일, 문제를 해결하는 일인 디자인에서도 아는 것들이 때론 새로운 생각을 방해한다. 지나치게 많은 것을 알고 있는 사람일수록 생각의 유연함이 떨어지는 것 또한 바로 이러한 이치에서 비롯된 것이다. 안다는 것은 그만큼 해당 영역에서 발생하는 문제점에 대해서도 많이 알고 있다는 뜻이다.

대부분의 문제점들에 대한 정보는 이전의 사례를 통해 발견된다. 이처럼 '불가능' 했던 사례들은 이전에 성공하지 못한 경우를 토대로 한다. 이전에 실패를 했다면 다음번 시도는 다르게 해보는 것이 보다 논리적인 해결법일 것이다. 열 번 시도해서 한 번 성공하는 것처럼 경험을 바탕으로 한 지식들은 한 번의 성공한 사례보다 당연히 아홉 번의 실패한 사례를 체득하듯이 아홉 번의 실패가 경험의 큰 비중을 차지한다. 한마디로 많은 경험치, 많이 안다는 것은 새로운 가능성에 대하여 발생할 문제점. 수천수만의 실패한 이유들을 접해봤다는 것이다. 이는 경험이 많을수록 진보적인 것에 대해서 회의적인 태도를 취하게끔 하는 메커니즘이 된다. 그래서 경험이 많고 연륜이 지긋한 사람일수록 새로운 것에 대해 의심부터 하는 것이다. 하지만 많이 알고 경험한 그들이 완고하고 고집스러운 구세대의 자리를 차지하고 있다는 것도 인정하지 않을 수 없는 사실이다.

디자인의 경우에도 작동하는 물건을 만들기 위해선 엔지니어들의 전폭적인 검증이 필요하다. 즉 디자이너의 머릿속 생각이 제품이 되기 위해선 현실적으로 기술 구현이 가능해야 한다. 상상을 구현시켜주는 엔지니어의 중대한 역할이 바로 실상에서의 오류를 최소화시키는 것이다. 조금이라도 일말의 의심이 있다면 엔지니어는 "아니요"라고 답해야 한다. 왜냐하면 뭔가 새로운 시도가 구현될 때는 예상치 못한 불편함이 발생함은 물론 사람의 생명까지 위태롭게 할 수 있기 때문이다. 자주 꿈을 꾸는 디자이너는 맘껏 상상하고, 엔지니어는 상상을 현실의 이치에 맞게 적당히 재단한다. 그것이 엔지니어와 디자이너가 부딪치는 지점이자 반드시 필요한 그들의 역할이다. 그런데 상상을 재단하는 일은 비단 엔지니어들만의 몫이 아니다. 경험 많은 디자이너들도 스스로 상상에 제동을 걸곤 한다.

실제 업무에서 어리숙하지만 열정 있는 어린 신입들의 프레젠테이션을 바라보면서 키득키득 거리는 선배 디자이너들의 반응은 일반적이다. 신참들의 생각의 대견함에 대한 긍정적인 반응일 수도 있지만 대다수의 보편적인 반응은 현실을 고려하지 않은 그들의 치기 어린 생각의 비현실적임에 대한 비아냥거림일 수도 있다.

"어차피 그렇게 구현 안 될 걸 뭐 그리 애쓰냐?"는 반응처럼 그들의 용기가 가상하고 귀엽다는 식이다. 그들을 바라보는 경험자들은 '난 이미 다 알고 있다'라는 꽉 막힌 시선을 전제로 한다. 전문 용어인 '꼰대'의 유형 중 하나인 것이다. 기성 디자이너들. 선배인 그들은 시장에 등장한 많은 사물을 만들어본 경험 많은 디자이너들이 대다수다. 완성된 사물이 탄생될 때까지 초기의 특별한 생각들은 이리 깎이고 저리 깎여나가는 좌절을 이미 수백 번 겪은 그들이다.

꿈에 가까운 상상은 생각보다 훨씬 더 멀리 앞서 있기 마련이다. 특히나 일을 시작한 지 얼마 안 된 푸른 꿈을 지닌 초년

생 디자이너들에게서 나타나는 모습이다. 그들의 원대한 꿈으로 상상된 것들은 이미 그들이 꾼 꿈의 부피만큼이나 현실보다 훨씬 더 부풀려져 있다. 하지만 현실이란 필터를 통과하는 순간, 원가, 개발 기간 및 타당성의 논리적 이유로 인해 쉽게 좌절되어 버린다. 그러다보니 막상 실물이 완성되었을 때는 생김새나 기능이 처음의 생각과는 다르게 실망스러운 경우도 허다하다.

반면 경험이 많을수록, 아는 것이 많을수록 왜 불가능한지에 대한 근거들에 스스로 얽매이게 된다. 그러다보면 새로움을 추구하는 것에도 회의적이게 마련이다. 그래서 경험이 많은 디자이너들은 자신의 경험을 토대로 성급히 판단하는 오류를 쉽게 범한다. 새로운 프로젝트가 시작되었더라도 '되는 것'과 '안되는 것'을 미리 구분하는 것도 쉽게 이루어진다. 무한한 상상력이 필요한 생각의 단계에서부터 지나치게 선별적이고 효율적(?)으로 접근하는 것이다. 말은 그럴싸하지만 상상력을 스스로 제한해서 생긴, 스스로의 모순에 빠지는 과정이기도 하다. 왜냐하면 위에서도 언급했듯이 그들이 불가능하다고 믿는 것은 과거의 경험에서 비롯된 것이기 때문이다. 그땐 불가능했지만 지금은 얼마든지 가능한 것들이 차고 넘친다. 기술은 빠르게 계속 진보하고 있다. 우리는 기술을 통해 불편한 것은 문제점을 찾아 편리하게 개선하고, 못생긴 것은 더 잘생겨질 수 있는 방법을 취하게 된다. 어제 불가능했던 것이 오늘은 가능해지는 세상이다. 지나치게 많이 알면 스스로의 생각을 재단하게 되는 것은 물론 타인의 새로운 생각과 공동체의 혁신에 대해서도 긍정보다는 부정적임을 앞세우기 일쑤다. 오랜 경험과 지식에 대한 믿음이 넘쳐 오히려 편협한 사고를 지닌 사람이 되는 것이다. 이처럼 꼰대의 탄생은 분야를 막론한다.

깔끔하게 정돈된 상상은 엔지니어들에게도 유익한 일이 못 된다. 이미 디자이너 선에서 불가능한 것들을 죄다 재단해서 엔지니어에게 넘겨준다면 그들은 특별한 노력을 더할 필요가 없다. 과한 꿈을 꾸는 것이 상상력을 담당하는 디자이너의 역할이라면 그 꿈을 보편타당의 이치에 부합되도록 다독이며 계도하는 것이 엔지니어의 역할이라고 하지 않았던가. 디자이너가 세상에 없는 것을 꿈꿀 때 엔지니어처럼 합리적 가위를 들고 있는 다른 누군가는 그 꿈을 합리적이고 현실적인 모습을 갖추도록 재단한다. 그 과정은 사물이 탄생하기 직전까지 수도 없이 펼쳐져 있다. 디자이너로서 현실적 경험을 통해 다양한 지식과 지혜를 가지고 효율적인 생각을 하는 일도 중요하지만 무모함을 담당해야 하는 것은 디자이너의 권리를 넘어선 사명이다.

무지한 자들이 새로운 것을 상상할 수 있는 이유는 그것에 대해 잘 모르기 때문이다. 현실적인 우려를 머릿속에 심어놓지 않을 때 용감해질 수 있다. 걱정을 버리며 현실적 암울함을 내려놓을 때 그제야 우리는 상상할 준비를 마치게 되는 것이다.

다림은 정원이 죽었다고 차마 생각하지 못했기 때문에 비통함 대신 아쉬운 미소를 지을 수 있었던 게 아닐까. 영화 속에선 차마 다 말하지 않았지만 아쉬운 마음으로 사진관 앞에서 돌아선 다림에게는 어디로 사라져버렸는지 알 수 없는 정원과의 시간을 통해 다음엔 더 좋은 연인을 만나고도 남을 만큼의 온당한 경험이 되었으리라. 모르고 지나침은 다음을 위한 값진 경험이 되었을 것이다.

모르기 때문에 더 진실해질 수 있으며, 더 기발해질 수 있는 것이다.

5부

거리가 필요한 이유

전체를 보는 일, 사물의 큰 윤곽을 읽는 일이 첫인상이다. 첫인상은 바로 코앞에서는 알아차릴 수 없다. 부분에만 치중하면 큰 윤곽을 놓치기 때문에 균형감을 유지하기 어렵다. 몰입보다 거리가 필요하고, 지나친 집중보다 냉철한 관조가 요구되는 것도 전체의 윤곽을 놓치지 않기 위함이다. 조각품을 만들던 미켈란젤로도 수십 번씩 멀리 떨어져 자신의 작품을 바라보았다. 부분에 집중하느라 놓칠 수 있는 큰 그림을 지속적으로 살피기 위함이었다. 또한 거리를 유지하는 건 비단 사람과 사물 사이의 일만이 아니다. 사람과 사람과의 거리를 인정할 때, 나로부터 떨어진 타인의 존재를 인정할 때 다른 이들의 생각을 겸허히 받아들일 수 있는 기회가 됨은 물론이거니와, 타인의 따뜻한 손길이 내게 미칠 수 있다.

전체를 살피는 눈

— 생각의 지휘자

몇 년 전 대도시로 이사를 하게 되었다. 그 때문에 아들 단우도 농구팀을 새로운 팀으로 옮기게 되었는데 이게 쉽지 않은 일이었다. 대도시는 역시 큰물이었다. 새롭게 맞닥뜨린 현실의 냉혹함을 직시해야 했다. 이전에 살았던 작은 도시에선 나름 스타 플레이어였던 아이가 이곳에선 소위 벤치워머(벤치를 지키는 선수)로 전락해버린 것이다. 그것도 1군도 아닌 2군 팀에서 말이다.

대도시의 아이들은 내 아이와 동갑이어도 머리 한두 개

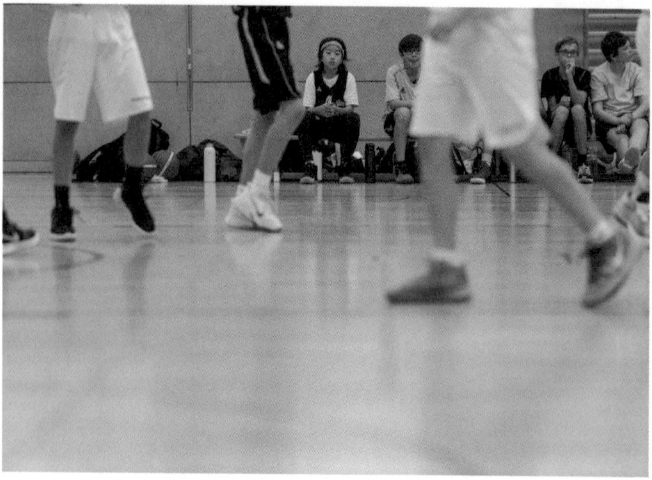

는 더 달렸을 만큼 키가 크다. 워낙 기본 신장이 좋은데다 죄다 날고 기는 기량들을 갖추고 있다. 이 도시에 와서 농구를 시작한 이들도 있지만 농구 때문에 여기까지 이사온 아이들도 있다고 한다. 실력과 체격을 겸비한 아이들의 그림자가 단우에겐 너무나 크게 느껴질 수밖에 없었다. 하루아침에 날고 기는 선수에서 벤치에서 친구들의 경기를 바라보는 입장이 된 아이의 측은함. 아빠로서 내 아이가 마주한 상황이 안타깝지만 애써 그저 세상의 냉정함을 생채기 없이 겪어보길 바랄 뿐이었다. 실망한 표정을 애써 숨기고 담담하게 벤치를 지키는 아이를 보면서 내가 할 수 있는 건 딱히 없었다. 애써 아무렇지 않은 척 아빠의 마음만 아이의 옆자리에 쓱 가져다놓으며 "잘한다, 잘한다"라고 응원해주는 수밖에 없었다.

어느 주말, 아이와 함께 농구화를 사러 나갔다. 취향이 탁월하기로 정평 난 아빠에게 아이가 "이거 어때?"라며 신발을 들고 온다. 아이가 클수록 나와 취향이 달라지고 있는 건지 단우가 고른 것들이 하나같이 다 내 맘에 안 든다. 그래서 내가 직접 맘에 드는 걸 집어들고 온다. 안타깝게도 아이도 나와 같은 입장인가보다. 오래 볼 것도 없이 아이가 고개를 잘래잘래 흔든다. 그러고는 설명한다.

"아빠, 내가 매번 벤치에 앉아 있었잖아. 그런데 앉아서 보는 것도 꼭 나쁜 것만 아닌 거 같더라고. 좀 떨어져서 동료들이 뛰는 모습을 보니깐, 애들이 어떻게 뛰는지 전체적인 모습도 보이더라. 그리고 헤헤, 우리 팀이나 상대팀 애들이 신은 농구화가 한눈에 잘 보이더라고. 요즘 애들이 어떤 신발을 좋아하는지 파악이 되더라고, 헤헤. 아빠가 지금 들고 온 이거랑 저거는 애들이 너무 많이 신고 있으니깐 싫고. 나는 이게 눈에 잘 띄고 좋은 것 같은데……."

순간 마음이 바싹 타들어갔다. 멋쩍은 듯 담담하게 말하는 아이의 속이 오죽할까 싶으면서도 의연한 척하는 모습이 대견함을 넘어 짠하기까지 했다. 동시에 쓰라린 경험을 통해 새로운 관점을 갖게 된 아이가 자랑스러웠다. 심지어 나보다 의연한 아이의 모습에 어른인 나보다 나아 보였으니.

단우가 말한 것은 좌절한 아이가 긍정의 태도를 지니고 얻어낸 시선이다. 이른바 전체를 보는 눈이다. 본인의 선택은 아니었지만, 벤치에 앉아 있으니 막상 경기장에서 공을 몰며 뛸 때와는 다른 시선을 갖게 된 것이다. 사각의 경기장을 벗어나 코치의 눈높이를 통해 전체를 바라보는 눈이 생긴 것이다. 벤치에 앉아 농구화 유행을 파악하는 세련됨만 얻은 게 아니다. 전술적으로도 아이들이 어떻게 움직이는지, 어떤 공간이 어떻게 만들어져야 골이 될 수 있는지에 대한 분석적인 식견도 얻었다. 필드에서만 뛰는 자들은 결코 가질 수 없는 넓은 시야. 거리를 두어야만 파악할 수 있는 넓은 시선을 경험한 것이다. 벤치 신세로 전

락한 자신의 현실을 냉정하게 인정함으로써 성찰의 계기가 된 것은 쓰지만 값진 경험이다. 자신의 위기를 성찰의 시간으로 만들어낸 아이. 덩크슛 하는 모습보다 스스로 기회를 찾아 나아가는 아이의 모습이 훨씬 더 멋져 보인다.

자동차든 옷이든 세상의 모든 제품을 디자인하는 일은 기획하고 구성하는 것에서 시작한다. 생각했던 것을 그림으로 그리고, 형태를 구성한다. 인고의 시간을 견디며 완성품을 만들어내는 데는 긴 시간이 소요된다. 그 오랜 시간 동안 디자이너가 절대적으로 지녀야 할 것은 초심을 잃지 않고 끝까지 해내려는 마음이다. 어디에나 적용될 만한 교과서적인 말씀 같지만 제품을 디자인하고 완성해 세상에 내놓는 일부터 글을 쓰는 일, 조각품을 만드는 일, 고장 난 제품을 고쳐 만드는 일 등 모든 생각을 사물을 위해 반영하는 모든 일에 해당되는 마음가짐이다. 최초의 생각은 겹겹이 쌓인 과정과 수많은 사람들을 통과하며 뒤틀어지고 구부러지고 부러지기도 한다. 중간에 다 내려놓고 싶은 마음이 들 만큼 내재적인 갈등은 물론, 타인과의 끊임없는 타협과 조율이 있다. 쉽지 않은 여정을 통해 생각은 제품이 되고, 책이 되기도 하는 등 여타의 사물이 된다. 특히나 디자인에서 내가 생각한 디자인이 결정되었다고 하더라도, 실제 완성품이 될 때까지는 수많은 의사결정 과정들이 남아 있다. 박물관 보안 레이저와 같은 다른 방향으로 레이저를 쏘고 있는 듯한 타인들의 동의를 무사히 지나야지만 완성된 모습이 그제야 드러날 수 있다. 그런데 막상 이 수많은 과정 이후 처음으로 완성에 가까운 온전한 형상을 마주하면 그 첫 모습에 한숨을 짓게 되는 경우가 허다하다. 그 첫 모습은 최초의 의도와는 전혀 다른 모습으로 드러나기 일쑤다. 가령 첫 구상은 네모반듯하기로 했는데 추후 개발 과정을 거치면서 반듯했던 꼴은 기술상의 이유로 구부러져야 하고, 어느 한구석은 마케팅의 의견으로 인해 디자인의 의도와 다르게 한번 더 깎여나아가야 한다. 그렇게 깎여나가고 덧붙여짐이 지속된다. 심지어 더 많은 이윤을 위해 세상에서 가장 값싸고 볼품없는 플라스틱으로 재료를 죄다 바꾸어버리기도 한다.

제품에 따라 저마다의 다른 변수가 있겠지만 이 같은 흐름은 분야를 막론해 대부분의 개발 과정에 적용해도 크게 무리가 없을 것이다. 처음 의도대로 제품을 만드는 일이 얼마나 어려운지 확인할 수 있는 대목이다. 최초의 프로토타입(최초의 완성 시험차)이 등장했을 때에야 비로소 진짜 세상에 태어난 완성품과 유사한 '꼴'을 확인하게 된다. 그제야 엄마 닮았는지 아빠 닮았는지, 성격은 어떤지, 제품에 대한 인상을 진짜 이야기할 수 있다. 그런데 참 신기한 것이 그렇게 첫번째 사전 완성제품이 나오면 모두가 놀라고 만다. 실물을 영접한 감동 때문이 아니라 그 전에 미처 파악하지 못했던 것들 때문이다.

"이게 이랬어?"

실망스런 첫 반응이 대부분이다. 막상 실물에서 눈에 띄는 부분들, 도드라지게 잘못되어 보이는 부분들은 지난 6개월간 집착했던 작은 부분이 아니다. 각자 흩어져 있다가 커다랗게 재조합되었을 때 엉망진창인 것들이 드러난다. 지난 6개월간 죽어라 달려왔는데, 결과물이 전체적으로 눈앞에 나타나니 생각지도 못한 부분들이 툭툭 불거져 있는 것이다. 반년 동안 개발해온 사물이 그렇고, 오랫동안 준비한 프레젠테이션도 마침내 끝에 이르러 전체를 검토하다보면 순서가 엉성하게 느껴진다. 열심히 써온 나의 글들도 막상 묶어서 다시 읽어보면 큰 줄기가 뭔지 당최 아리송해지고 만다. 이처럼 우리가 실망하는 것은 전체의 윤곽이 모호해 보이기 때문이다. 본질과 크게 달라져버린 생각에서 이질감을 경험하는 것이다. 왜 그럴까?

처음 착상된 생각은 치열한 '결합'과 '분열'을 하며 자란다. 생각에서 뻗어나온 큰 주제가 다른 하부의 주제, 연결된 페이지로 해체되듯이. 디자인이 결정되면 실체를 이루는 사물의 모든 부분이 분절되어 각 담당자에게 배속된다. 자동차의 눈인 헤드램프를 담당하는 엔지니어, 안전을 담당하는 에어백을 다룰 엔지니어, 공기저항을 담당하는 엔지니어, 그 외의 수많은 장치가 필요한 사물들이 담당 엔지니어의 손길을 탄다. 최소 수천 개의 부속 덩어리로 구성되는 자동차의 경우엔 산산조각난 영역의 개수는 짐작조차 어렵다.

전체를 조망한 큰 그림인 디자인이 완성되면, 그것을 다시 하나씩 해체하여 분업화하는 것이 실물을 완성시키기 위한 통상적인 프로세스다. 해체된 생각에 전문가의 기술로 구현되는 과정이 바로 '개발'이다. 개발은 해체를 기반으로 하며 해체된 부분들은 해당 분야 전문가에게 향한다. 사실 완성품이 나왔을 때 실망하거나 흡족한 감정은 대부분 처음 채택된 디자인과는 관련이 없다. 해체가 시작되면 디자인이라는 상자에 담겼던 집합체는 조합과 해체, 다시 해체와 조합을 또 반복한다. 여러 번 풀었다 조립하면 헐거워지는 나사처럼 여러 곳에 흩어져 있던 조합을 다시 끼워 맞추기 시작하면 하나씩 틀어지는 건 당연한 일이다. 뭔가를 고치려고 분해했다가 재조립할 때 예기치 않게 옆에 남겨진 부품을 보고 아차 했던 적이 있다면 어떤 상황인지 이해할 수 있을 것이다.

그 찝찝함처럼 분해와 해체는 새로운 문제를 연신 만들어낸다. 해체된 것들을 다시 디자인이란 상자에 모아 재결합한다는 건 그런 것이다. 어느 부분은 생각했던 것보다 훨씬 커져야 한다고 기술적인 요구사항이 등장하기도 하고 사장님의 변덕에 비현실적인 형상을 억지로 구겨넣어야 할 때도 흔하다. 결국 구상했던 사물의 형태는 해체 과정에서 남겨진 작은 부품처럼 뜻밖의 난관에 봉착하며 전체적인 균형을 다시 맞춰야 하는 경우가 있다. 그렇게 해체되어 다른 요구사항을 가지고 돌아온 수많은 물리적 부품들이 다시 결합될 차례를 기다리고 있다. 시간이 촉박하니 최대한 빨리 조합시켜 완성의 과정으로 가야 한다.

한번은 조립가구를 사서 열심히 조립을 하는데 설명서와 전혀 다른 방향으로 서랍이 향해 있던 적이 있었다. 나처럼 조립가구를 샀는데 위아래가 뒤바뀐 채 조립을 끝낼 수밖에 없었다는 사람의 사례도 보았다. 이 모두가 제조 과정에서 완성품의 큰 그림을 확인하지 않은 채 조립을 시작하면서 작은 부품에만 집중해서 생긴 문제다.

해체 과정에서 전체를 보지 못하는 시야를 갖게 된 원인은 산업화의 역사에서도 찾아볼 수 있다. 산업혁명을 통해 거대 시스템에 귀속된 인간은 일정한 동력 아래 움직이는 생산 라인에서 일하게 된다. 오늘날에도 유효한 분업이라는 효율적 시스템은 거기서 시작되었다. 맡은바 할당된 볼트만 조이면 되는 분업은 균질한 품질을 가진 동등한 제품을 시간 대비 더 많이 만들어낼 수 있는 방식이었다. 그런데 바로 그 점 때문에 내게 할당되지 않은 부분에 대해선 무신경해도 되는 편협한 책임감이 만연하게 되었다. 자신의 볼트를 조이는 일만도 벅찼을 테니 길고 긴 생산라인을 조망하며 전체를 제어하기가 쉽지 않았음은 분명하다.

재빨리 재조합하고, 해체 시 부분적으로 발생했던 문제를 해결하려다보면 커다란 윤곽, 즉 전체를 보는 과정을 놓치기 십상이다. 오케스트라 주자들이 자신의 악기 소리에만 집중한다고 생각해보자. 어떤 쉬운 곡도 제대로 연주될 수 없을 것이다. 그래서 디자인이라는 상자에 옳게 담기기 위해서는 반드시 전체를 보는 눈을 가져야 한다. 전체를 보는 일은 거리를 두고 멀찌감치 떨어져서 이뤄져야 한다. 당연히 사소한 것도 간과해서는 안 된다. 그런데 사소한 것은 일종의 덫과 같아서 사소한 부분에 지나치게 집중하다보면 큰 흐름을 놓치기 쉽다. 청중은 무대 밖에서 모든 조합된 소리를 듣고 감동하며, 넓은 전시장을 찾은 관객은 멀리서 예술품이 지닌 커다란 아우라를 바라보다 감동한다.

우리는 완성에 가까울수록 전체를 잘 보지 못한다. 언제나 눈에 보이는 당장의 문제는 큰 그림과 상관없는 작은 부분에서부터 터지기 시작하기 때문이다. 사물은 작은 부분에 집중해 만들어지지만 그 사물과 첫 인연을 맺은 사용자들은 큰 그림에 집중해 사용하게 된다.

조각가 미켈란젤로는 조각을 하면서 조각도를 움직이는 횟수 이상으로 수십 미터를 뒤로 물러나 작품의 과정을 점검

했다고 한다. 그처럼 멀리서 보면 부분에 대한 집요함이 사라지고 정말 중요한 것이 뭔지 큰 그림을 볼 수 있다. 큰 윤곽을 놓치지 않아야 어디까지가 합리적인 절충점인지 중심을 잡아갈 수 있다. 뭐가 더 중요한지, 어디가 더 모가 났는지 판단할 수 있는 유일한 방법은 작은 부분에 대한 집착이 아니다. 윤곽을 살피듯 전체를 볼 때 잘못된 것들이 쉽게 눈에 띄는 법이다. 왜냐하면 전체를 볼 때만큼은 생각의 윤곽을 중심으로 제어하는 오케스트라의 지휘자가 되기 때문이다.

화려한 선수 생활을 마치고 팀의 훌륭한 감독이나 코치가 되는 경우도 있지만 오랜 시간 벤치를 지키던 후보 출신 선수가 은퇴 후 누구나 기억하는 명장이 되는 경우도 적지 않다. 그들의 커리어를 들여다보면 화려한 경기장에서의 뛰는 경험보다 벤치에 앉아 보낸 시간이 길었을 것이다. 뛰어난 개인으로 그라운드를 누비던 일보다 벤치에 앉아 오랜 시간 넓은 그라운드를 바라보던 시간, 그때 그 당시에는 선수로서 좌절의 시간이었을 테지만 벤치에서 경기장의 흐름을 읽어내던 시간은 훌륭한 지도자가 되는 데 어디서도 일부러 경험하기 힘든 의미 있는 공부가 되었을 것이다. 사각의 경기장에서 화려한 플레이를 구사하는 스타의 능력과 조금 떨어져 전술적인 큰 그림을 파악하는 전략가로서의 능력은 전혀 다른 차원의 감각이다.

바둑판 앞에서 바둑을 잘 두는 조훈현보다 어깨너머 거

리를 유지하며 훈수를 두는 누군가의 설명이 더 그럴싸한 것도 바로 같은 이유다. 세계적인 오케스트라의 지휘자를 훌륭한 악기의 연주자라 할 수 없는 것도 마찬가지다. 우리가 생각의 지휘자다. 생각의 윤곽을 가지고 전체를 살피는 일은, 초월적 시대를 살며 사소한 부분들에 흔들리지 않고 삶의 큰 줄기를 유지하는 방법이기도 할 것이다. 거리를 두는 일의 가치를 스스로 깨달은 단우가 고맙고 대견하다. 그래도 이제는 전체를 보는 눈을 기르며 다시 주전이 되어 농구코트를 누비는 모습을 보고 싶은 건 아빠의 이기심일까? 나의 영원한 조던, 단우.

타인을
통해
그려내다

"입장 바꿔 생각해봐요."

"내 입장이 충분히 좋은데 왜 그쪽이랑 내가 입장을 바꿔야 하죠?"

어느 드라마에서 들었던 재치 있는 대사다. 역지사지易地思之를 비틀어 듣는 이가 난감해할 만한 상황을 만들어냈다. 위 대사처럼 굳이 다른 사람 입장이 되어본다는 건 무척 곤란하고 불편한 일이다. 하지만 그럼에도 상대 입장에서 이해해보는 일은 중요하다. 자기 관점에서 파악한 상황이 다른 사람이 이해한 것과 완전히 다를 수 있기 때문이다. 물론 상대가 틀렸다고 단정 지을 수도 있다. 우리는 그런 사례를 수많은 역사의 비극적 사건들에서 쉽게 찾아볼 수 있다. 내가 옳고 상대는 틀렸다는 것. 좀더 구체적으로 말하자면 내 생각이 옳다는 '확신'보다 다른 이의 생각은 무조건 틀렸다는 '오만함'이 역사의 비극을 만들어 냈다.

유일신을 숭배하는 민족이 다른 신을 섬기는 타민족을 배척하거나 전쟁을 일으키는 것도 거기서 비롯된다. 유일신에 대한 신실함과는 별개로 다른 신의 존재를 부정하는 것이 더 우선시된다. 자신들의 유일신을 더 절대적으로 신앙했다면, 다른 신을 부정하려는 마음이 훨씬 덜했을 것이다. 그들에게 적대감보다는 무관심한 태도를 보였을 것이다. 굳이 상대의 입장이 되어 그들이 믿는 것을 믿을 필요는 없다. 그저 믿음이 다르다는 사실을 인정하기만 하면 된다. 그랬더라면 처참한 살육의 전쟁도 덜 발생했을 것이고, 역사의 굴곡도 좀더 완만했을 것이다. 상대를 인정하지 않을 때 탄생하는 감정이 편견이다. 근거 없이 특정 집단을 부정적으로 인식하게 되는 것은 내 믿음이 시키는 일이 아니다. 상대가 믿는 것에 대한 부정의 마음이 크기 때문이다. 또한 다른 집단, 타인의 것을 무조건 부정하는 것은 그 자체로 자신의 신에게도 신실하지 않을 수 있다는 판단의 근거가 된다.

오늘날 우리가 일상적으로 경험하는 디지털 소통도 타인이 존재할 때만 가능하다. 우리가 그토록 믿고 매달리는 빅데이터는 나와는 다른 수많은 사람이 어디로 향하고 있는지, 어디를 피하고 있는지를 확인하기 위한 것이다. 타인의 존재와 그들의 행동에 대한 존중이 없다면 빅데이터는 만들어질 수 없다. 빅데이터는 타인들의 집단적 통계를 신뢰하는 것에 기반을 두기 때문이다.

인간은 타인의 감정을 고려하도록 고안된 생명체다. 생물학적으로 인간은 유일하게 눈을 뜨면 흰자위가 드러나는 생명체인 것도 타인을 파악하기 위함이다. 검은 눈동자가 90퍼센트 이상을 차지하는 동물들은 눈을 봐도 어디를 보고 있는지 확인할 수 없다. 소리가 들리는 고개의 방향으로 시선이 파악될 뿐이다. 반면 사람은 흰자위가 드러나면 눈동자가 어디를 향하고 있는지 확인할 수 있다. 인간은 미리 상대방의 눈을 보고 어디를 향하고 있는지, 흰자위와 함께 동공의 방향을 파악하게 된다. 상대방의 운동 방향은 물론 심중을 짐작할 수 있도록 정교하게 설계된 것이다. 눈치껏 행동할 수 있는 것도 상대방의 흰자위와 검은자의 위치를 통해서 가능한 것이다. 우리는 말없이도 타인과 교감할 수 있도록 설계된 존재다.

교감이라고 하면 타인과의 협력을 떠올리게 마련이다. 흔하게 등장하는 말로 협력과 상생이 있지만, 이 둘은 결과를 바라보는 방향이 다르다. 협력은 마라톤의 페이스메이커처럼 누군가의 성공을 위해 다른 누군가의 희생을 감수하기도 한다. 희생될 타인은 시한부이며, 스스로 희생을 감내해야 하므로 희생의 당사자에겐 그리 반갑지 않다. 반면 상생은 타인의 눈을 빌려 취향을 평가받고, 타인의 눈으로 점검받고 선택받는 것이다. 이는 창의적인 일이 생명을 얻을 수 있는 힘이다. 그래서 디자인과 예술은 타인의 흰자위를 살필 수밖에 없다.

예를 들어보자. 인상주의는 현실을 재현하는 것이 아니라 인상을 드러내는 것이다. 화가 각자의 의식으로 표현되는 인상주의 가치는 '각자의 사연'이다. 화가들은 내면의 상태와 자신의 사연에 따라 다양하게 색을 고르고 해석한다. 같은 풍경을 그리더라도 화가의 심상만큼이나 다양한 그림이 탄생하는 것이다. 내면에 집중한 인상주의 회화는 타인의 공감을 얻음으로써 화가의 인상을 강렬하게 증폭시킨다. 모네의 그림 한 폭이 모네에 의해 두번째 세번째 인상으로 확장되었듯이 그의 인상이 무한히 증폭되는 것도 또다른 타인의 이해를 통해 가능해진다. 오로지 나만의 관념에 따라 표현된 인상이라 할지라도 타인 없이는 증폭되지 않는다. 타인에 의해 증폭된 예술은 예술가와 관람객 모두에게 더없는 환희를 준다.

창의적 사물은 타인의 선택과 인정을 통해 탄생한다. 이는 시장에서 이윤을 남기는 것뿐만 아니라, 사물이 탄생하는 과정에 타인이 개입될 수밖에 없음을 의미한다.

실제로 사물이 탄생하는 데에 타인에 대한 맹목적인 배려가 혁신이 된 사례도 있다. 이탈리아의 건축가 중에 카스티글리오니Pier Giacomo Castiglioni가 있다. 1950년대 이탈리아 카라라Carrara라는 도시의 대리석 채굴업자들이 그를 찾았다. 당시는 유행의 변화로 대리석 산업이 불황의 위기를 맞았을 때였다. 대리석 채굴업자는 카스티글리오니에게 대리석을 활용한 혁신적인 디자인을 의뢰했다. 그의 디자인이 흥행하면 다시 대리석 산업이 부활할 수 있다고 여겼다. 카스티글리오니는 상생의 마음으로써 작업에 임했고, 역사에 남을 작품 〈아르코 플로어 조명The arco floor lamp〉을 탄생시켰다. 그의 작품은 최고급 조명이라는 극찬을 받으며 세계적인 건축물의 공간과 미술관에 배치되었다. 대리석 채굴업자들의 절박한 요청을 받아 시작되었지만 그는 자신의 건축가적 노하우를 통해 불황으로 적재된 재고의 대리석을 작품의 요소로 훌륭하게 활용해낸 것이다. 대리석은 기존의 콘크리트보다 훨씬 높은 단위 부피당 밀도를 가지고 있으므로 작은 부피를 활용해도 조명 몸체의 균형을 충분히 버텨줄 무게를 가질 수 있었다. 즉 실내에 배치할 경우 작은 크기의 대리석으로도 조명 몸체의 균형을 우아하게 버텨내주었다. 또한 카라라 대리석만의 독특한 패턴은 조명의 아름다움을 배가시켰다. 그의

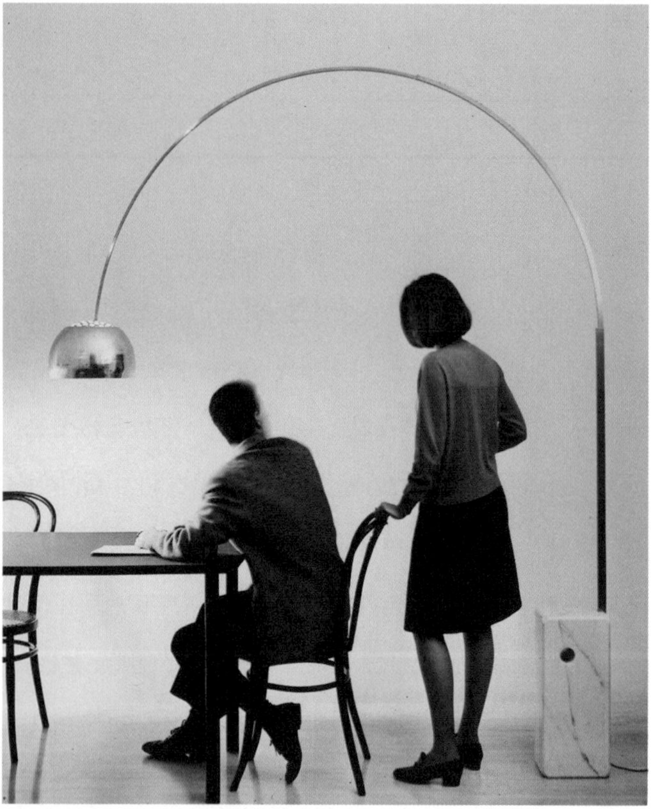

아킬레 카스티글리오니, 〈아르코 플로어 조명〉, 1962

작업은 결국 모두에게 유익한 결과가 되었다. 당시 가치가 하락했던 대리석은 예술성이 극대화된 디자인을 통해 새로운 가치를 얻을 수 있었고, 건축가는 대리석의 독특함 덕분에 물리적 심리적 혁신을 이루어낼 수 있었다. 오로지 배려만이 있었고 상생을 위한 발상만이 존재했다. 거기엔 누구의 희생도 없었다.

또 이탈리아 이야기다. 1990년대 이탈리아 모데나 지역에서 지진이 발생했을 때의 일이다. 한순간 닥친 지진은 지역 경제에 큰 피해를 입혔다. 특히 파마산 치즈의 주산지인 이 지역에서는 36만 개의 치즈 덩어리가 부서지는 피해가 발생했는데, 일정 수준 이상의 고급 치즈만을 고급 레스토랑에 유통하던 농장주들로서는 하늘이 무너지는 것 같은 재난 상황이었다. 이탈리아의 대표적인 치즈인 파마산 치즈는 1년 이상 숙성해야 하는데다, 부서진 치즈 절반 이상이 십 년 이상 숙성된 것이었음에도 모두 파괴돼 유통을 할 수 없는 상태였다. 이로 인해, 치즈 농가들은 막대한 재정적 손실을 입을 위기에 처했다.

미슐랭 3스타에 빛나는 최고의 레스토랑 오스테리아 프란체스카나의 주인이자 세계적인 요리사이기도 한 마시모 보투라Massimo Bottura는 부서진 파마산 치즈를 활용할 방법을 고민했다. 요식업계에서 큰 영향력이 있던 그는 유통이 어렵게 된 치즈를 이용한 새로운 메뉴 개발에 착수했다. 그는 마침내 부서진 치즈를 활용한 리조또 요리를 개발하는 데 성공했고, 이를 온라인에 공개했다. 그러면서 요리 레시피에 반드시 모데나의 부서진 치즈를 쓸 것을 부기해놓았다. 결과는 대성공이었다. 균열이 생기고 부서진 36만 개의 치즈는 없어 못 팔 정도로 해외로 모두 유통되었다. 요리사 보투라는 이 위기를 통해 자신의 식당과 요리사로서의 역량을 한번 더 알릴 수 있는 계기가 되었고, 절망적 상황에 처했던 치즈 농가는 막대한 손해를 만회하며 새로운 활로를 찾을 수 있게 되었다.

이 두 가지 예시는 협력의 가치를 넘어 서로가 서로를 절실히 필요할 수밖에 없는 상생을 통해 위기를 기회로 극복해낸 사례다.

역사학자 유발 하라리는 "우리의 선조인 사피엔스보다 손재주가 더 떨어지는 아인슈타인"이라고 했다. 그가 핵폭탄을 만들 수 있었던 것은 그의 천재성을 떠나 다른 영역의 전문가인 타인들과의 무수한 교류 덕분이라는 것이다. 새로운 과학 이론을 만들고, 새로운 사물을 고안해내는 과학자와 디자이너의 마음도 결국엔 누군가를 돕기 위함이 아닐까. 호화스러운 사치품으로 상대의 허영을 채워주는 것도, 허영으로 가득한 누군가에게는 누구의 손길보다 따뜻할 것이다.

오늘날 지나친 과열경쟁과 적자생존으로 인하여 타인으로부터 인정받으려는 편향된 욕구와 지나치게 노출되어 있는 편집된 타인과의 비교를 통해 자아를 상실하고 있음을 쉽게 지적

받는다. 오죽했으면 고립된 개인들에게 타인은 극복의 대상이라는 말이 등장했을 정도다. 자신의 가치는 타인이 감히 평가할 수 없는 영역이며 결정의 주체와 책임은 우리 자신에게 있음이 분명하다.

타인 때문에 살아갈 필요는 없지만, 타인이란 존재 자체가 이미 도움의 규모를 넘어선다. 소설가 헨리 밀러는 "벗이 될 사람을 발견하는 것은 창작의 일부다"라고 했다. 타인의 존재가 결코 극복의 대상이 아닌 절대적 상생의 동반자임은 지난 예술과 디자인의 흔적에서 수없이 증명되어왔다. 창작의 고뇌는 작가의 몫이고 신상을 위한 노력엔 디자이너의 치열한 고민이 있겠지만 결국 타인이 없인 선택이 없으니 유행도 없고 더 나은 취향을 위한 개선의 기회도 없다. 어디 그뿐인가. 화장이 번졌다고 말해주는 것도 타인의 눈이고, 내 등에 붙은 먼지를 털어주는 것도 타인의 따뜻한 손길 아니던가. 그렇게 우리는 돕고 또 돕는다.

사물의 거리, 마음의 거리

멀리 외국에서 살다보니 책을 받아보는 일이 쉽지 않다. 종이책 말이다. 한국에서 누가 온다고 하면 부탁해볼까 싶기도 하지만 책의 부피나 무게 때문에 망설여진다. 우편으로 책을 주문하는 일도 한 권 두 권 담다보면 배송 비용이 천정부지로 치솟기에 부담이 된다. 설사 한두 권 받는 데 성공했더라도 어렵게 손에 쥔 그 책이 맘에 안 들면 몇 곱절 더 억울하다. 책은 물론 그 책을 낸 출판사까지도 두고두고 원망을 한다. 한번은 일등석을 타고 독일로 날아오는 친구에게 넉넉하게 책을 부탁했는데,

미안하게도 그 책들을 들고 공항에서 우리집까지 와야 하는 수고를 해야 했다. 결국 이렇게 많이 책을 시킬 거면 다시는 오지 않을 거라는 불평을 들어야 했다. 혼자 십수 권의 책을 들고 낑낑거리며 이동해야 한다면 누구라도 짜증내지 않을 수 없을 것이다. 손잡이도 없는 게 책 아니던가. 책 같지 않은 책인 전자책을 받아들일 수밖에 없었던 나의 안타까운 사연은 이렇게 시작되었다.

전자책을 보기로 마음을 먹은 요즘엔 맘대로 책을 사서 들여다볼 수 있다. 수십 권 수백 권이 스마트폰 속에 들어 있으니 얼마나 편한가. 여행가방을 챙길 때 책을 넣을 공간을 고민할 필요도 없고, 책장 정리를 위해 잔인한 정리해고 명단을 발표할 필요도 없다. 뿐만 아니라 여행을 가면서 이 책을 들고 갈까 저 책을 들고 갈까 고민을 할 필요도 없어졌다.

자기 전 뭔가를 좀 채워보겠다며 독서를 하려고 책을 펼친다. 가뜩이나 무거운 눈꺼풀과 지친 마음으로 인해 내게 남아 있는 에너지는 거의 제로에 가깝다. 거기다가 종이책의 무게까지 가해지면 서너 페이지 넘기기가 힘들다. 『총균쇠』 같은 베게 두께의 책은 나약한 내 육신과 나른한 정신상태 앞에서 거의 케틀 벨 같은 두께의 책으로 변신한다. 엄두가 안 난다. 읽기는 고사하고 책장을 넘기는 일 자체를 포기하고 싶을 지경이다. 그래서 자기 전 독서만큼은 스마트폰으로 깨작깨작 읽는 방법을 선택한다. 종이책의 질감이나 책장을 넘길 때의 촉각적 경험은 다 포기했고 독서랍시고 책을 읽는 모습은 얄궂다. 하지만 무게로부터의 물리적 해방감은 쾌적하다.

그런데 여기서 치명적인 변수가 발생한다. 인스타그램에 새로운 스토리와 포스트가 올라왔다고 전자책 앱을 열자마자 알람이 울려댄다. 나는 어느새 그걸 들여다보고 키득키득하며 앉아 있고, 내가 책을 읽고 있었다는 것을 망각한다. 이어폰으로 듣는 음악은 또 왜 이리 지루한지 음악을 바꾸겠다고 뮤직 스트리밍을 다시 켜서 다른 곡을 찾는다. 이걸 들을까 저걸 들을까? 혹은 내일은 인스타그램에 어떤 사진을 올릴지 계획 같지도 않은 계획에 마음은 다시 산만해지고, 나는 사진첩을 뒤지고 있다. 분명 책을 읽기로 해놓고선 동시에 떠오르는 수많은 것들이 순식간에 독서 계획을 전부 헝클어뜨려버린다. 나의 좁은 책상에 이것저것 해야 할 것들이 마구잡이로 올려져 있는 느낌이다. 이것도 해야 할 것 같고, 저것도 해야 할 것 같은 기분. 이걸 잡자마자 마로 옆에 있는 것에 다시 시선을 뺏기고 집중력을 잃는다. 내가 스마트폰으로 하는 독서의 풍경이란 게 딱 이렇다. 해야 할 것들이 많아도 서로 간에 거리를 가지고 있다면, 내 손으로부터 좀 떨어져 있다면 손에 쥔 것부터 먼저 할 수 있을 텐데, 모든 사물들이 '거리'를 잃고 전부 내 좁은 손바닥에 올려져 있으니, 어느 하나 집중하는 일이 쉽지 않다.

킬로미터, 미터, 센티미터. 모두 길이를 측정하는 단위다. 미터를 넘어서는 단위인 킬로미터에 이르면 길이가 아닌 거리의 단위가 된다. 목적지까지 얼마나 시간이 남았는지 추산할 수 있는 측정의 단위가 바로 거리의 단위다. 이처럼 거리는 실제로 떨어져 있는 두 개의 지점의 간격을 재기 위해 만들어졌다. 그리고 단위를 통해 거리 측정이 가능해지자 축척을 이용한 지도가 등장했다. 큰 지구를 한눈에 들어오게 지구본으로 만든 것도 축척 덕분이고, 길을 잃지 않고 지도를 보며 방향을 찾았던 아날로그적 여행법들도 이 같은 방식으로 거리를 측정함으로써 가능해졌다. 여기에 수학적 원리까지 적용되면서 너와 나의 거리는 물론, 먼 이곳과 저곳의 거리 추산, 심지어 가보지 못한 미지의 별까지의 거리가 얼마인지도 측정할 수 있게 되었다.

그런데 언제부터인가 '거리'라는 개념이 두 개 좌표의 간격을 측정하는 것 이외에 '안전'이라는 개념으로도 쓰이기 시작되었다. 그 시점은 우리가 존재하는 공간에 수많은 것들이 촘촘하게 들어차면서부터였다. 인류의 편리를 위해 발명된 자동차는 질주하는 시간보다 좁은 공간에서 가다 서다를 하는 일이 더 늘어났고, 차를 세워둘 공간조차 부족해졌다. 키보드 자판 위에는 무수한 기호와 기능들이 배치되었고, 인간이 펼친 열 손가락이 닿을 수 있는 거리 안에 들어와야만 했다. 생각해보면 번번이 발생하는 오타처럼 빈번하게 일어나는 사고도 서로 이웃해 있느라 거리를 잃은 것들 때문이 아니던가(물론 맞춤법을 몰라서 그렇다는 변명을 오타에게 뒤집어씌울 수도 있다).

우리는 면허를 따기 위해 운전 연습을 하며 앞차와 간격을 유지해야 한다고 배운다. 안전벨트가 생명벨트이며 안전거리가 곧 생명거리임이 철저하게 강조된다. 근본적으로 자동차가 도로에 너무나 많기 때문이다. 자칫 운전자가 집중하지 않았다간 앞차와 충돌하게 된다. 출근길 단 몇 초의 산만함은 많은 경우 사고로 이어진다. 전방을 주시하며 본능적으로 속도를 제어해야 하는 운전자의 태도는 결국 '거리' 확보를 위함이다.

러시아워의 출퇴근길을 떠올려보자. 지하철에선 사람과 접촉하더라도 누가 다치는 일이 벌어지진 않지만, 다른 사물, 특히나 사람이 탑승하고 있는 사물끼리의 접촉은 반드시 '사고'를 부른다. 다시 말해, 거리가 0이 된 상태에서 접촉하는 것은 사고인 것이다. 경찰이 와야 하고 운전자나 탑승자 중 한쪽은 꾀병이든 아니든 병원에 누울 수 있는 구실이 된다. 그저 닿았을 뿐인데 누구의 잘잘못을 가려야 할 만큼 골칫거리가 된다. 이렇다보니 미래의 자율주행기술을 연구하는 이들은 차가 센서를 통해 주변의 사물을 파악하고 그로부터 거리를 유지하는 것을 최우선으로 한다. 인공지능이 하는 일은 이렇게 입력된 사물들로부터 차량을 떨어뜨리는 것이다. 그러니까 주변을 읽어낸다는 것은 모두 거리를 인식하는 것과 관련돼 있다는 것이다. 앞에 보이는 차와의 거리, 갑자기 나타날 다른 차 혹은 사물과의 '거리'를 유지하는 것이 바로 자율주행기술의 핵심이다.

자동차의 비상등 역시 다른 차들과의 거리 유지를 위한 장치다. 갑자기 차가 멈추게 되면 운전자는 비상등을 켜서 뒤차에 알린다. 갑자기 제동을 걸었으니 뒤에서도 그만큼 주의하라는 일종의 경고신호다. 빨간 두 개의 삼각형이 그려진 버튼을 눌러 작동하는 비상등은 마차의 역사에서 비롯했다. 과거 말이 끌던 마차의 경우 제동장치가 네 바퀴 중 두 바퀴에만 달려 있었다. 그러다 좀더 강한 제동력을 위해 네 바퀴가 모두 제동될 수 있는 브레이크가 개발되었다. 브레이크를 잡자마자 설 수 있게 됐으니 제동력은 좋아졌지만, 그 때문에 오히려 뒤에 오던 마차들의 추돌사고가 빈번해졌다. 사고를 막기 위해선 새로운 브레이크가 장착된 마차를 구분할 방법이 필요했다. 거리를 유지하라고 뒤차에게 보내는 경고가 필요했다. 그래서 네 바퀴가 동시에 제동하는 브레이크를 장착한 마차 뒤에는 두 개의 삼각형이 겹쳐진 팻말을 붙이기로 했다. 이렇게 '거리'는 안전에 필수적인 요소가 되었다.

좁은 자판의 키보드에서 사용 빈도가 높은 키는 좀더 크기가 큰 것도 손가락과의 거리를 고려해 오타를 방지하기 위함이고, 맨 아래에 스페이스 바가 길게 자리잡고 있는 것도 이런 이유다. 한때 자동차의 볼륨 버튼이 터치스크린 쪽으로 이사를 가는 바람에 사용자들의 원성이 빗발쳤던 적이 있다. 볼륨 버튼만큼은 화면에서 따로 떨어져 있어야 조작하기 편하다는 것이 사용자들의 요구사항이었다. 빈번하게 사용되는 것들은 다른 기능들로부터 넉넉하게 떨어져 있을수록 좋다는 것이다. TV 리모컨의 전원 버튼도 다른 버튼들과 거리를 두고 있다. 영화가 절정에 이르고 있는데 볼륨을 높이다가 전원 버튼을 눌렀을 때를 가정해보자. 온 가족으로부터 혹독한 비난을 피하기 어려울 것이다. 이처럼 작은 리모컨 하나에 존재하는 거리도 우리의 '안전'을 고려하고 있다.

지난 3년, 우리는 사람들 간의 거리가 위험하다며 일정 거리를 유지할 것을 명령받았다. 사람과 사람의 접촉이 바이러스의 치명적인 확산을 일으킨다는 것이다. 백신보다 더 중요한 것이 사람과의 거리 유지라고 온 사회, 온 나라가 강조했다. 그리고 정말로 사람과 사람 간에 일정 거리를 유지하는 것만이 인류가 살 길임이 여실히 증명되었다. 비록 우리가 '함께'의 긍정적인 가치를 배워 알고 있더라도, 세상이 전염병에 신음하던 그땐 나와 너 사이 큰 두 걸음의 거리, 2미터 남짓한 거리가 반드시 지켜져야 할 생명의 거리임을 통감할 수밖에 없었다. 인류가 어떠한 수도 쓸 수 없는 상황에 이르니 '함께'보다 '각자'가 더 안전할 수 있다는 것을 모두가 지켜봤다. 물론 '각자'는 타인과의 거리를 전제로 한 것이다.

독서는 책을 통해 하는 일이다. 만약 독서하는 내 주변에 다른 무언가가 너무나 가깝게 있다면 이내 집중력을 잃어버리게 된다. 그림을 그리는 일은 종이와 펜으로 하는 일이다. 주변에 군것질거리가 있으면 그곳으로 손이 가듯, 쥐고 있던 펜을 잠시 놓는 순간 집중력은 흐트러진다. 사물 간의 거리, 역할 간의 거리는 우리를 돕는다. 주변을 산만하게 할 법한 것들이 손이 미치지 않는 거리에 있다면 어쩔 수 없이 그 산만함의 요소를 스스로 포기하게 된다. 일어나서 저만치 가야 군것질거리를 얻을 수 있다면 그냥 그걸 포기하고 마는 게 귀찮음의 위력이다. 볼륨 버튼, 전원 버튼처럼 완벽한 기능을 위해 필수적 거리는 몇 번이고 고려되어도 부족함이 없다. 단지 사물뿐인가. 인간관계에서도 매번 붙어 있는 단짝 같은 관계보다 일정한 물리적 거리, 매일 볼 수 없는 시간적 거리에 있는 것이 더 나은 관계를 지켜나가는 데 보탬이 되곤 한다.

모든 게 우리 손안에 미치는 거리에 있다고 해서 모든 것을 한 번에 누릴 수 있는 것이 아니다. 우리는 지금, 촘촘히 내 손바닥 위의 작은 화면 안에 우주가 펼쳐진 세상을 살고 있다. 못할 게 없는 혜택이라 생각했지만 그중 많은 것들이 우리가 수용하여 집중할 수 있는 범위를 크게 넘어버린 지 오래다. 결국 그중 하나 어느 하나를 콕 집어 의미 있게 사용하기보다는 그것들의 주변을 빙빙 돌며 수백 개 중 무엇을 골라볼까 방황만

하다가 말아버린다. 애꿎은 리모컨만 쥐고 흔들 뿐 산만하게 돌고 돌기를 반복한다. 그러고는 그냥 곯아떨어져버린다. 딱 나의 모습이 이렇다. 전자책이든 종이책이든 생각이든 사물이든 뭔가를 잡았다면 다른 것들을 멀찌감치 밀어놓자. 지금 쥔 것에는 더 가까이 그리고 나머지와는 잠시 결별해도 좋다. 장담하건대 아무 일도 벌어지지 않을 것이다. 거리를 벌려놓은 동안은 아무도 '좋아요'를 누르지도 않을 것이며, 당신의 친구는 여전히 답신을 보내니 않을 테니깐. 쉽게 손닿지 않는 '거리'야말로 지금 우리에게 가장 필요한 지혜다.

짝퉁의 가치

— 진짜가 아닌 나와의 거리

짝퉁이 판을 친다. 심지어 전문가의 눈으로도 구분이 안 될 만큼 짝퉁은 진품과 똑같이 생겨먹었다. 게다가 품질도 별반 차이가 없다 하니 진품을 만드는 제조사 입장에서는 아주 돌아버린다. 껍데기만 그럴싸하게 위조하는 줄 알았더니 뼛속 구조까지 똑같이 만들어낼 만큼 짝퉁의 치밀함은 정교하다. 누군가는 우스갯소리로 "그냥 다른 공장에서 만든 거라고 생각하면 된다"라고 표현할 정도다.

이제는 하다못해 헤드폰 짝퉁도 만들고 진품인지 짝퉁인

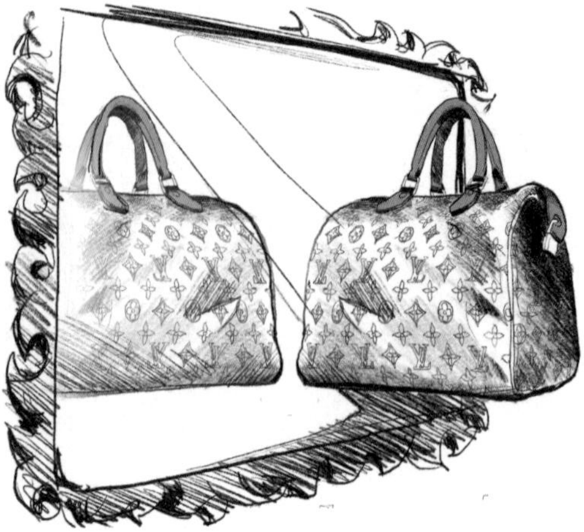

지를 구분 짓는 홀로그램 스티커조차 그대로 만든다. 그냥 패션 아이템인 가방이나 옷가지가 아닌 헤드폰처럼 하이테크 물건은 실제로 청음 테스터기에 올려 소리 주파수를 확인해야 정품인지 아닌지가 판가름 난다고 하니 뭐 할말이 없다. 가짜를 만들기 위한 노력이 장인정신에 버금간다. 몇 억짜리 시계도 최상위 등급의 짝퉁은 가격이 몇백만 원이 된다. 게다가 짝퉁 제작업체의 보증기간까지도 제공된다. 물론 진품가에 비하면 퍼센티지로 따졌을 때 몇백이란 가격은 합리적 선택일지 모르겠으나 짝퉁을 그 돈을 주고 구매한다는 것 자체가 어딘가 개운치 않다.

이 정도의 설명만 봐도 짝퉁 업체들이 대충 그럴싸한 '카피'를 만들어내는 정도에 그치지 않는다는 걸 알 수 있다. 신념 있는 업자들의 집념 어린 노력이라고 억지로 말할 수 있다 치자. 그렇다면 그깟 짝퉁은 그들의 신념일까? 당연히 아니다. 있어 보이고 싶고, 드러내 보이고 싶어하는 비뚤게 욕망하는 소비자들이 넘쳐나기 때문이다.

짝퉁과 표절은 둘 다 범죄라는 점에선 같지만, 두 가지 다른 점이 존재한다.

하나는 당당함의 차이다. 표절 시비에 휘말린 원작자(음악인, 예술가)는 죽었다 깨어나도 "난 표절하지 않았다"고 끝까지 우긴다. 이건 누가 듣고 봐도 명백한 카피인데도 말이다. 그에 반해 짝퉁을 만드는 원작자(제작자)는 대놓고 베낌을 인정한다. 카피한 시계 앞에서 "이 시계는 나의 창작물"이라고 우길 수 있는 여지는 조금도 없다. 베끼는 것이 자신의 일이므로 그것을 했다고 밝힐 뿐이다. 그래서 논문이나 남의 악상을 베끼는 파렴치한 표절쟁이들보다는 짝퉁 업자들이 차라리 더 당당하다고 억지스럽게라도 말할 수 있다.

또하나의 차이점은 표절은 대부분 소프트웨어적인데 비해 짝퉁은 원료와 노동이 고스란히 투입되는 하드웨어적이라는 점이다. 표절은 복사, 붙이기처럼 손가락 몇 개만 사용해서 하는 소프트웨어적인 측면이라 더 교활하다. 따라서 노동의 가치조차 인정해주기 어렵다. 반면 숙련된 짝퉁 업자들은 적어도 명품과의 진위가 파악이 안 될 만큼 사물을 흡사하게 만들어낸다. 또 누군가는 짝퉁이 진짜보다 더 튼튼하다고 실사용기를 말하는 이들도 있을 만큼 짝퉁을 만드는 데는 나름의 섬세한 기술과 노동력이 투입된다. 그러다보니 거울을 댄 듯 똑같이 만드는 데 물리적 고충이 따를 것이 분명하다. 그런데 이 짝퉁은 일단 제작되고 나면 얼마 되지 않는 당당함마저 사라지기 시작한다. 중간 판매자들이 진품이라고 속이기 때문이다. 또 수많은 짝퉁을 손목에 찬 사람들이 가짜를 샀으면서 묻지도 않았는데 진품이라고 우긴다. 불편하지만 놀랍게도 흡사한 위조품으로 탄생시킨 그 가상한 노력을 치하하기도 전에 짝퉁은 마지막 남은 한 포기 당당함과 결별하게 된다.

카피를 택하는 수많은 고객들에게 짝퉁은 존재하지 않는 자신의 공허함을 허튼 욕망으로 채우려는 잘못 처방된 안정제다. 역사적으로 상류층에 들어가기 위해선 상류계층이 가진 것을 가져야 했다. 일종의 폐물, 족보 등이 그 증표가 되었다. 하위계층이 그런 걸 가졌을 리 없다. 신분상승을 꿈꾸는 이들로 인해 '가짜'가 등장했다. 이 가짜는 가짜임에도 신분을 상승시켜주는 실제의 역할을 했다. 오늘날은 신분사회가 아니지만 그 못지않게 자본주의가 만들어낸 경제적 지위가 있다. 부를 지닌 이들을 통해 자본계층이 형성되었고, 값비싼 명품은 그들의 명성이라도 되는 듯 상징성을 부여받았다. 가짜는 자본주의 사회의 계층을 극복하기 위한 거짓의 수단으로써 등장했고, 시계나 가방은 자신의 계층을 상징적으로 드러내는 요소가 되었다. 경제적 여력이 안 되는 자들에게 당연히 짝퉁은 차선책일 수밖에 없다. 그리고 자본주의 사회는 그에 걸맞은 짝퉁 말고 진짜를 살 수 있는 방법도 만들어주었다. 예를 들면 '무이자 36개월 할부'. 가방 하나 값을 36개월로 나눠서 지불하다니. 웃픈 일이다.

짝퉁이 본격적으로 정교해진 배경은 당연히 많은 수요 때문이다. 명품의 상징성을 통해 크게 박힌 로고를 드러냄으로써 자신의 지위가 올라간다고 믿는 그들의 허상이 위조품 시장을 확대시켰다. 그리고 1980년 중국이 경제적 개방을 시작하면서 중국의 값싼 노동력과 생산성에 의존한 해외의 수많은 기업들이 중국을 생산기지로 삼는 것을 고려하기 시작했다. 마침내 유럽 등의 전통적인 외국 브랜드들도 중국을 자신들의 생산기지로 택하고 디자인과 마케팅은 유럽 본사를 거점으로 삼았다. 그러자 수많은 주변 경쟁사들 역시 중국으로 생산거점을 이동시켰다. 너 나 할 것 없이 수많은 제조사들이 중국을 거점으로 제작을 시작했다. 생산기지의 역할을 넘어 커져가는 중국의 소비시장으로 인해 중국 내에서의 생산이 더욱 중요해졌다. 이로 인해 기술도 완벽히 이전되는 수순을 밟았고 순식간에 중국 내의 제조업 인프라는 고급화되었다. 본사 아래의 수많은 하청업체들도 생겨났다. 시작부터 처음까지 명품의 공정을 그대로 중국 내에 갖추기 시작한 것이다. 그렇게 해서 중국은 한마디로 못 만드는 게 없을 정도의 산업 기반을 갖추게 되었다. 옆 공장에서 만들던 것을 유사한 장비로 엇비슷한 만들어내는 일은 그들에게 식은 죽 먹기였다. 그러더니 스위스 명품 시계도 카피하고, 이탈리아에선 며칠에 걸려서 하나 만들던 것을 중국의 직원 몇 명이 쭈그려앉아 몇십 개씩 찍어내기 시작했다. 많은 양을 찍어내며 고객을 늘려보니 문제점을 파악하는 경험의 효율도 큰 힘이 되었다. 노하우는 더욱 빠르게 쌓여갔다. 심지어 다수의 해외 기업들이 급등한 중국의 인건비로 인해 중국 공장 철수를 결정했지만, 남겨진 생산 장비들과 전체적인 프로세스를 경험해본 자국 내 수많은 노동력들은 지속적으로 다른 상품을 만들어내는 데 요긴하게 쓰이고 있다.

그렇다면 짝퉁의 신념 말고, 진짜의 가치는 어디에 있는가? 잘났다는 생김새도 똑같고 품질도 유사하다면 명품의 가치는 과연 어디에 있단 말인가? 가령 어느 관객이 위작된 예술품을 보고 감동을 받았다고 치자. 우리는 그 관객을 어리석다고 봐야 할 것인가?

예전에 미국의 어느 마을에서 찰리 채플린 흉내내기 대회가 있었다. 채플린은 그 소문을 듣고 몰래 그 대회에 참석

했다. 수많은 경쟁자들 사이에 진짜가 나타난 것이다. 당연히 결과는 1등일 것이라 스스로 예상했지만 최종 결과는 3등이었다. 진짜 찰리 채플린은 1등을 한 가짜 찰리 채플린보다 덜 진짜 같았고, 2등을 한 가짜는 진짜 채플린보다 더 진짜 같았던 것이다. 어떻게 가짜가 1등을 할 수 있었을까?

가짜가 1등을 할 수 있었던 건 사람들이 생각하는 채플린의 특징적인 모습을 더 의도적으로 강조했기 때문일 것이다. 특징을 과장하는 전략으로 접근하면 호응을 일으킬 수 있다. 가짜가 만들어지는 방식이다. 중국 속담에 "자는 척하는 놈은 깨울 수 없다"라는 말이 있다. 작정하고 속이려 들면 당장에 막을 수 있는 방법이 없다는 말이다. 작정하고 진짜인 척하기 위해 덤비는 가짜에 비해 진짜 채플린이 따로 자신이 진짜임을 드러낼 수 있는 방법이 없다. 이것이 짝퉁의 치밀함이자 주도면밀함이다. 전문가의 눈조차 가짜 채플린과 명품 가방 앞에서 판단력을 잃게 되는 이유다.

아무리 계급의 허황된 상징을 운운하며 비판한들 짝퉁이 판치는 세상을 어떻게 할 수는 없을 것이다. 앞에서 말했듯 진짜보다 더 튼튼한 짝퉁도 계속 더 나타날 것이다. 과거엔 명품 브랜드만 만들 수 있던 것을 이제는 상향평준화된 제조 기술 덕에 누구나 마음만 먹으면 쉽게 찍어낸다. 윤리적으로 불법적인 짝퉁을 사지 말자고 호소할 순 있겠지만, 적당히 보급된 짝퉁이 시장에서 오히려 진짜를 홍보해주는 효과도 있음을 무시할 수 없다. 또한 대부분 보수성을 띤 명품에 혁신을 요구하는 목소리도 있다. 언제나 굳건히 자리를 지킨 스위스발 명품 시계의 자리를 '혁신'의 사명으로 밀고 들어오는 애플워치가 이 논의를 증폭시킨다. 실용적 측면에서 혁신의 시대에 명품에 대한 패러다임이 한 번쯤 바뀌어질 필요가 있다. 과거엔 명품 브랜드가 가지고 있는 제조 시스템과 인력만이 유일하게 명품의 완벽함을 구현해낼 수 있었다. 하지만 지금은 누구나 설비를 준비해 숙련된 인력으로 구분이 안 될 만큼 그대로 흉내낸다. 그들만의 필살기가 무엇이냐고 물었을 때 예전과 같은 당당한 자랑거리가 필요한 때다. 그들이 아니고서는 아무도 만들 수 없는 노하우를 찾아내야만 한다.

그럼에도 어쨌든 가짜는 그저 응고된 덩어리에 지나지 않는다. 역사적 흔적과 고뇌를 통해 지금의 가치를 지닌 것이 브랜드의 가치다. 하루아침에 이루어진 사치스럽고 허황된 산물이 아니라는 것이다. 단지 높은 가격표와 당장의 실용성만으로 폄하하는 것은 루브르박물관에 전시된 그림 한 폭에 침을 뱉는 것과 크게 다르지 않다.

바로 오랜 예술품과 명품이 가진 진화의 역사와는 무관하게 사물의 '찰나'를 포착하여 본뜬 것이 바로 짝퉁이다. 진짜

명품인 줄 알았는데 가짜였다고 한들, 짝퉁의 물질적 유사성은 달라지지 않는다. 여전히 진짜로 보이는 짝퉁을 손에 들고, 손목에 차고 있는 사람은 타인으로부터 허상의 경제적 지위를 얻는다. 철학자 스피노자는 『에티카』에서 "사랑이란 외적 원인의 관념을 동반하는 기쁨"이라고 했다. 내가 철석같이 진짜라고 믿던 내 거실의 초상화가 전문가에 의해 가짜라고 판명되는 순간 지하실로 내려보내게 되는 것이 이에 해당된다. 외형은 그대로이나 외적 원인으로 사물에 대한 우리의 관념(사랑)이 바뀌는 순간이다. 우리가 진품을 보며 그들의 역사와 노력을 간접적으로나마 체험하고 그걸 소유하는 순간, 마치 예술품을 얻는 것과 만족을 얻는 것도 바로 이런 이유에서다. 짝퉁은 '찰나'를 베껴내어 사람의 눈을 기만해 만들어낼 이윤이 그들의 동기Motivation가 된다. 반면 진품은 예술가의 창의적이고 열정적인 동기를 통해 만들어지고, 그렇게 탄생한 작품은 간접적으로 체험할 누군가를 위해 존재한다. 이처럼 물질적 가치보다도 이러한 예술가와 명품의 진정한 가치는 그 정신에서 나온다. 물질적 측면에서 보자면 돌덩이에 지나지 않던 금과 은도 마찬가지다. 재질의 측면에서 보면 금과 은이 가진 태생적 가치는 여느 광물과 크게 다르지 않다. 그 물질적인 가치는 다른 광물에 비해 조금 나은 내화학성 정도에 있다고 한다. 이런 설명은 금과 은의 물질적 가치를 합리화시키기 위한 억지로 가져다댄 과학적 근거일 뿐이다. 즉

금과 은이 높은 가치 저장의 수단이 된 것도 인간이 금과 은에 부여한 높은 가치 척도의 정신성 때문이 아니던가. 또한 이러한 정신적 가치는 타인의 인정을 우선으로 전제한다. 금, 은의 인위적 가치를 모르는 사람에겐 무의미하다. 내가 든 명품 가방을 타인이 몰라본다면 그 가방은 장바구니와 다르지 않다. 타인이 알아봐주면 자신감이 뿜뿜 솟는 어리석은 믿음, 얄팍한 정신성이 바로 정신승리 아니겠는가?

캐리커처가 재밌는 건 한 인간의 '순간'을 강조하며 응축시켰기 때문이다. 그 사람의 인품은 명품인데 그의 표정이 희화화되는 순간 웃음거리가 된다. 점잖은 사람을 어느 개그맨이 흉내내면 모두가 박장대소한다. 모두가 즐겁게 웃으면서도 그 사람의 진짜 인품이 어떤지는 파악할 수 없다. 바로 이미테이션이기 때문이다. 명품의 짝퉁도 이미테이션이라 부르지 않던가? 파스칼은 "엇비슷한 게 서로 놓이면 우스꽝스럽다"고 했다. 전혀 모르는 두 사람이 쌍둥이가 아닌데도 몹시 비슷해 보이면 웃음이 나오는 법이다. 이 우스운 순간이 바로 짝퉁의 진짜 유전자다. 아무리 진짜 채플린도 가짜가 될 수 있는 세상이라지만, 어쩌면 짝퉁을 선택한 우리는 이미 스스로를 희화화시켜 스스로 고귀한 자신을 웃음거리고 만들고 있는 건지도 모른다. 이제 명확해졌다. 내가 짝퉁을 감히 사지 못하는 이유는 곧바로 짝퉁을 알아차리는 누군가에게 웃음거리가 될까봐서이다. 당신의 경제적 능력이 변변찮고 웃음거리가 되는 게 두려움에도 불구하고 그래도 명품을 얻어야만 한다면, 방법은 있다. 가짜가 진짜보다 더 진짜 같은 세상이니 그냥 가짜를 사고 진짜라고 우기면 된다. 웬만해선 누구도 그 자리에서 진위를 가려내긴 힘들 것이다. 당신이 스스로를 속이는 것을 감당할 자신이 있다면.

그게 아니면 앞에서 말한 가장 쉬운 방법, 36개월 할부도 있다. 헐떡이게 하는 이자는 신엄한 역사의 산물을 할부로 구입한 대가다.

자연스럽다는 말

1. 억지로 꾸미지 아니하여 이상함이 없다.

2. 자연스러워 보이는 행동.

3. 순리에 맞고 당연하다.

우리가 일상에서 흔히 사용하는 '자연스럽다'라는 단어의 사전적 풀이다. 하지만 그 중요성에 대해서는 이름만큼이나 자연스럽게 간과하는 듯하다.

"생김새가 자연스럽다" "표정이 자연스럽다" "말투가 어느 하나 자연스럽지 않은 것이 없다"고 하듯이 자연스럽다는 표현은 그 대상이 무엇이건 특별한 칭찬의 의미를 담고 있다. 자연스럽다는 것은 자연自然 그대로, 스스로 그러하다는 것이다. 자연스러운 것은 행동이나 상태를 스스로 결정하기 때문에 외부로부터의 강압적인 힘을 필요로 하지 않는다. 또 주변의 환경과 이질감 없이 스스로의 존재를 규정한다는 뜻을 내포하고 있기도 하다.

자연스러움은 디자인의 측면에서는 심미적인 판단 근거가 될 수 있고, 실제 사용자의 실용적 측면에서는 편리함을 측정하는 판단 기준이 될 수 있다. "창조는 신만이 한다. 인간은 그저 모방을 할 뿐이다"라는 미켈란젤로의 말처럼 우리는 신이 창조한 거대한 자연의 일부다. 수많은 인간의 예술, 과학 발명품인 창조물이라 불리는 것들도 사실 자연의 것을 그대로 답습하여 유추하고 확장된 것들이 대부분이다. 하늘을 날고 싶은 이카로스의 꿈을 이루게 한 것도 새의 날개를 통해 하늘을 나는 꿈을 꾸었기 때문이다. 마침내 새와 같은 날개를 단 비행기를 만들어내었듯이 수많은 발명과 발견은 이미 존재하는 자연을 통해 이루어졌을 뿐이다. 이처럼 우리가 자연을 근거로 삼지 않을 때 새로운 생각이 현실화될 수 있을지 누구도 장담하지 못한다.

자연스럽다는 판단 근거가 심미적인 측면으로 다루어질 때는 다소 전통적인 이야기에 치우쳐 있다고 할 수 있다. 당연히 과거에는 새롭게 탄생한 사물의 기능이 지금처럼 복잡다변하지 않았으므로 제품의 생김새가 많은 비중을 차지할 수밖에 없었다. 반대로 오늘날의 사물들은 수천수만의 기능을 가지고 탄생하다보니 덧붙여지는 요소가 많다. 가령 서로 다른 제조사의 스마트폰을 살펴보면 생김새는 서로 유사하지만 사용자의 측면에선 완전히 다른 경험을 가진 사물인 경우가 허다하다. 과도하게 많은 기능들이 서로 다르게 들어 있다보니 새로운 사물을 접한 사용자 입장에선 자연스럽게 접근하기가 어렵다.

자연스러움은 유유히 흐르는 강물 혹은 유려한 산세의 능선처럼 어려움 없이 연결되어 있어야 하고, 한 번에 처음부터 끝까지 이해할 수 있어야 하는 것이다. 그런데 요즘엔 작은 기기조차 궁극의 편리함은 있지만 이런저런 숨은 기능이 많다보니 어떤 기능을 찾아 쓰는 일에선 전혀 유려한 흐름을 따르기 어렵다. 흐름을 따르지 못하니 불편함이 동반된다. 심지어 같은 제품조차 업데이트가 되는 순간 사용법을 아예 새로 숙지해야 하는 경우도 있다. 가뜩이나 바쁜 일상에 편리라는 명분을 안고 태어난 사물 때문에 오히려 더 짜증이 난다. 이처럼 복잡한 세상에서 우리에게 필요한 것은 누구나 막힘없이 이 수천 개의 편리를 자연스럽게 받아들일 수 있는 능력이다. 물론 그런 날은 없을 것이다. 인간이 수천 개의 것을 한 번에 다룰 수 있는 능력은 자연의 일부로서의 인간이 가진 능력과는 거리가 멀기 때문이다. 그런 꿈같은 날을 상상하는 일 자체가 자연스럽지 못한 상상이다.

인간의 한계를 인정하는 것이 가장 자연스러운 사물을 만들어낼 수 있는 생각의 시작점이다.

예를 들어 자동차는 아름다움을 상징하는 대표적 사물이다. 아파트 다음으로 비싸고 물리적 부피도 소유한 다른 어떤 물건보다도 크며 일정 속도 이상으로 달리는 거대한 물체다. 그만큼 다른 시선을 주목하게 하는 몇 안 되는 사물이 자동차다. 그것은 자동차가 사치품으로 분류되는 이유이기도 하다. 다른 사람들에게 보여지기 위한 자동차의 첫째 요소는 생김새다. 어떤 차가 가장 아름답느냐에는 질문에 대해서 각자 다른 의견을 말하기도 하지만 하나같이 아름다움 하면 공통적으로 떠올리는 차가 있다. 특정 메이커의 특정 모델이 아니라 오래된 '클래식 카'다. 오래된 차에서 보편적으로 아름다움을 느끼는 이유는 클래식 카가 담고 있는 세월의 흔적 때문이기도 하지만, 대부분 억지스럽지 않은 모습을 띠고 있기 때문이다. 바로 자연스러움이다. 그런데 이 자연스러움을 얻게 된 건 말 그대로 순전히 자연의 원리를 따를 수밖에 없던 당시의 기술적 한계 때문이었다.

잠깐 오래전으로 거슬러가보자. 초기의 자동차를 만들

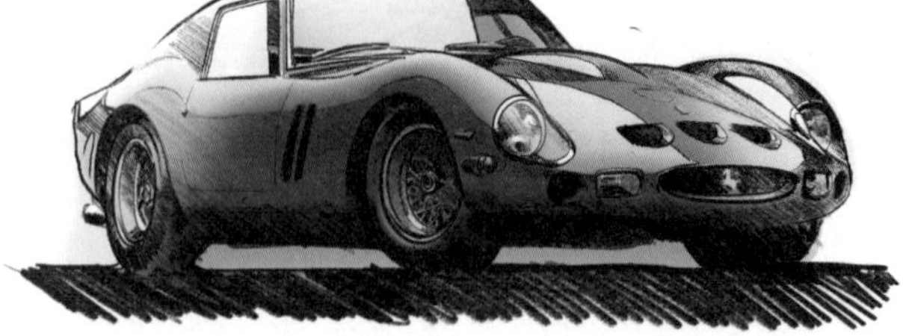

던 당시 자동차의 면을 만들기 위해선 철판을 그대로 사용해야 했다. 기술자들이 일일이 망치를 들고 두들겨야 했다. 대부분의 기술자들은 원래 갑옷을 만드는 일을 했지만 십자군전쟁 이후 무기가 칼에서 총과 포탄으로 대체되면서 칼을 막기 위한 갑옷은 그 쓰임새를 잃었다. 하지만 그들이 갑옷을 만들던 경험을 통해 익힌 순수 금속 가공 기술은 금속판을 망치로 두들겨 매끄러운 표면을 만들어내는 경지에 이르렀다. 그런데 아무리 뛰어난 기술자라 할지라도 맞닥뜨릴 수밖에 없는 벽이 있었다. 재료가 지닌 한계점이다. 즉 철판이 가지고 있는 가공의 한계점을 주의해야 했던 것이다. 가령 함부로 어느 이상으로 망치로 깊게 두들겼다가는 철판에 구멍이 나거나 찢어지는 일이 발생했다. 깊게 파인 형태를 만들고 싶어도 금속이 가진 한계점 이상으로 무리를 가할 수 없었다. 곡선은 철판이 가진 자연적 물리의 한계만

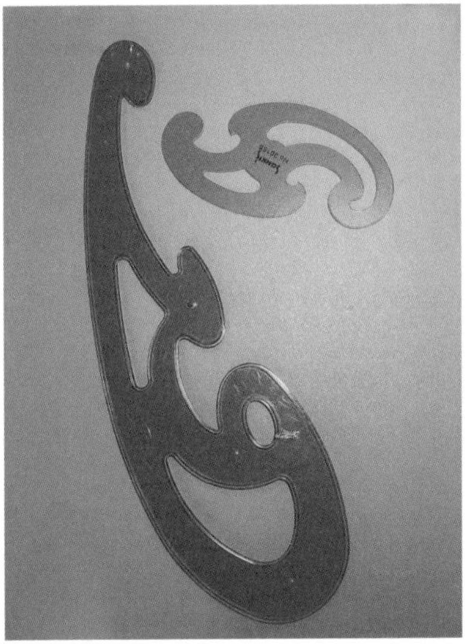

과거 아날로그 방식으로 그림을 그리기 위해 디자이너들이 사용하던 곡선자. 금속 선재가 자연스럽게 구부러질 수 있는 영역 안에서 구현된 자다. 실제로 금속 철제들이 휘어지는 정도를 바탕으로 제작되었다.

큼만 구부러질 수밖에 없었다. 그 이상의 과도함은 상상조차 할 수 없었던 것이다. 물리의 한계라는 것은 자연에서 주어진 한계치이자 동시에 자연스러워 보일 수 있는 형태의 한계점을 의미하는 것이다. 이처럼 자연스러움은 자연의 재료가 지닌 태고의 한계 안에서 정의된다. 즉 한계치는 자연스러움이자 아름다울 수 있는 마지노선이다. 그리하여 그 자연의 한계를 충실히 따를 수밖에 없던 클래식 카는 백 년이 넘도록 사람들이 기억하고 소망하는 자동차의 모습을 가지게 된 것이다.

하지만 지금은 상상하는 형상의 구현이 얼마든지 가능해

졌다. 금속의 한계치를 넘어설지라도 절묘하게 잘라 붙일 수 있는 용접의 방식도 등장했고, 프레스 기술과 같은 신기술을 통해 마법 같은 형상을 쉽게 구현할 수 있다. 또한 3D 프린터의 등장도 원하는 형태를 맘껏 만들어낼 수 있는 시대가 되었음을 확인케 한다. 치열한 경쟁사회에서 새로움을 쥐어짜내야 한다는 강박이 여기서도 불편하게 작동한다. 차별화된 형태를 만들겠다는 의지는 자연스러움을 간과한다. 억지로 구부리고 휘어내어 남들과는 다른 형상을 만들어내기 시작했다. 첫인상에서는 달라 보이는 시각적 효과로 인해 뭔가 그럴싸하지만 균형을 흔들어 낯설게 등장한 형상은 금세 구태의 느낌을 전달한다. 가령 어느 기예단의 무용수가 몸을 구부려 가랑이 사이로 얼굴을 내보이는 형상은 놀랍지만 이내 그 기괴함에 섬뜩함을 느끼게 된다. 자극적인 것은 잠깐일 뿐 사람들은 금방 지루함을 느끼거나 친근함을 갖지 못한다.

그러나 이제는 편리를 빙자한 기술들이 자동차의 몸체에 덕지덕지 붙어야만 한다. 자율주행같이 다음 단계의 기술로 진입하기 위한 요구사항들이 등장했기 때문이다. 차가 스스로 주행하기 위해선 도로 위 주변의 것들을 긴밀하게 살펴내야 할 장치들이 필요하다. 도로를 인식하고 주변의 사물을 읽기 위한 레이더 및 라이다LiDAR와 각종 센서 및 전기장치들이 자동차 외관에 치렁치렁 달리기 시작했다. 단순히 멋을 위한 장식이 아니라 사람을 돕기 위한 기술, 안전을 위한 기술의 등장이 자동차의 단순했던 표면 위에 기술적 치장을 시작했다. 게다가 주변을 읽어내는 센서 기술은 기능이 생김새보다 훨씬 우선시된다. 운전대를 놓고 자율주행에 몸을 맡기는 순간에는 센서의 능력은 사람의 생명과 직결되기 때문이다. 그러다보니 자동차의 외관은 기술의 필요에 따라 단순함과 더 타협하고, 자연스러움과도 절충을 해야만 했다. 이러한 센서 기술 또한 사방을 동시에 볼 수 있는 곤충의 눈에서 착안한 아이디어라 할지라도 여전히 곤충의 눈처럼 몸체에 자연스럽게 통합되지 못하고 있다. 이처럼 길을 잘 읽어내야 하는 기술적 임무 이외에 자율주행차에서 발생할 수 있는 의외를 변수들을 예측해야 하는 사명이 부자연스러운 모습을 만들어낸다. 게다가 급변한 자동차/모빌리티 시장에서 살아남기 위해 '무조건 새로워야 한다'는 억지스러운 시대의 특명이 디자인에 영향을 미치고 있는 만큼 자연스럽지 못한 모습의 자동차는 한동안 계속 생산될 것이다.

자연스럽다는 논의는 특정한 사물의 형상에만 한정되지 않는다. 촉각의 일, 재질에 있어서도 우리는 자연스러운 촉각을 추구한다. 아무리 새로운 소재가 등장한다 할지라도 우리는 여전히 흙으로 빚어진 그릇과 순수한 금속으로 이루어진 장신구를 선호한다. 또 특별히 배우지 않아도 누구나 나무로 된 책상에서 만족감을 얻는다. 잔이나 접시를 사려고 가면 새로운 소재로 만들어진 그릇이라면서 직원이 그릇을 들고 와 바닥에 떨어뜨리는 연기를 선보인다. 직원은 이 제품이 종이처럼 가볍고 아무리 높은 데서 떨어져도 깨지지 않는다고 말한다. 하지만 최고급 반열에 올라 있는 제품은 언제나 새로 발명된 낯선 소재가 아닌 자연에 가장 가까운 재료로 태어났다. 태고의 재질은 가장 자연스러운 재료이기 때문이다. 여기서 자연스럽다는 것은 재료와 사람이 촉각하는 순간에도 이질감을 만들어내지 않는다는 것이다. 개인의 취향에 따른 차이가 있긴 하겠지만 도자기로 된 찻잔을 입에 가져다대는 일은 누구에게나 조금도 어색하지 않다. 혹여 낯선 사람과의 첫 만남이 어렵고 불편하다면 적당한 무게와 자연스러운 결을 지닌 찻잔의 표면을 손끝으로 만지작거리게 된다. 손끝에 머문 태초의 촉각에 마음은 이내 평온을 찾는다. 자연스러움과 거리가 먼 플라스틱 잔이 감히 대신할 수 없는 일이다. 새로운 소재의 찻잔보다 도자기로 만들어진 잔은 쉽게 깨지고 무게도 더 나가기 때문에 잔을 나를 때 주의를 기울여야 할 뿐 아니라 그 무게를 받칠 힘도 필요하다. 하지만 이는 찻잔이라는 쉽게 깨질 수 있는 자연적인 재료의 존재를 기꺼이 존중하는 의미를 지닌다.

자연스러움은 오랫동안 지속될 수 있는 지혜가 되기도 한다. 자연은 말 그대로 자연스럽게 환경에 적응하기 위해 애쓴다. 밤사이 아무도 모르게 잎을 틔우며 끝없이 변화한다. 아무도 거부감 없이 자연의 변화에 적응할 수 있는 인식을 가지게 되는 것도 서서히 뒤바뀌는 자연의 변화 때문이다. 어제는 여름이었다가 오늘 당장 가을로 들어설 수 없듯이 자연은 여름의 잎을 서서히 떨어뜨리며 자연스럽게 다음의 계절로 변모한다. 이것이 자연이 누구에게도 거부감을 주지 않고서 영원할 수밖에 없는 이유다.

반면 인간은 꼭꼭 숨어 있는 자연의 신비, 그 껍질을 벗겨내기 위해 과학의 사명으로 끊임없이 자연을 해체해온 주체이다. 밤사이 변모하는 자연스러운 자연의 베일을 한 번에 벗기려는 인간의 성급함이 오히려 자연스러운 것들과의 거리를 만들기 시작했다. 그래서 인간은 스스로 유한한 존재가 되기를 자청했는지도 모른다. 자연을 파헤치며 기술에 더욱 깊게 편승하면 할수록, 우리는 스스로의 한계에 다다르는 것은 물론 자연스러움과 처참한 작별을 고하게 된다.

자동차의 철판이 견딜 수 있는 한계점, 과거 자연의 한계점을 인정할 수밖에 없던 시절에는 아름다운 클래식 카가 세상에 쏟아졌다. 그러나 자연의 한계치를 넘어선 방법으로 철판을 한껏 휘어 잘라 붙이기가 가능해지자 단편적 유행만을 좇는 일회성의 디자인들이 쏟아지기 시작했다. 동시에 인간의 욕망은 철판을 억지로 구부리듯 자연의 한계치를 넘는 일에만 집착했다. 한계치 이상의 가공에는 필요 이상의 노동력이 투입됐으며 거기에 필요한 추가적인 에너지가 수반되었다. 따라서 공장의 굴뚝은 더 많은 매연을 배출하는 게 불가피했다. 그러다보니 어제는 추웠다가 내일은 반팔을 입어야 할 만큼 무더운 괴이쩍은 날씨를 마주하기 시작했다. 자연스럽지 못한 욕망이 신의 창조를 위협한 결과로 우리는 그에 따른 대가를 치르고 있다.

그뿐만이 아니다. 자연이 수용할 수 있는 영역을 칼로 베듯 관통하는 도로가 지도를 채우기 시작하며 도시의 자연스럽던 가로수가 개발이라는 명분으로 처참히 베어져나갔다. 그렇게 뒤엉킨 도로 위에는 자연을 회복하자며 전기차가 등장했다. 전기차가 등장하기 이전엔 최소한 자동차와 걷는 사람 그리고 자전거를 타는 사람의 비율이 어느 정도 균형을 이루었다(지역마다 차이가 있겠지만). 그런데 지금은 어떠한가? 무분별하게 등장한 전동스쿠터는 멀쩡한 두 다리를 대신하려고 한다. 더 빨리 가겠다고 자전거 페달 앞에 굳이 전동모터를 단다. 가로수를 지나치며 매일 건강함을 얻던 자전거마저 '빠름'에게 그 본질을 약탈당하고 있다. 그 수많은 배터리들이 훗날 어떻게 될지에 대해선 하나같이 침묵한다. 최근엔 화석연료를 팔아 벌어들인 중동의 오일머니가 전기차 회사들에 수조 원씩 투자되고 있다. 환경오염의 주범인 화석연료를 팔아서 번 돈을 자연을 회복하려는 전기차에 환원하겠다는 그런 고상한 의도는 당연히 아닐 것이다(하지만 그것이기를 희망한다). 분명 전기차가 잘 팔리면 어느 시점부터는 화석연료를 시커멓게 태워 충전에 필요한 전기에너지를 발생시키는 게 불가피함을 잘 알기 때문일 것이다. 더이상 자동차 배기구에서 매연이 배출되는 일은 없더라도 지구 어딘가의 굴뚝에선 그 충전소를 유지하기 위해 매연을 뿜어내는 상황이 연출될 수 있음을 심각하게 생각하지 않으면 안 된다. 이 또한 자연을 볼모로 위선하는 부자연스러움이다.

무리하게 구부리다 찢어져버리는 철판의 교훈처럼 자연스러움의 깊이를 넘어 파헤쳐 탄생된 것들은 스스로의 한계를 드러낸다. 우리는 기술의 힘으로 억압하고 꺾어버리는 세상 만물의 형상을 통해 온당한 미래로 나아가고 있다고 착각한다. 하지만 그것이 옳은 미래라고 확신할수록 미래는 상실을 향해 나아갈 것이다. "라떼는 말이야" 하며 추억 속에 등장하는 오래된 것들, 화려함보다 자연스러움을 앞세웠던 그때에 만들어진 것들이 점점 더 빛을 발하는 것도 미래의 상실감에 대한 회의 때문이 아니겠는가. 가만 생각해보면 추억은 대부분 자연스럽다. 끊김 없이 자연스럽게 연결된 기억의 서사가 추억의 꼴이듯 클래식 카의 자연스러움은 두고두고 추억 속에 등장할 것이다.

6부

디자인은 사소함을 만들어내는 일

사소한 생각들이 관습이 되고 사회의 취향, 문화와 역사가 된다. 타당한 보편에 대한 이해는 더 나은 취향으로 가기 위한 출발점이 된다. 사소한 생각들이 엮여 거대한 역사가 되듯이, 결국 디자인은 사소한 생각을 엮어 설득력 있는 이야기로 묶어내는 일이다.

취향,
누구의
것인가?

빨간 차를 고를 것인가? 파란 차를 고를 것인가? 내 앞에 놓인 것들 중에서 뭔가를 골라야 하는데 쉽지 않다. 어떤 사물을 마주했을 때 첫인상이 취향 저격을 했다 하더라도 색을 놓고 또 고민을 하게 된다. 선택장애라는 말이 등장할 만큼 인생은 선택의 연속이다. 오른쪽으로 갈까, 왼쪽으로 갈까. 선택을 하는 사람도 고민을 하고, 창작자들도 사람들이 무엇을 좋아할지를 두고 고민이 멈추지 않는다. 각자의 '취향'을 도무지 알 수 없기 때문이다.

취향은 시장을 분석하는 중대한 좌표이자 그 사회의 문

화 예술 수준을 가늠하는 척도이다. 각자의 취향이 모여 유행을 만들기도 한다. 각자의 목소리가 유행을 넘어 사상에 영향을 미칠 때 개인의 취향은 사회 문화의 역사가 된다. 하지만 취향에 대한 논의는 때로 논란을 일으키기도 한다. 그 이유는 취향이 인간의 무의식이 반영된 정신적 결과물이면서 개인이나 다른 집단을 구분 짓는 뚜렷한 정체성의 기준도 되기 때문이다. 개인의 취향이란 참으로 알 수 없는 것이다. 오늘 싫다고 한 것을 내일 온라인 쇼핑 장바구니에 담는 극단적인 변덕이 서슴없이 일어난다. 그래서 사람들은 서로 다른 개인의 취향을 존중하는 문제를 놓고 날선 공방을 벌이기도 한다. 나의 취향만큼이나 남의 취향도 무조건 존중받아야 할 것인지 아닌지에 대한 논의도 쉽지 않아 보인다. 왜냐하면 남의 취향에 대한 부정은 개인을 넘어 다른 집단 즉 다른 문화권에 대한 부정이 되며 이는 심각한 관계의 문제가 될 수 있어 조심스럽기 때문이다. 자칫하다간 문화적으로 우월한 문화권의 집단이 다른 집단에 일방적으로 행하는 '차별'로까지 번져나갈 우려가 있는 것이다.

취향이 본격적으로 등장한 건 18세기 무렵이다. 예술가는 고전시대를 지나면서 권력과 부를 가진 왕과 귀족의 후원 아래서 활동했다. 예술가들은 자신의 후원자의 '취향'을 우선시해야 했다. 예술가로서의 '나'는 상대적으로 부재하던 시절이었기 때문이다. 적지 않은 고전주의 음악가들과 예술가들이 일평생을 궁정악사나 교회에 소속되어 권력자와 부유한 후원자들의 취향을 위해 봉사했다. 대표적으로 교향곡의 아버지이자 베토벤의 스승 하이든은 모차르트와 그의 제자 베토벤과는 달리 평생을 귀족의 악사로 지냈다. 당시에는 음악 시장이 크지 않았기 때문에 음악가가 생계를 유지하는 방법은 그것뿐이었다. 주문제작 구조를 가질 수밖에 없던 시기에는 작곡가의 개인적이고 주관적인 감정이 드러날 수 없었다. 음악은 권력자의 취향과 그들이 속해 있는 공동체의 보편성을 통해 형식화되었다. 내가 어떤 예술작품을 보고 슬픈 느낌을 받는다면 모두가 슬플 것이라는 논리가 통용되던 시기였다. 예술의 감정은 공동체의 공통된 감정을 집약하여 서술하는 하나의 방식에 지나지 않았다.

음악이 공동체의 감정을 서술하는 대신 '분출'의 방식으로 등장하기 시작한 건 베토벤 때부터였다. 베토벤은 여행을 하며 연주회를 열었다. 이른바 공연 투어를 한 것이다. 그는 연주를 통해 일반 시민을 만나며 그 자신의 천재성과 함께 낭만주의의 시대를 열었다. 모차르트는 아버지와 함께 전 유럽을 여행하는 동안 다른 양식의 음악을 체험한 것으로도 잘 알려져 있다. 주어진 양식을 소화하는 게 아닌 다른 문화권의 것들을 받아들여 자신의 것으로 재탄생시킬 수 있는 능동적인 체험을 한 것이다. 또한 베토벤이 활동하던 시기는 시민혁명의 한복판을 지나던 때였으며 하이든이 복무한 궁정사회가 더이상 큰 영향력을 행사하기 어려웠다는 것도 큰 이점으로 작용했다. 당시의 낭만주의는 이성의 시대, 계몽의 불빛을 통해 자아를 찾을 수 있던 통로였다. 개인의 감정을 존중하고 자아로부터 자연의 야생성과 아름다움을 발견하는 것. 나로부터 발생된 내면의 정서에 충실한 것이 바로 낭만주의다. 프랑스의 시민혁명과 같이 성숙한 시민사회를 위한 소용돌이를 거치면서 귀족의 전유물이었던 예술은 마침내 대중을 만날 수 있었다.

예술을 누릴 기회를 갖게 된 대중은 각자의 '나'를 통해 예술에 몰입할 수 있는 다양한 시선을 탄생시켰다. 예술가는 창조적 직관을 지닌 존재가 되었고, 자율성을 얻은 예술가들은 자신의 취향을 아낌없이 표현해냈다. 사람들은 예술과의 조우를 통해 각자의 취향을 투영하기 시작했다. 취향을 통해 각자의 '아이돌'을 찾기 시작한 것이다. 자유로운 낭만주의 시대의 예술가들 중, 취향을 저격하는 예술가를 만날 때면 예술가는 신격화되었다. 청중도 예술을 향유할 수 있는 지위를 얻음으로써 원하는 것을 당당하게 말할 수 있게 되었다. 예술가는 자신의 의지대로 맘껏 붓을 들고 오선지를 채움으로서 미에 대한 의식을 고양시킬 수 있었다. 반면 대중의 요구를 충족시키는 예술가와 그러지 못한 자들이 조금씩 구분되기 시작했다. 지금의 콩쿠르, 공모전이 고양된 대중들의 취향을 반영하여 구분되기 시작했고, 시대의 흐름 속에 살아남은 자와 도태된 운명에 처할 예술가들이 가려지는 냉혹한 현실이 등장했다. 베토벤이나 윌리엄 터너 같은 천재들은 고매한 예술적 취향을 지닌 대중을 거침없이 저격하여 천재라는 칭호를 얻게 되었다.

예술의 예에서 볼 수 있듯이 선택받은 취향은 나와 타인을 구분하는 방식에서 더 나아가 문화권을 나누는 정체성으로까지 이어졌다. 그리고 오늘날에 이르러 수많은 이들이 동경하고 향유할 수 있는 그들의 역사가 된 것이다. 취향의 자율성을 찾기까지 오랜 시간이 걸렸다. 그렇게 얻어낸 자율성은 마침내 예술과 대중의 존중을 받는 취향을 만들어냈다. 이처럼 우월한 문화적 표상은 겹겹이 쌓인 사소한 취향의 필터를 통해 걸러진 역사의 산물인 것이다.

예술가, 디자이너 같은 창의적인 이들과 대중의 취향이 비슷하다면 좋은 취향을 가진 문화권이라 할 수 있다. 다시 말해 대중이 예술가나 창작자의 고뇌, 그로 인한 그들의 성과를 쉽게 알아챌 수 있다면 그 사회는 문화적으로 앞설 수 있다. 창작자의 고민과 대중의 소망이 한방향으로 나아가기 때문에 우월한 취향을 지닌 문화권이 될 수 있는 것이다. 하지만 대중과 예술가, 디자이너 각자가 추구하는 취향이 서로 다른 방향으로 나아가거나, 그 두 격차가 현저하다면 문화적인 그들의 위치는 장담하지 못한다. 가령 디자이너(좋은 디자이너라는 가정하에)가 대중에게 팔리는 물건을 위해 자신의 신념을 내려놓아야만 한다면 그 사회의 취향은 의심의 눈초리를 피하지 못할 가능성이 높다(보편적으로 선진국이 아닌 경우가 대부분이다). 선진문화권, 유구한 문화적 역사를 바탕으로 한, 예를 들어 유럽의 경우 대중의 취향은 언제나 예술, 문화와 같은 창의적 흐름과 공존했기 때문에 예술가의 붓끝과 대중의 소망은 늘 같은 지향점을 하고 있는 경우가 대부분이다.

결국 취향은 단편적인 유행과는 다르다는 사실이 보다 명확해졌다. 취향은 여전히 개인의 것이며 무조건 존중받아야 한다는 생각엔 무리가 있다. 다시 말해 취향의 선택은 존중받아 마땅하지만, 당사자가 원한다면 얼마든지 개선의 여지가 있다는 것이다. 어느 촉망받는 피아니스트들조차 세계적인 콩쿠르에 참가해 각자의 능력을 시험대에 올리지 않던가? 예술가가 좋은 전시를 통해 실험적인 생각을 대중들에게 내놓는 것도 다르지 않다. 그리하여 그들은 자신의 역량을 평가받고 개선점을 찾으려 한다. 예술가와 연주자는 각자의 이상향을 위해 열정적인 태도로 자신의 창작물을 시험무대에 올려놓는다. 이러한 콩쿠르와 공모전을 통해 입상한 수많은 작품들은 대중들에게 또다른 감동을 선사한다. 동시에 이를 평가하는 심사위원 및 권위자 들도 문을 두드리는 새로운 예술가들을 통해 자신의 안일함을 각성함과 동시에 아낌없는 격려와 조언을 나누게 된다. 만약 대한민국 출신의 연주자가 세계적 콩쿠르에서 수상을 하면, 이후 개최되는 그의 연주는 매진 사례를 기록한다. 예술가가 이 기회를 통해 자신의 취향을 점검받을 때 관계자 및 이를 향유할 대중들도 각자의 취향을 점검받는다. 이렇게 열정적 개개인의 태도는 취향에 대해 스스로 열린 자세를 만든다. '나'의 취향이 더 멀리 더 높이 나아갈 수 있게 스스로 갈고닦는 기회를 만드는 것이다. 그래야지만 우리는 고유한 존재 '나'에게 예술의 힘을 빌려 황홀경을 선사할 수 있을 것이다.

그렇다면 우리 사회의 취향은 어떠할까? 진정한 취향, 개인의 자율성에 바탕을 둔 취향이란 게 있는지 한 번쯤 돌아볼 필요가 있다. 혹시 남과 같은 나를 바라보며 유행이 마치 자신의 취향인 듯 속이고 있는 것은 아닌가? 물론 유행이라는 집단의 선택이 개인의 취향에 관여하는 건 당연하지만, 여기서 반드시 전제할 것은 취향과 유행은 결코 등식이 될 수 없다는 것이다. 왜냐면 취향은 지극히 개인이 체득해온 문화적 부산물이며 동시에 가변적인 각자의 무의식에 결과일 수 있기 때문이다. 반면 유행은 타인들의 기준에 뒤처지지 않기 위한 장치, 이른바 뒤떨어지지 않게 보이려는 방법이다. 자율적인 '나'를 고스란히 빼버린 동질화, 타인화의 안전장치에 불과하다.

혹시나 재빠른 유행에 맞추어 머리끝부터 발끝까지 갖추어 입고 "취향 좋다"는 칭찬을 들었다고 치자. 그것은 스스로 선택한 것이 아닌 유행을 따른 것에 대한 평가인 것이다. 즉 나쁜 취향이 들통날까봐 취하게 되는 최선의 선택이란 유행에 대한 맹목적이고 기민한 복종뿐이다.

빠른 유행만 있는 게 요즈음의 현실이다. 우리의 취향이 과연 문화로 단단히 자리 잡을 기회가 있을지조차 의심스럽다. 상업성에 함몰되어 만들어진 극단적인 유행과 이를 무작정 좇는 개인의 행태는 각자의 취향이 정녕 무엇인지 확인해볼 기회를 앗아가버린다. 유행의 전형 중 하나인 의식주에서의 '의', 입는 것에 대한 것을 규정 짓지 않는다. 먹는 것과 취미 활동에까지 유행에 무조건적으로 의지한 채 무의식적 선택이 이루어지고 있다. 유행이 아닌 것을 입고 먹고, 즐기고 있다면 한참을 뒤떨어진 사람이 되는 것이 우리의 현실이다. 한강에서 인라인스케이트가 한참 유행하던 시절, 자전거를 타고 나갔던 누군가는 촌스러운 사람이란 말까지 들었다고 한다. 농구에 관심 없는 사람들이 조던의 로고가 찍힌 운동화에 매몰되어 있다(얼마나 갈지 모르겠지만). 삶의 모든 가치 하나하나가 휘발성을 지닌 채 유행의 바람을 지나면서 싸그리 기화되어버린다. 심지어 다른 문화권에서 취향을 넘어 문화를 형성하고 있던 것들마저 대한민국의 국경을 건너오는 순간 시한부의 가치를 선고받는다. 한번 유행의 바람에 휩쓸고 나면 무색무취의 너덜해진 '구린' 것이 되어버리기 때문이다.

취향을 등장케 한, 고전주의에서 낭만주의로의 진화는 하나의 혁명이었다. 바로 자율적인 개인, '나'에 의미를 두었기 때문이다. 이는 인간의 역사에서 개인의 자율성을 인정한 극적인 사건이자 인간이 역사의 마찰을 통해 쟁취한 것이다. 이미 우리는 낭만의 시대를 통과하며 자율성을 통해 각자의 가치를 확인했다. 창조적인 직관을 지닌 '나'로 거듭날 때 더 나은 '나'를 위해 선택하고 계발하는 고귀한 존재가 될 수 있다. 그렇게 얻은 숙제가 그 흔하디흔한 단어 '취향'이란 것이다. 그래서 무분별한 유행에 쫓겨 일회성 가치에 의미를 두는 일은 나를 저버린 궁정악사로 돌아가는 것이 된다. 단편적 유행의 일회성이란 것은 잠시 반짝일 뿐 어느 분야에서나 환영받지 못하는 가치다.

그렇게 간신히 얻어진 각자의 취향은 지금껏 역사를 쓰는 원동력이 되어주고 있다. 그렇게 고귀한 취향이 역사가 되었고 깊은 문화의 뿌리가 내린 바다 건너의 곳들을 우리는 동경하지 않는가? '스칸디나비아 스타일' '프렌치 시크'라며 그들을 우리는 막연히 동경한다. 언뜻 보면 그들을 공동체의 단위와 지역적 단위로 묶어 판단하지만 결국 이들의 우월함은 개인의 문제였다는 점을 잊어서는 안 된다. 자율성을 얻은 각자의 고귀함. 미물 같은 개인의 적극적 취향을 토대로 지금의 문화권이 되었음은 우리에게 시사하는 바가 적지 않다. 우리를 날마다 웃고 울게 만드는 감동의 전주곡도 예술적 산물이지만 그 연주에 기립하는 환호 또한 거대하다. 환호는 무수한 개인들이 모여 만들어진 열광의 갈채였으리라. 〈비창〉의 베토벤이 아니라 '취향'의 베토벤을 우리가 기억해야 하는 이유다.

편리는 습관을 이기지 못한다

자동차에 앉으면 운전대와 운전대 앞에 속도를 알려주고, 연료의 상태를 알려주는 계기판이 있다. 헤드업 디스플레이HUD라 불리는 이 기기는 주행과 관련된 정보를 유리창에 나타나게 할 수 있다. 운전을 하면서 아무런 방해를 받지 않으며 정보를 취합할 수 있는 것은 중요하다. 인간공학적인 측면에서 가장 예민하게 다뤄지는 부분이다. 운전자가 핸들을 잡고 전방을 바라보는 일 이외의 다른 불필요한 동작을 최소화하기 위함이다.

운전대의 위치, 유리창의 각도, 차의 보닛의 길이 등 모든 것이 자동차 개발의 고려사항이 된다. 운전자에게 안전한 시야를 제공하기 위해서다. 형태적인 측면에서 높이를 더 높여서 안정적인 느낌을 준다거나, 운전대를 작게 만들어 공간을 더 크게 보이게 하는 식으로 갖가지 트릭을 시도하지만, 이 인간공학적 연구에 의해 추출된 데이터에는 단 1밀리미터의 타협도 허용될 수 없다. 다시 말하지만, 안전, 아니 한 가족과 사회의 운명과도 직결되기 때문이다. 따라서 디자이너들도 제공된 운전자의 시야, 시야각에 대한 것은 입에서 올려서도 안 되고, 디자이너 임의로 제안되어서도 안 된다. 또 말하지만 생명과 직결되기 때문이다.

특히나 독일 자동차 메이커들일수록 이 수치에 대한 민감도가 더 높다. "형태는 기능을 따른다"는 바우하우스Bauhaus의 사조처럼 그들은 디자인적 관념에 충실하다. 원래 "형태는 기능을 따른다"의 의미는 심미적 요구를 따르느라 기능을 해치는 일은 지양되어야 한다는 뜻으로 많이 사용되었다. 그러나 이런 해석은 기술은 안정된 상태로 머물러 있고, 디자인의 형태가 다변화하던 21세기 이전까지 유효했던 관념이다. "형태는 기능을 따른다"에서의 '기능'은 기능과 기술이 인간의 하위 범주에 머무를 때를 전제하는 것이다. 그렇다면 오늘에 맞게 해석하면 어떤 의미가 될까?

기능은 여전히 사용자, 혹은 인간 하위의 개념인가. 그렇지 않다. 이젠 신기술은 반드시 인간의 필요에 의해서만 등장하지 않는다. 인간을 위한 기술이라는 이름하에, 인간을 위한 아바타보다 바둑돌을 놓는 인간을 더 필요로 하는 게 기술의 요구처럼 보이기까지 한다.

프랑스의 푸조Peugeot는 몇 해 전 혁신적인 디자인의 차를 내놓았다. 승용차로서는 처음으로 신기한 레이아웃을 가진 차를 출시했다. 운전자 전면 클러스터가 핸들 너머로 보이게끔 설계한 것이다. 일반적으로 클러스터가 핸들 위쪽에 위치하면 두 가지의 불편사항이 따른다. 일단 핸들이 작아져야 하고, 그다음엔 운전자가 매번 목을 빼서 클러스터의 정보를 확인해야 한다. 예전부터 프랑스 차들은 엉뚱함과 대범함의 대명사로 불려왔지만 이건 말 그대로 인간공학에 대한 도전에 가까웠다. 물론 독일 기업의 기준에서 봤을 때의 이야기다. 감히 스티어링 휠 사이즈를 줄이고, 그 위로 운전자가 주행정보를 확인하게끔 해놓았다는 건 독일 차의 기준으로는 납득이 되질 않았다. 푸조가 공개한 신차는 독일 기업들 내부적으로는 벤치마킹할 가치도 없는 차가 되었다. 왜냐하면 그들이 허용할 수 있는 범주를 한참 벗어났기 때문이다. 그런데 푸조는 이 자동차를 팔아 전례 없는 기록을 세웠다. 고객들이 만족도 평가에서 하나같이 엄지손가락을 치켜세웠던 건 다름 아닌 '핸들의 크기'와 유례없이 등장한 '운전대 위로 시야를 확보한 신개념의 전면 디스플레이'였다. 수

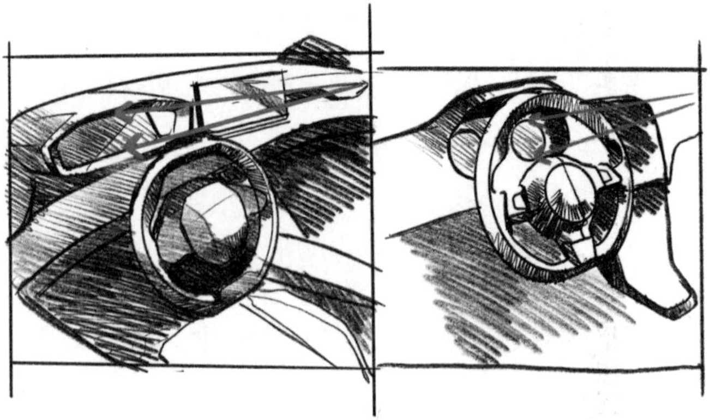

치적 분석과 인간공학적 기준에서 쓸모가 없는 차, 위험한 차, 황금률을 거스른 차라고 비판을 받던 상황에서 반전이 일어난 것이다.

어떻게 이런 일이 벌어지게 된 걸까? 간단히 말하자면 기술과 인간의 사이에 존재하는 관습을 깨부쉈기 때문이다. 이론과 실제 사이의 변수를 활용한 결과라고도 볼 수 있다. 공책에 받아적은 것을 실제에 적용하기 위해선 인간의 행위가 있어야 한다. 그런데 이론과 실제를 접목시킬 사람이란 주체, 즉 공학적 수치가 적용된 마네킨은 가장 보편적인 인간의 사이즈를 전제로 한다. 물론 실험은 97퍼센트의 평균치와 3퍼센트의 장신과 단신을 구분하여 이루어진다. 하지만 문제는 마네킨이 반영하는 인간은 특정한 문화적, 지리적 습관이 삭제된 개체라는 점이다. 이론과 실제가 만나는 중간에 가상의 인간 말고 진짜 인간이 앉게 되면 반응이 달라질 수밖에 없는 것이다.

이론적으로 불편하고 위험할 거라고 했던 우려가 실제로는 가장 편한 것이 되었다. 시야각 등 안전을 고려한 수치들이 무시되었지만 핸들 위, 마치 넓게 펼쳐진 느낌의 공간에서 주행정보를 받는 것 같아 좋다는 게 사용자들의 평가였다. 이것이 이론과 실제 사이에 존재하는 변수다. '넓게 펼쳐진 느낌', 그 요상한 '느낌'이라는 정보를 어떻게 수치화하겠는가.

몸에 깊이 배어 있는 관습은 기술로 제어할 수 없다. 우리가 사용하는 키보드 자판을 보라. 누구나 자판을 보지 않고도 자판을 두들길 수 있다. 그런데 자판을 들여다보면 영문의 경우 어떤 근거로 알파벳들이 배치된 건지 도무지 규칙을 찾을 수가 없다. 자주 쓰는 단어를 입력하려면 왠지 서로 자음과 모음이 가깝게 있어야 편할 법한데 자판의 형태는 그것과도 다르다. 현재 쓰이는 키보드의 배열은 타자기의 형식을 그대로 가져온 것이다. 타자기는 각 자판과 연결된 작은 글쇠가 종이에 도장 찍듯이 탁탁 철자를 찍어내는 방식으로 작동한다. 만약 자주 쓰이는 철자를 서로 붙여놓았다면 철자를 박는 글쇠들 역시 서로 가깝게 붙어 있었을 것이다. 그랬더라면 사용자는 편할지 몰라도 반복적으로 두 개의 굽이 1~2밀리미터 간격을 두고

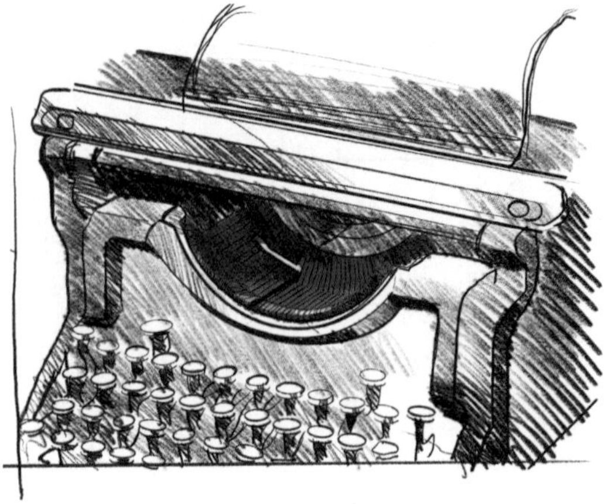

왔다갔다를 반복하다보면 서로 충돌이나 꼬임이 생길 수밖에 없다. 두 다리가 너무 붙어 있으면 스텝이 꼬이지 않겠는가. 제품을 고장나지 않게 하려면 쓰임이 빈번한 철자들을 되도록 멀리 떨어뜨려놓는 게 방법이다. 그래서 과거의 타자기 자판이 그런 형태를 갖게 된 것이다.

혹자는 이 또한 지금의 새로운 인간공학에 입각하여 다시 인간공학적으로 유사한 철자끼리 붙여놓자는 주장을 할지 모른다(실제로 키보드 제조사들이 그런 시도를 했다고 한다). 그런데 누가 환영하겠는가? 어떻게 익힌 자판 신공인데, 그걸 다시 배우라니. 마우스도 마찬가지다. 인간공학적 측면에서 우리의 손 모양은 손의 바깥날이 책상의 바닥에 놓이는 게 자연스러운 각도라고 한다. 그런데 마우스가 탄생한 이후 우리는 이미 책상

면과 손바닥을 나란히 한 채로 마우스를 쥐고 써왔다. 이런 손목의 꼬임과 부자연스러움이 어깨통증을 유발한다는 것도 이미 밝혀졌지만, 이미 익숙해진 마우스 사용법을 바꾸자는 의견이 환영받기는 어렵다.

실제로 버티컬 마우스라는, 테이블 위 컵을 잡는 듯한 인간공학적인 제품도 나왔지만 고전을 면치 못하고 있다. 아무리 사용자의 더 나은 업무 환경을 만들 수 있다 한들 익숙지 않은 동작을 익히며 다시 걸음마를 하는 아이가 되어야 한다는 건 너무 불편한 일이다. 더군다나 버티컬 마우스 계열의 제품들은 독특함을 넘어 기괴한 형태를 가지고 있다. 시각적으로도 익숙지 않으니 책상에 놓인 모습도 썩 반갑지 않다.

오래된 습관은 고치기 힘들다. 어떤 형태로든 개인 또는 집단의 문화로 자리잡혀 있기 때문이다. 그걸 개선하기 위해 펼치는 적극적인 노력은 가상하지만, 잘못하면 집단에 대한 무례함이 될 수 있다. 물론 푸조가 해낸 기존의 공학적 수치를 도발한 것처럼 굳어버린 관습을 타파하는 순간 모두를 돕는 혁신이 될 수도 있다. 단지 오랫동안 이미 관습화된 것들은 공학을 넘어선 정서적 영역까지 뿌리내리고 있기 때문에 쉽게 바뀔 수 없다. 또한 정서적 영역은 수치화될 수 없을뿐더러, 만약 감성과 같은 정서의 일부가 수치화되어 제어된다면 그 순간 감성의 영역은 의미를 잃게 된다.

게다가 오래된 관습은 감성에 바탕을 둔 전통을 유지하고 브랜드를 인식하는 지표가 된다. 이미 명품으로 알려진 브랜드들 중에는 자사의 제품에 있는 오래된 불편함을 알면서도 백 년 전부터 있던 불편한 기능을 그대로 남겨두는 경우도 있다. 이는 전통적인 브랜드에 대한 고객의 충성도를 위함이다. 오랫동안 개선하지 않고 애써 남겨놓은 불편한 것들은 거칠게 남은 상처 자국처럼 감수성을 건드리는 방식으로 작동하기도 한다. 예를 들어 카메라 브랜드 라이카의 경우에도 디지털화가 되었음에도 불구하고 반세기 전의 불편했던 수동의 기능들을 포기하지 않고 애써 집어넣어왔다. 비싼 가격에 비해 일일이 손으로 조작해야 하는 불편한 허세라고 말하는 이들도 적지 않다. 하지만 라이카가 애써(?) 유지해온 곳곳의 불편함 덕분에 사용자들은 그 불편함이 진정 불편함이 아닌 불변의 관습, 브랜드의 완고한 철학으로까지 인정해버린다. 또한 오랜 전통을 유지하는 방식을 채택하면서 신기술의 고사양의 필요와 거리를 둔다. 따라서 '이미 느려졌다'는 식의 구닥다리 취급을 받지 않고 오랜 생명력을 지닌다.

반대로 오늘날의 기술은 사람과 트렌드를 위해(?) 더 나은 수치를 위해 달려간다. 수치를 앞세워 질주하는 속도를 보면 사람을 위함은 그저 그럴싸한 명분에 지나지 않는 것처럼 보이기까지 한다. 대표적인 예로 전통적인 자동차 브랜드가 아닌 스타트업들은 수치 개선에 따른 '편리'에 목을 맨다. 이를테면 자동차 내의 휴대폰 무선 충전 장치에 경쟁사가 15와트의 출력을 낸다고 하니 우리는 17와트를 만들어야겠다는 식이다. 수치 경쟁에서 앞섰다고 하면서 독일의 ○○○보다 빠르게 기술혁신을 이루었다 외친다. 이처럼 수치에만 집착하는 것을 전문용어로 '스펙 체이징Spec chasing'이라고 한다. 또한 갱신된 숫자는 실제적으로는 체감도 불가능할 수치임에도 불구하고, 단순한 몇 와트의 차이로 인해 충전기는 생김새가 완전히 뒤바뀌어야 한다. 수치 몇 푼으로 뒤바뀐 '낯섦'이야말로 진정한 '불편'이다. 그뿐만이 아니다. 스마트폰의 OS가 업데이트가 되어버리면 놀랍게 개선된 기능과 추가사항들에 환호하지만 익숙했던 것들은 새것에 덮어쓰기가 되어 완벽하게 잊혀진다. 편리라는 명분으로 감성은 제지되고 전통과 관습은 구닥다리로 구겨져버린다. 감성을 내놔야 하는 건 달갑지 않은 거래다. 다양한 형태로 드러나는 감성이 공학적으로 제어된다는 것은 다양성을 인정하지 않겠다는 의미이기도 하다. 수치적 정답에서 파생된 다양성이 전부 오답이 되는 것도 바로 이런 이유에서다.

그리하여 오늘날 "형태는 기능을 따른다"의 새로운 해석은 이것이다. 형태는 '인간'을 따른다는 것. 기술의 시대에는 더 많은 수치가 우리를 제어하고, 심지어 세상의 창의력조차 수치로 환산하여 옳고 그름을 가려내려 할지 모른다. 그렇기에 실제를 이해하고 변수를 헤아려야 한다. 방정식과 검산으로 도출된 답이라 할지라도 실재하는 세상에 물리적으로 존재할 때 탐탁지 않을 수도 있다. 완벽한 제어보다 특정한 정서에 의지한 불편이 반가울 수도 있기 때문이다. 또한 갑작스레 등장하는 변수에 대해 당황하지 않고 유연하게 사고할 때, 사람이 기술 위에 있음을 우리는 스스로 확인할 수 있을 것이다.

보편의 이해

— 빤한 것이 중요하다

"지금 열차가 들어오고 있습니다. 승객 여러분께서는 안전을 위해 안전선 밖으로 한 걸음 물러나주시기 바랍니다."

현재 서울 지하철역 모든 승강장에는 스크린도어가 설치돼 있다. 스크린도어는 평상시에 닫혀 있다가 지하철이 진입할 때만 자동으로 열리는 안전장치다. 스크린도어가 생기기 전에는 지하철이 들어올 때 요란한 사이렌 소리와 함께 위의 안내방송이 늘 등장했다. 당시 지하철역에선 안타까운 사고들이 적잖이 발생했다. 출퇴근길 플랫폼으로 밀려들다 다치는 승객들은 물론 철로로 떨어지는 취객도 적지 않았다. 어느 날 친구와 함께 지하철을 기다리고 있었다. 평소 줄기차게 음모론을 제기하는, 한마디로 뭐든 그대로 받아들이는 법이 없고, 세상이 모두가 '예'라고 할 때 혼자 '아니오'라고 답할 그런 친구였다. 지하철의 육중한 굉음과 함께 승강장에 요란하게 안내방송이 울리자 그가 투덜투덜 지하철 행정의 허술함을 지적하기 시작했다. 안내방송 자체가 잘못됐다는 것이었다.

"안전하려면 안내선 안으로 한 걸음 들어가라고 말하는 게 맞지, 안전선 밖으로 물러나라는 게 말이 되냐? 안전지대는 안전선 안에 있어야 하는 거잖아. 안 그래?"

여태껏 보아온 그의 반항적인 태도 중 처음으로 가장 그럴싸한 트집이었다. 안전선은 안전한 구역을 규정 짓는 선일 테니 안전선 밖으로 나가면 위험해진다는 건 맞는 말이다. "안전선 밖으로 한 걸음 물러서"라는 건 철로 가까이로, 즉 달려오는 열차에게 들어가라는 말이다. 정말 그럴싸했다. 뒤이어 덧붙인 그의 억지 음모론 때문에 박수쳐주고 싶은 마음이 금세 싹 사라지긴 했지만 말이다.

"서울 인구를 줄이기 위한 일종의 음모론일 수 있어. 나쁜 놈들."

음모론을 덧붙이기 전까지 친구의 말은 충분히 수긍할 만한 것이었다. 그 논리가 옳고 지적은 날카로웠다. 하지만 안내방송을 듣고 안전선 밖을 향해 달려오는 전철을 향하는 이는 없을 것이다. 밖이라고 하든 안이라고 하든 정상적인 사고를 하는 사람이라면 노란 선 한 걸음 뒤로 물러서서 안전하게 지하철의 입장을 기다릴 것이다. 문맥상 '안전'이라는 단어 하나만 들어도 지하철이 들어오니 조심하자는 의미라는 건 쉽게 이해할 수 있다. 한국말을 전혀 모르는 외국인이라도 지하철이 등장할 때 시끄럽게 나오는 안내방송이 안전을 당부하는 방송일 것이라고 쉽게 짐작할 것이다. 논리적 이해 없이도 상황을 보편적 상식에 대입시키면 그 상황에 대한 이해가 가능하다. 중요한 것은 귓가에 시끄럽게 들리는 방송을 잘 알아듣지 못해도 하등 문제가 되지 않는다. 그건 주변에 우리가 놓인 보편적 상황의 이해와 언제나 당연한 흐름이 있기 때문에 안전선의 안과 밖을 따지지 않고서도 우리는 안전한 쪽으로 발을 내딛는 것과 같은 원리다. 비록 안내방송이 "제발 안전선 밖으로 나가세요"라고 할지라도 말이다.

인공지능을 탑재한 로봇이 지하철 승강장에 섰다고 가정해보자. 지하철이 들어오자 안내방송이 들려온다. 당연히 논리적이고 분석적인 로봇은 안내방송을 웬만한 한국인보다 유창하게 해석하려고 할 것이다. 별도의 프로그램이 입력돼 있지 않을 경우, 즉 "안전을 반드시 추구해야 한다!"라는 명령이 로봇의 두뇌 칩에 입력되어 있지 않다면 로봇은 방송을 듣자마자 주저하지 않을 것이다. 친구가 의심한 대로 그 로봇은 안전선 '밖'으로, 모든 걸 내려놓고 좌절한 사람처럼 철로로 뛰어들 확률이 무척 높지 않을까?

군이 교육을 받지 않더라도 우리가 함께 머물러온 사회에서 보편적이고 관습화된 이해가 있다. '말하지 않아도 알아요'라는 어느 광고의 따뜻한 카피처럼, 잘못된 표현이 있더라도, 어설픈 문법적 오류를 전체적인 문맥으로 이해하려는 태도. 그것이 바로 공감이라는 따뜻한 이해가 작동하는 방식이다. 대화의 흐름을 깨지 않으려고 지적하는 대신 스스로의 형식적 조합을 통해 끄덕이며 이해하려는 유연함. 역시 인간 고유의 배려를 바탕으로 한 보편적 이해의 태도일 수 있다. 내가 아는 바로는 안내방송을 듣고 안전선 "밖"으로 뛰어드는 사고를 일으킨 사람은 여태 없었으니 말이다. 인간의 음성언어에서 보편적 이해가 유난히 도드라지는 것 또한 인간이 다른 동물과 구별되는 언어의 고귀함이다. 이 빤한 보편을 극복해야 한다고 다방면에서 외치더라도 이 보편성은 인간만의 것이다. 언어가 전혀 통하지 않는 서로 다른 국적의 두 사람이 만나도 극단적인 상황이 생길 수 없는 것도 서로를 이해하는 보편을 전제하며 공감의 방향으로 함께 나아가기 때문이다. 더듬거리는 말 몇 마디만 던져도 그의 문장을 유추해내어 토닥일 수 있고, 오랜 친구의 눈빛만 봐도 그 친구가 던진 고백의 결과가 어찌되었을까를 헤아릴 수 있는 것처럼 말이다.

오랜만에 연락이 온 친구가 만난 지 몇 시간 동안 말이 없었다. 얼굴엔 그림자가 져 있고, 귀가 따갑게 조잘대던 여자친구에 대한 얘기는 오간 데 없다. 그러다가 문득 하늘을 보며 중얼거린다. "오늘따라 날씨가 뭐 이리 좋냐." 뜬금없는 멘트가 날아왔다. "세상에 널린 게 여자다." 나는 반사적으로 답변했다.

그날의 대화를 되짚어보면 문장의 논리로는 서로 개연성이 없어 보인다. 날씨를 말했는데 갑자기 "여자" 이야기를 하는 건 무슨 논리인지 인과의 측면에서는 앞뒤가 맞지 않는다. 누구나 문맥상으로 쉽게 이해할 수 있겠지만, 나는 그의 날씨에 대한 말을 이해하는 게 아니라 그 말에 감춰진 감정의 심연 속으로 들어가고 있던 것이다.

친구가 던진 "날씨가 뭐 이리 좋냐"라는 문장은 정적을 깨기 위해 던진 작은 돌에 지나지 않았다. 그가 던진 말과 의미는 정작 별개의 것이었다. 사람과 사람을 이어주는 특별한 이해는 조리 있고 현란한 말주변으로는 가능하지 않다. 그것은 그냥 툭 털듯이 이해하며 넘어가갈 수 있는 우리, 바로 '보편'이라 불리는 세상에서 가장 따뜻한 공감을 통해서만 가능하다. 그가 이야기하는 일상에는 늘 여자친구가 있었는데, 그의 한숨과 얼굴에 드리워진 그늘에서 그의 일상이 달라졌음을, 그의 감정이 안전선 밖에 있음을 감지한 나는 그가 어떤 말을 하든 논리적으로 해석할 필요가 없는 것이다. 문맥의 앞뒤는 맞지 않으나, 언어의 밖에서 우리는 더 큰 공감을 이룰 수 있었다. 심지어 어떤 주제를 놓고 대화를 나누던 중에 갑자기 누가 농담을 하더라도 그냥 웃고 넘길 뿐 대화는 흐트러짐 없이 가던 길 그대로 진행된다. 우리의 대화에 보편성이 중심을 잡고 있기 때문이다.

디자인과 창의적인 일에 있어 보편성은 언제나 타파의 대상이 되는 경우가 허다하다. 때로 너무 오랫동안 지속된 보편성은 개선의 대상이 되어야 마땅하다. 하지만 미에 대해서 아무리 개개의 미적 취향을 존중한다 할지라도 이 빤한 보편적인 정서는 어느 정도의 옳은 판단과 그렇지 못한 판단에 기준점을 제시한다. 누구는 정우성을 잘생겼다고 말할 수 있고, 누구는 별로라고 당당히 말할 수도 있다. 정우성이 별로라고 했다고 왜 별로인지 해부학적 수치를 들먹이며 그 이유를 말해보라고 따질 사람은 없을 것이다. 그 이유야 각자의 취향에 따른 판단이니 누가 옳고 그르다고 절대적으로 판단할 수 없기 때문이다. 그런데 첫눈이 내려 온 도시가 하얗게 덮이고, 미세먼지 없이 간만에 드러난 서울의 파란 하늘을 보면서도 아름답다고 말할 수 없다면 그건 좀 다른 문제다. 정서적으로 문제가 있다는 의구심이 들 만큼 그저 다른 취향으로 인정해줄 수만은 없는 노릇이다. 아름다움을 판단하는 의견이 제각각이라고 할지라도 아름다움을 규정하는 것에는 어느 정도의 보편성이 존재한다. 묻지 않고도 공감할 수 있는 아름다움들, 이를테면 파란 하늘, 바다, 첫눈의 정서들이 이에 해당할 것이다.

이것이 바로 칸트의 '미적 무관심성'이다. 개인의 판단, 대상의 목적과 용도 그리고 각자의 욕망, 자라온 환경과 같이 각자의 다른 판단 기준들이 미적 판단에 개입될 때 미적 판단은 오히려 어려움을 겪는다. 무관심하게 미적 판단이 이루어지지 않은 것은 결코 보편적이 아름다움이 될 수 없다. 따라서 정우성은 "너무 키가 너무 커서 얼굴을 볼 것도 없이 별로다"라며 그의 인물이 마음에 안 든다고 말하는 누군가를 누구도 감히 나무랄 수 없다. 반면 흰 눈과 동해의 바다는 여타의 선입견이 배제된 채 무관심하게 느껴도 아름답다. 따라서 바다, 하늘, 흰 눈과 같은 아름다움은 보편적인 아름다움이다. 아름다움을 판단하는 기준들이 무관심성을 충실히 따르기 때문이다.

어느 방송에 등장한 셀럽이 특이한 복장을 하고 나타나서 갑자기 유행이 시작되기도 한다. 너 나 할 것 없이 그 특이해 보이던 것을 챙겨 입게 되면 처음엔 관심을 끌었던 그 의상이 더 이상 특별해 보이지 않는다. 독특함은 유행을 지나면서 누구도 특별히 쳐다보지 않는 보편성으로 수렴된다. 이런 대다수가 동의할 수 있는 미적 판단에 대한 보편성은 취향이 한층 나아질 수 있는 기회가 되기도 한다. 많은 전시와 공연은 사회적 예술에 대한 보편의 시선, 즉 취향을 상향화시킨다. 더 뛰어나고 좀더 다른 것들에 대한 구분이 대중의 높은 취향을 통해 한 발 더 높게 형성되는 것이다. 대중은 연주회와 전시회를 하는 공연장과 갤러리를 통해 예술의 세계로 초대받는다. 피아노 한번 쳐본 적 없는 개개인들과 그림의 '그'자도 모르는 이들은 그들의 세계에 파묻히는 일이 마냥 즐겁다.

한편 '보편성'은 디자인을 지나치지 못한다. 디자이너가 원하는 만큼, 그들의 욕심껏 지나치게 앞서가기만 하는 취향은 보편성을 지향하는 대중에겐 불편하기 짝이 없고, 만져보기도 싫은 전위적 예술품이 될 수도 있다. 너무 앞서가는 일은 예술가들에게 미루어야 한다고 하지 않았던가? 너무 앞서가도 안 되지만, 그렇다고 너무 보편적인 상태에만 머무르는 것도 곤란하다. 그것은 디자이너 스스로도 용납할 수 없는 일이다. 그래서 신중하고 철저한 방식의 타협이 중요하다. 지극히 평범하면서도 보편적 이치를 따르는 게 더 나을 때가 있다. 예를 들면 경기가 안 좋을 때, 기술적인 혁신보다 안정성을 추구하는 상황에서 대중은 지나치게 앞선 새로움보다 이전과 별반 차이 없는 조금은 '빤한' 것을 요구하기도 한다. 또한 대중의 평균치, 시장의 보편성을 아는 일도 중요한데, 그래야만 세상이 가장 필요로 하는 미적 욕구와 실용적 요구를 조율하며 생각을 가늠할 수 있기 때문이다.

보편성은 곧 공감이다. 아무 말 없이도 서로를 이해하고, 위로할 수 있는 인간만의 암구어다. 날씨가 왜 이리 좋냐며 망연자실해하던 친구에게 엉뚱한 말로 위로를 던질 수 있었던 것은 우리가 사람 간의 침묵의 무게를 이해하려는 보편에 따른 공감이라는 전제가 있었기 때문이다. 물론 공감의 무게는 우정과 사랑에 의해 달라질 수 있다. 만약 보편 대신 문맥을 분석해야 하는 덜 인간적인 친구였다면 "날씨가 왜 이리 좋냐"는 넋두리를 말없이 이해하기보다는 하늘을 뚫어져라 보며, 고기압과 저기압의 차이를 들먹이며 "이즈음이면 원래가 날씨가 좋아질 때도 되었다"는 차갑고 논리적인 답을 말했을 것이다.

보편은 인간만의 것이며, 오래된 공동체에 뿌리내린 문화적 관습의 파편이다. 또한 특별한 개성은 아닐지라도 모두를 편안함에 이르게 하는 공감할 수밖에 없는 공통분모이다.

디자인과 예술에서 빤한 것을 타파하자고 아무리 외칠지언정, 빤한 것에 대한 명확한 이해와 빤한 것에 대한 다정한 공감이 없이는 발상의 근거를 찾는 건 어려워진다. 일상이 아닌 보편은 더 나은 아름다움이 무엇인지 끝없이 반문하는 예술과 디자인에 있어 가장 명확한 좌표를 제공하기 때문이며, 보편이란 공간을 통해 우리 모두는 세상에서 가장 안전한 선 안으로 함께 물러설 수 있다.

낯선 밥알로부터 온 생각

— 싫고 좋은 감정에 대하여

유럽에선 주식인 빵 말고 쌀밥도 쉽게 볼 수 있다. 그런데 이 유럽의 쌀밥을 런던에서 처음 먹었을 때 말 그대로 다 뱉을 뻔했다. 동남아시아에서 건너온 '바스마티Basmati'라고 불리는 쌀로 지은 밥이다. 처음 먹어보면 찝찔하고 비릿한 것이 내 입에 잘못된 게 들어갔다는 생각이 든다. 맛만 괴상한 게 아니라 쌀을 구성하고 있는 전분질 탓인지 식감도 우리가 아는 쌀밥과 다르다. 일단 생김새가 길쭉하고 잘 지어진 밥인데도 후하고 불면 다 날릴 듯이 가벼운 중량감을 가지고 있다. 입에 넣으면 약간 비눗물이 혀에 닿은 듯한 맛이 난다. 밥알이 입속에서 마구 따로 노는 느낌이라 식감도 별로다. 이런 이유로 이 쌀이 처음부터 싫었다. 별생각 없이 보면 꼭 구더기처럼 보이기도 했다. 그런데 어느 정도 시간이 흘러 바스마티에 익숙해졌다. 조금이나마 베트남 음식에 호감을 갖게 된 덕분이었다. 그때쯤 건강을 챙기는 일에 관심이 많았는데 이 쌀이 한국이나 일본의 쌀보다 단백질이 더 많다는 얘기를 들었다. 건강 생각하며 먹었더니 바스마티가 점점 좋아졌다. 거부감을 느끼느라 몰랐던 맛도 점차 알게 됐고, 소화도 더 잘되는 것 같았다. 지금은 역전이 되어버렸다. 너무 찰기가 도는 한국 쌀보다 이젠 이 길쭉한 쌀을 더 좋아한다.

좋고 싫고를 판단할 때 등장하는 것이 있다. 바로 인식Cognition과 재인식Recognition의 개념이다. 먼저 내게 익숙한, 먹을 수 있는 것에 대한 '인식'은 우리가 잘 아는 우리 쌀에서 비롯한 것이다. 생애 처음 밥이란 것을 접했을 때처럼 나의 선택과 무관하게 그대로 흡수되는 것이 있다. 이게 '인식'이라는 개념이다. 이후 나는 바스마티를 처음 접했을 때 같은 '쌀'이긴 한데 어딘가 모르게 벌레같이 기다란 모습에 잠깐 멈칫한다. '재인식'이 작동하는 과정이다. 재인식은 일단 일정 거리를 유지하고 미간을 찌푸리며 이루어진다. 쌀의 통통한 생김새가 머릿속에 새겨

져 있는데 미묘하지만 다른 모습에 일단 의심을 하게 된다. 그리고 재인식의 과정은 인식의 과정보다 훨씬 더 빠르게 작동하는 법이다. 인식되어 굳건히 자리잡고 있는 것 때문에, 무의식의 과정에서 반사적으로 거부반응을 일으킨다. 다르게 생긴 쌀이 구더기처럼 보여 거부감이 든다는 식으로 여러 다른 변명거리들을 반사적으로 찾아낸다. 새로운 것을 마주할 때 멀찌감치 밀어내고 보는 반응이 재인식의 작동 원리다.

기호의 판단에 있어 좋은 것보다 싫은 것이 훨씬 더 많은 것도 재인식의 과정에서 발생하는 의심 때문이다. 대화를 할 때 싫어하는 음식보다 좋아하는 음식을 묻는 질문이 더 많은 것도, 누구나 좋아하는 것의 개수가 몇 안 되기 때문이다. "어떻게 생긴 사람이 좋아?"라고 묻는 질문에 비해 싫어하는 외모를 묻는 질문은 거의 없는 것도 이런 이유에서다. 게다가 성인이 되면서 '재인식'은 비판적인 필터로 작동하기 시작한다. 의심 많고 걱정도 많은 세속화된 성인은 빠르게 재인식의 필터를 거치며 좋아했던 것들조차 다시 생각해보게 된다.

예술에서 평론가가 하는 일도 이와 같다. 우리에게 낯설게 다가오는 생경함을 덜어주는 것이다. 예술은 보편적인 것들에 대한 재인식의 과정이다. 우리에게 자리잡고 있던 생각들을 다시 바라보게 하는 것이 예술의 사명인 것처럼 말이다. 예술을 통해 새로움을 기대하지만 정작 눈앞에 놓인 예술의 모습은 난해하다 못해 거부감이 들기도 한다. 이처럼 예술가의 재해석을 통해 난해해진 것들에 이야기를 보태 먹음직스럽게 만들어 우리 앞에 가져다놓는 일을 하는 것이 평론가의 사명이다. 우리가 재인식의 과정을 통해 기존의 생각을 밀어내는 것은 자연스러운 반응이다. 가령 산미가 강한 커피를 싫어했던 나는 바리스타의 알기 쉬운 설명 덕분에 첫맛의 산미 다음에 오는 뒤끝의 부드러움을 기다릴 수 있게 되었다. 뒤늦게 나타나는 매력을 느끼기 위해서는 바스마티에 단백질이 더 들어 있다는 설명처럼 우리를 붙드는 뭔가가 있어야 한다.

'싫다'는 것에 대한 기원은 대부분 재인식의 문제와 관련돼 있다. 맨 처음의 인식은 이후 접하게 될 새로움을 거부할 근거가 된다는 맹점을 가지고 있다. 영화배우를 보며 대학 첫 소개팅의 환상을 꿈꾸던 그녀가 막상 소개팅에서 나를 만났을 때 보자마자 뒷걸음치던 것도 충분히 이해가 간다. 이미 물러선 뒷걸음질에도 불구하고 다시 억지로 시도하는 건 어색하게 마련이다. 지나친 의심은 자연스럽지 못한 분석적인 태도를 취하게 한다.

이미 늦었다. 좋을 리 없다. 이미 눈을 한껏 찡그리고 인상을 구기며 시작했으니 맛도 별로일 것이고 사람도 싫을 수밖에 없다. 이처럼 싫음의 기원은 대부분 익숙한 것으로부터의 이질감. 입속에서 따로 놀던 바스마티의 느낌이다. 두려움 혹은 편견에 사로잡히면 뛰어난 생각의 '낯섦'조차 '싫음'의 영역으로 영영 사라져버리고 만다. 기억이 담긴 채 처음 인식된 것들, 정서적으로 고착화되어 자리한 것들은 더 어렵다.

익숙한 것들에서 거리감을 느낄 때 누구나 싫어지는 마음이 급상승한다. 부드러운 우유를 먹고 세상에서 가장 녹진한 이유식을 먹다가 난생처음 내 입으로 밀고 들어오는 녹색 괴물, 전혀 다른 식감의 브로콜리의 공격에 놀라 아기가 울음을 터뜨리는 것도 이와 같다. 일단 익숙한 것에서 배신을 당했다는 서러움에 훌쩍훌쩍 울기 시작하면 엄마보다 백배 예쁜 송혜교가 나타나 달래도 눈물은 그치지 않는다. 송혜교의 얼굴도 일단 '재인식'을 통해 밀어내는 게 먼저다. 익숙한 엄마 얼굴이 눈앞에 까꿍 하고 나타날 때까지는 아무것도 안 통한다. 세상에 처음 나와 마주한 첫 얼굴이 내겐 가장 아름답다. 그래서 모든 울음은 엄마 앞에선 본능적으로 사라지곤 했다. '집 떠나면 고생'이란 말도 낯선 곳에 가면 낯선 것투성이, '싫어할 수밖에 없는 것투성이'일 거라는 일종의 기우다. 그래서 타지로 떠난 자식에게 익숙한 밑반찬을 잔뜩 준비해 매번 보내는 엄마의 마음도 자식이 타지에서 마주할 수천 개의 생경한 '싫음'을 당연시하고 이를 걱정해서일 것이다. 엄마의 걱정은 당연하고 또 당연하다. 먹는 것에 대해서만큼은 브로콜리처럼 배신감을 느끼지 않았으면 하는 것이다. 엄마의 밑반찬을 기준으로 낯선 것들에 대해 "재인식"의 과정이 없길 바라는 엄마의 간절한 마음이다.

매번 '신상'을 말하는 디자인도 마찬가지다. 디자인은 뭇 대중들에게 익숙한 것을 떠나 새로운 것을 경험해보라고 보내는 초대장이다. 이유 없이 모두가 좋아하는 '달콤한 유혹'도 있지만, 너무나 새로운 것이 지나치게 낯선 모습으로 등장할 때 대중은 '싫다'는 판단을 하게 된다. 대중은 같은 비용으로 보다 더 세련되고 남들과 다르길 기대한다. 그런데 막상 난생처음 반짝이가 치렁치렁 달린 재킷을 입어보라고 권하면 대부분 일단 싫다고 말할 것이다. 만약 다른 누군가가 먼저 입고 길에서 다니는 모습을 본다면 그제야 한번 입어보겠다는 용기가 조금 생길 수 있다. 아무리 생각해도 첫번째로 입기에는 남들의 눈총이 거슬려서 도저히 안 될 것 같다. 원래 처음 시도하는 사람은 소위 '똘아이'가 되고 두번째에 시도하는 사람은 멋쟁이란 소리를 듣는다. 그런데 어느 날 반짝이 재킷이 유행하기 시작한다. 그제야 나도 저 재킷에 대한 거부감이 조금 덜어진다. 분명 그때 손사래 치며 거절했던 옷과 똑같은데도 심지어 다르게 보인다. 그리고 시간이 좀 지난 지금, 그때보다 어색함 없이 반짝이 재킷을 걸친다. '유행'이니까 말이다. 유행은 한 명이 아닌 다수가 만들어내는 흐름이다. 유행을 만들기 위해 브랜드들, 산하 디자인 및 마케팅 집단은 각고의 노력을 한다. 즉 두번째로 입는 자들에게 용기를 북돋워주기 위해 눈부신 반짝이가 치렁거리는 재킷을 특정 연예인들에게 나눠주고, 화보 촬영을 한다. 그리고 어떤 연기자는 그 옷을 걸치고 드라마에 출연한다. 그렇게 앞뒤 상황이 잘 만들어져 세상에 알려진다. 유행의 물결을 타기 시작하면 반짝이 재킷은 그제야 대중의 '욕구'의 단계로 진입한다. 유행 덕분에 어색하기 짝이 없던 낯섦이 사라졌기 때문이다. 유행은 '재인식'의 어려움을 없애버리고 오히려 무분별하게 죄다 수용할 만큼 옳은 판단의 과정조차 흐릿하게 해버린다. 송혜교도 입고 나왔고 조인성도 공항에 걸치고 등장했기 때문에 처음엔 그리도 질색하던 그것을 이제는 누구나 입을 수 있다.

너도 나도 어색하다고 싫어했던 것들, 입에서 훌훌 날리는 밥알이라서 거부했던 것들이 '유행'처럼 나의 판단이 아닌 다른 이들의 선택으로 조금씩 친숙해지기 시작한다. 울음을 그치는데 엄마 얼굴 말고 다른 것은 소용이 없었는데 친숙한 얼굴을 가진 누군가의 창작물이 울음을 그치게 한다. 노는 게 제일 좋다고 하던 뽀로로다. 비록 거부하기 딱 좋은 '재인식'의 과정이 있을지라도 대중은 유행과 같은 세상의 흐름을 통해 좇아오기 시작한다. 디자이너는 대중의 엄마 얼굴이 될 수는 없지만, 엄마인 척 뒷모습만 보인 채 두어 걸음 앞서가며 눈치껏 대중을 이끌어갈 수 있다. 하지만 엄마의 얼굴이 아니라서 매번 대중을 방긋방긋 웃게 할 수는 없다. 혹여 뒤를 돌아보다 눈이라도 마주쳤을 때 엄마가 아님을 알아챈 대중의 울음은 감당할 수 없을 것이다. 그래서 앞으로도 세상을 놀라게 할 디자인, 뽀로로처럼 새롭지만 누구에게나 친숙한 신상을 만드는 일은 어렵다. 딱히 비법도 없으니 더욱 미칠 노릇이다. 어쨌든 가장 쉬운 방법은 천천히, 아주 천천히 대중이 낯섦을 극복하도록 하는 것이다. 입에 들어간 것이 브로콜리라고 느끼기 전에, 바스마티건 이천 쌀이건 거부하지 않고 받아들일 때까지 말이다.

큰 호응을 얻기 위해 새로움을 만드는 일은 이렇게나 어렵다. 특정한 대상에 좋아하는 마음을 갖게끔 설득하는 데에는 긴 시간이 필요하지만 낯선 모습에 울음을 터뜨리는 아이처럼 싫어지는 마음은 한순간에 찾아드는 법이다. 그만큼 좋아하는 감정을 찾아 욕망을 건드리려는 창작의 노력도 중요하지만 왜 갑자기 울음을 터뜨리게 되었는지, 왜 그렇게 싫어졌는지의 감정을 이해하는 것도 무엇보다 중요하다. 싫어하는 것은 멀리하면 그만일 것이라며 치부하며 밀어내기보다는 두고두고 그 이유를 찾는 것도 훌륭한 발상의 촉매가 될 것이다. 울지 않고, 엄마를 찾지 않고, 내가 결국 바스마티를 좋아하게 된 것처럼 말이다.

이야기를
만들어야
한다

—첫눈 내리던 날

나는 부모를 만남으로써 사람을 사랑하는 법을 배웠고

십대에 걸렸던 암은 나를 세상에서 가장 강한 전사로 만들었으며

독서는 타인의 다른 생각을 받아들이는 법을 알려주었고,

사진이라는 취미는 다른 시선으로 세상을 볼 수 있는 지혜를 주었다.

그리고 ○○에 졸업한 나의 모교는 자동차 디자이너라는 나의 꿈을 확신시켜주었다.

언젠가 느닷없이 캘리포니아에서 날아온 마이클이란 지원자의 입사지원서를 받고 눈이 뚫어져라 읽어본 적이 있다. 지금껏 본 지원서 중 가장 강렬한 자기소개를 담고 있었다. 디자이너의 입사지원서에는 보통 자기소개서와 포트폴리오가 첨부되는데, 그중 자기소개서는 만국의 공통점이 하나 있다. 구구절절 자신이 살아온 역사를 장황하게 설명하기 일쑤다. 게다가 자기소개서임에도 자기소개보다는 출신 학교와 졸업 연도, 출생지와 국적을 알리기가 더 우선시된다. 즉 '나'라는 지원자가 언제 학교를 졸업했는지, 어디서 공부했는지 등 지원자라는 대상의 시간과 공간에 대한 객관적 정보를 드러내는 데 그친다. 물론 이것이 잘못되었다는 건 아니다. 자기소개서라는 것은 원래 그런 형식적인 정보를 알리는 것이 목적이기 때문이다. 하지만 그러다보니 딱딱하고 재미없는 자기소개서 같은 서류는 쉽게 묻혀버린다. 유사한 배경의 지원자가 넘치기 때문이다. 그런데 어느 해 가을, 이렇게나 멋진 자기소개서를 만났다. 간략한 내용에 지원자의 성장 배경, 어릴 때 경험한 투병 생활과 삶의 의지, 열정과 노력, 심지어 사진이란 취미가 자신에게 어떤 가치 있는 일이었는지 등을 두루 담고 있으면서도 졸업 학교와 전공명 등 기본적 정보까지 완벽하게 갖춘 소개서였다. 자기소개서를 쓰는 방법에 이처럼 간단하면서 독특한 발상이 존재할 수 있다는 사실에 한 수 배운 느낌이었다. 특히나 나는 자기소개서가 이렇게 운문적일 수 있다는 점이 충격이었다.

이 소개서를 쓴 친구는 독특한 운문 형식을 취함으로써 기존의 자기소개서를 완전히 벗어났다. 같은 내용을 그만의 이야기 방식으로 내게 속삭이고 있는 듯했다. 지원자 A가 객관적 정보를 기술하는 일반적인 방식을 썼더라면 나는 눈으로만 읽을 뿐 이야기로서의 소리는 느끼지 못했을 것이다. 짧고 담담한 색으로 자신의 이야기가 전해질 때, 내용은 진정성을 얻고 비로소 상대의 마음을 흔들 수 있다. 이것이 바로 스토리텔링의 힘이다.

칠판을 빼곡히 채우며 미적분 풀이가 한창인 교실. 어김없이 졸음이 기습적으로 찾아든다. 갑자기 선생님이 "옛날 옛적에……"라며 이야기를 시작한다. 이렇게 운을 띄우며 선생님이 시험과 전혀 상관없는 이야기를 들려줄 참이면 귀가 솔깃해지곤 했다. 선생님의 첫사랑 이야기는 묘한 힘이 있었다. 모두를 잠에서 확 깨어나게 하곤 했다. 이 또한 스토리텔링이다. 요즘엔 너도 나도 그 말을 쓰다보니 스토리텔링이 뭔가 거창한 표현방식처럼 들리지만, 그냥 말 그대로 '이야기'다. 오늘날에는 굳이 어렵게 '스토리텔링'이라고 불러야지만 다들 솔깃해하는 듯하다. '이야기'라는 정확하고 쉬운 단어가 있지만, 이야기라 하면 뭔가 너무 가벼워 보이는지 굳이 스토리텔링이란 외래어를 가져다 붙인다. 그만큼 우리는 진짜 '이야기'를 잃은 시대를 살아가는 것인지 모른다.

어려운 말투성이인 고전소설은 잠결에 할머니가 들려준 이야기로 더 간결하게 기억되어 있다. 아직도 기억에 남는 것들은 선생님의 뻔한 첫사랑 이야기였지, 미분 적분에 관한 것이 아니었다. 대학에 가는 데 있어 중요한 기출 문제는 나른한 수면제였고, 선생님의 긴장감 넘치는 이야기는 각성제였다. 난해한 인문학과 미학의 이해를 위해 그리스신화가 등장할 때면 마음이 편해지는 것도 다르지 않다. 바로 이야기의 힘이다.

반대로 할머니가 들려줬던 이미 다 알고 있던 옛날이야기는 둘도 없이 행복한 부드러움이었다. 어느 유튜버의 조금은 어눌하고 장황한 설명조차도 딱딱하고 체계적인 종이 설명서보다 이해하기 쉽다. 같은 정보여도 '이야기'의 형식으로 소상하게 전달될 때 우리는 이야기에 홀딱 빠져든다. 분야를 막론하고 누군가의 이목을 끌기 위해 스토리텔링이 중요하다고 말하는 것은 이 때문이다. 철학자 아리스토텔레스도 "인간은 모방을 통해 쾌감을 느끼는 존재"라 했다. 이미 다 알고 있는 이야기라 하더라도 다른 방식을 통해 전달할 때 인간은 쾌감을 느낀다고 한 것이다. 따라서 이야기의 방식은 언어에만 국한되지 않는다. 연극, 영화, 뮤지컬처럼 같은 이야기일지라도 더 진실하게 전달하기 위한 다양한 수단이 동원되는 것이다.

스토리텔링이 왜 중요할까?

누구나 자신을 표현하고 이야기하고 싶어하는 시대가 되었기 때문이다. 그 점을 살펴보려면 오늘날 대부분의 창작 영역의 문턱이 낮아졌음에 주목해야 한다. 기본적으로 필요한 지식은 검색 몇 번으로 쉽게 얻을 수 있고, 해당 전공자의 전유물이었던 특수 장비들도 권위를 잃었다. 값비싼 카메라는 스마트폰을 주눅 들게 할 만큼 기계 성능이 예전처럼 우월하지도 않고, 작곡을 하기 위해 꼭 그랜드피아노가 아니어도 작곡 앱 등 소프트웨어를 통해 어느 정도 가볍게 시도해볼 만해졌다. 저가의 노트북이라도 과거에 비해 사양이 좋아졌으므로 누구라도 창작의 욕구를 웬만큼 해소할 수 있게 됐다. 진입장벽이 낮아진 덕분에 개인의 창작 결과물은 쉴새없이 생산될 수 있게 된 만큼, 산업에서도 다품종 소량 생산이 가능해졌다. 거대한 공장을 통하지 않고도 쉽게 주문 생산을 할 수 있어 재고 리스크도 줄어들었다. 이처럼 각자의 상상이 제조로 이어지기까지의 과정이 단순해졌다. 상상의 부산물들이 다변화된 형태로 세상에 등장하는 일이 수월해진 것이다. 반면 이곳저곳에서 창작물이 넘치다보니 남과 다른, 특별한 생각을 만들어낼 수 있는 확률이 낮아졌다. 기발한 아이디어를 떠올렸다 자부했는데, 이미 시장에서 판매되고 있거나 한참 전에 나왔다가 자취를 감춘 지 오래인 경우가 허다하다. 심지어 가치를 지닌 생각을 갖고 있더라도 남들과 다른 방식의 노출을 거쳐야만 타인들에게 그것이 드러날 수 있다는 것도 새로운 골칫거리가 되었다.

하루가 멀다 하고 새로운 것에 매몰되어가는 오늘날, 남이 하지 못한 특별한 생각을 찾기 위해선 각자의 이야기를 들여다보는 일이 해답이 될 수 있다. 시장의 상황을 빗대어 생각하고 타인의 취향을 발견하는 일도 중요하지만, 고유한 자신의 이야기를 살펴보는 것이 가장 특별하면서 '나답게' 생각할 수 있는 법이다. 빤한 이야기도 나의 이야기인 것처럼 전해질 때 모두가 귀를 쫑긋하는 것처럼 말이다. 마이클의 자기소개서를 떠올려보라. 수백 명의 빤한 지원서 사이에서 장황하지 않게 자신의 이야기를 드러냄으로서 '나'를 완전히 불태워버리지 않았던가.

다음으로, 스토리텔링이 중요한 이유는 이야기는 '상상의 공간'을 만들어내는 힘이 있기 때문이다. 칠판에 적히는 수학 문제 풀이보다 "첫눈 내리는 날이었지……"라며 시작되는 수학 선생님의 첫사랑 이야기가 훨씬 더 넓고 큰 상상의 공간을 갖고 있다. 졸고 있는 아이들을 깨워 이목을 집중시키기 위해서는 그들을 솔깃하게 해야 한다. 호기심의 공간은 내밀한 각자의 이야기가 전달될 때 쉽게 열린다. 그리고 사물이든 정보든 이야기의 형식을 통해 서서히 드러날 때 '공감'을 이끌어내는 법이다. 예를 들면, 시련을 당했을 때 통속적인 대중가요 가사를 곰곰이 듣다보면 '어쩜 내 이야기를 가사 속에 똑같이 담아냈을까' 하며 감탄한다. 그렇게 스스로를 궁상의 늪으로 밀어 허우적댄 기억도 낯설지 않다. 가사는 미상의 누군가의 '이야기'를 바탕으로 하기 때문에 노래 가사 속의 빈틈을 채워내는 일은 자연스럽다. 노래 가사에 내 이야기를 투영하며 가사 속의 공간을 채워 완벽한 내 이야기가 탄생된다. 몰입이다. 일면식 없는 타인에게, 또는 전혀 낯선 사물에 빠져드는 몰입의 과정은 이러한 스토리텔링을 통해 이루어진다.

업무와 관련해 자신의 생각을 발표할 때도 '나'로부터 시작하는 스토리텔링은 차별화의 시작이다. 회사의 비전과 내 디자인의 방향도 중요하지만, 같은 사실도 나에서부터 출발하면 관점이 달라지는 법이다. "이번 콘셉트는 2033년을 목표로, 우리가 쉽게 예측할 수 없는 메타버스의 미래를 위한 디자인……"이라는 설명보다는, "지금으로부터 10년 후 저와 여러분들은 어떤 모습을 하고 있을까요? 저의 콘셉트가 여러분을 10년 후로 안내할 것입니다"라고 하는 것이 훨씬 더 전달력 있게 들린다. 이야기가 기술적 내용을 담고 있더라도 '나'로부터 시작할 때 이야기는 유일성을 가지게 된다. 마치 '나'를 통하지 않고서는 그 누구도 생각할 수 없는 발상인 것처럼도 느껴지게 한다. 여기서 눈여겨볼 것은 이야기의 힘을 빌릴 때 생각은 친근하게 전해지고 더 믿음직스러워진다는 것이다.

전기자동차 메이커 테슬라Tesla의 경우를 보자. 테슬라라는 브랜드는 사람들의 머릿속에 '미래'의 전기차라는 이미지가 각인되어 있다. 폭스바겐도 전기차를 만들고 대다수의 자동차 메이커들이 전기차를 만든다. 심지어 독일과 유럽의 몇몇 브랜드들은 아예 2024년부터는 전 차종을 전동화시킬 것이라고 공언해버렸다. 그런데도 테슬라의 전기차 브랜드가 갖는 미래 선도적 이미지는 어느 자동차 메이커보다 강력하다. 물론 이는 어디까지나 사람들의 머릿속에 존재하는 메이커에 대한 이미지가 그려낸 허구이기도 하다.

디젤 스캔들이라는 희대의 자동차 배기가스 조작 스캔들이 터졌다. 그때 마침 테슬라의 신차가 출시되었다. 배기가스를 조작하여 인류를 위기에 빠뜨린 주범이 된 기존 자동차 회사들에 대한 대중의 환멸적 시선은 불가피했다. 따라서 당시 테슬라를 바라보는 대중의 머릿속에는 선구자라는 이미지가 각인되었다. 마치 테슬라가 새로운 자동차의 개념을 앞으로도 계속 그려낼 것이라는 막연한 기대와 함께 말이다. 그런데 막상 차의 만듦새와 성능의 측면에서 테슬라의 기계적 성능은 딱히 내세울 것이 없다는 게 공공연히 알려진 사실이다. 그럼에도 대중은 특별한 의도 없이 만들어진 부분에 대해서조차 과대평가하며 '테슬라가 아니면 못한다'라는 식으로 무한한 신뢰를 보낸다. 그만큼 지금 테슬라의 브랜드 이미지는 사람들의 상상 저 너머에 있다 해도 과언이 아니다. 도대체 테슬라는 어떻게 이런 힘을 갖게 되었을까? 디젤 스캔들 같은 화석연료 탄소배출 조작 사건으로 얻은 요행일까?

물론 절묘한 타이밍에 따른 선구자적 이미지도 있었겠지만, 그것은 테슬라의 강력한 스토리텔링 덕분이다. 단순하고 명확한 스토리텔링이야말로 지금의 테슬라의 위상을 만든 힘이다. CEO 일론 머스크는 우주여행을 늘 자신의 목표로 언급하며 사람들을 자극해왔다. 그리고 마침내 그의 민간 우주항공 기업 스페이스X를 통해 화성탐사, 우주여행을 실현했다. 2021년 9월 18일 스페이스X 인스퍼레이션 4의 순수 민간인 승무원들은 3일간 지구 궤도를 비행한 뒤 무사 귀환했다. 사람들은 우주여행이 더이상 헛된 상상이 아님을 확신하며 테슬라를 "우주여행을 개척할(한) 사람이 만든 차"로 바라보게 되었다. 이렇게 테슬라의 이야기는 우리의 상상을 증폭시켜버렸다. 비록 여전히 자동차 시장에서 빤한 전기차(?)를 만들며 시장을 장악하고 있지만, 테슬라가 쏘아올린 신화 같은 이야기는 우리 머릿속에 이야기로 채워질 빈 공간을 만들어주기에 충분했다. 테슬라의 CEO는 이미 우주여행의 가능성을 현실화시켰기 때문에 우리는 앞으로도 더 상상할 것이고, 일론 머스크가 미래에 대해 어떤 황당한 말을 하더라도 모두들 졸다 깨어 경청할 것이다.

한편 자동차 생산량만을 놓고 보면 폭스바겐은 단연 세

계 1위다. 하지만 그들의 슬로건은 수십 년이 넘도록 여전히 "Das Auto"(2023년 현재)다. Das Auto는 자동차라는 뜻이다. 수십 년 전의 독일인들은 더 안락하고 좋은 자동차를 이야기하며 꿈꾸고 상상했을 것이고, 그러한 '자동차'를 만드는 일을 목표로 달려온 덕분에 폭스바겐은 오늘날 세계 1위의 자동차 기업이 될 수 있었을 것이다. 하지만 오늘날 세계 1위라는 상징성은 그저 산업혁명적 동력 아래 효율적 노동을 평가하는 기준에서 의미가 있을 뿐이다. 우리 인간의 이야기가 가닿는 먼 상상계와는 이미 동떨어져버린 것이 사실이다.

스포츠 브랜드 나이키는 "Just do it"이라는 슬로건을 갖고 있다. 당장 시작하라는 의미다. 엉덩이를 들썩이게 하는 이들의 스토리텔링은 수많은 역사를 만들어냈다. 나이키는 수많은 스포츠스타를 유년 시절부터 슈퍼스타가 될 때까지 후원하여 그들의 상징으로 만들어버렸다. 그런데 흥미롭게도 나이키는 사치스럽거나 특별한 제품을 만들어내는 브랜드가 결코 아니다. 예를 들어, 어떤 셀럽이 머리끝부터 발끝까지 초호화 럭셔리 브랜드로 휘감았다 한들 50달러짜리 나이키 신발을 신은 그의 모습은 결코 어색하지 않고, 신발에 박힌 나이키 로고 역시 초라해 보이지 않는다. "Just do it"이라는 절대 신화의 스토리 덕분이다. 제품이 가진 신선함과 멋도 멋이지만, 그들이 "Just do it"을 통해 연결지어온 타이거 우즈, 마이클 조던 등과 함께해온 신화적 스토리가 화석처럼 우리의 뇌리에 박혀 있다. 이 거대한 이야기가 지닌 힘은 나이키 로고를 보면 무의식적으로 얽히고설킨 역사와 그대로 이어지기 때문에 나이키는 부자가 신든 거지가 신든, 마이클 조던이 신든 신부님이 신든 언제나 특별함이 된다.

이야기가 깃들 때 생각과 사물은 유일무이한 존재가 된다. 바로 특별해 보이지 않는 것들조차 예술이 될 수 있듯이 평범함이 예술적 가치의 옷을 입게 되는 방식도 스토리텔링의 힘이다. 평범함이 한순간 비장해지는 것은 예술가만의 이야기가 작품 위에 덧대어지기 때문이다. 예술을 말할 때 작가의 생애를 빼놓을 수 없는 것도 그의 일생이 작품의 형상을 넘어선 가치, 함축된 그의 이야기이기 때문이다. 차마 다 담기지 못한 이야기가 있다면 그건 대중의 몫으로 남겨놓는다. 대중가요 가사에 자신의 감정을 이입하여 자기 것으로 완성하듯이 그 틈은 각자의 이야기로 메워지기 마련이다. 스토리텔링은 함께 감동하며 공감을 이루며 완성으로 향한다. 달갑지 않은 내 이력서 한 장조차 이야기를 한술 얹어 건네질 때 가장 강력한 나만의 이야기가 될 수 있지 않았던가? 세상에서 유일무이한 내가 될 수 있다는 것만으로도 스토리텔링의 가치는 차고 넘친다.

쓰고
그리며
나 자신에게
귀기울이기

초교를 거의 마쳤을 즈음, 고등학생들을 대상으로 온라인으로 강의를 할 기회가 있었다. 자동차 디자인부터 인공지능을 바라보는 우려 섞인 시선에 대한 이야기까지 다양한 주제를 나누었다. 내가 준비한 이야기가 끝나자 다양한 질문들이 쏟아졌다. 그중 가장 마지막으로 손을 든 한 아이가 이렇게 물었다.

"그렇다면, 미래를 위해 우리는 무얼 해야 하나요?"

단순하지만 예리한 질문에 나도 모르게 움찔했다. 그 순간 내가 할 수 있는 대답은 안타깝게도 "알 수 없다"는 것이었다. 이런 김빠지는 말밖에 할 수 없는 내 처지가 한심스러웠다. 아이들에게 미안했지만. 미래는 불투명하다. 내일이 되면 미래에 대해 좀더 상세한 밑그림을 그릴 수 있을 거라 기대하지만 결론은 다르지 않다. 나 역시 마찬가지다. 최첨단의 미래 산업에 몸담고 있지만 내가 과거에 몸담고 있던 회사나 지금의 조직에서나 미래를 대처하는 모습은 여전히 "알 수 없다"이다. 모두가 미래에 대해서 이런저런 말만 던질 뿐, 감히 확고한 걸음을 내딛을 생각을 하지 못한다. 뚜렷한 길이 보이지 않으니 말이 행동보다 앞선다. 마음은 조급하고 가만히 있으면 안 될 것 같으니 모두가 안절부절못해한다. 물론 미래를 예측하는 수많은 것들이 쏟아지고 있지만 안타깝게도 죄다 허상에 불과하다. 다들 깜깜한 허공에 방아쇠를 당기며 하나만 얻어 걸려라 하는 식이다. 예보가 불가능하고 의외의 돌발변수도 있기 때문에 논리적인 예측이란 게 설 자리를 잃은 지 오래다. 과거 어느 저명한 학자가 스마트폰은 웃음거리에 지나지 않을 거라 예측했던 신문기사도 떠오른다.

급변하는 현실에서 삶의 방향을 더듬다보니 우리가 해야 할 일이 갈수록 더 많아지는 것만 같다. 또렷한 목표를 찾을 수 없어 매일같이 기하급수적인 숫자로 새로운 것을 생각하고 그려내느라 쫓기듯 벼랑 끝으로 내몰릴 뿐이다. 뿌듯한 성취감의 기억은 아득한 옛날의 일이다. 분주하게 살았지만 마음엔 휑한 바람만 불어온다.

하지만 초 단위로 달라지는 다른 내일이 우리를 채근할수록 우리는 오히려 반대로 느려져야 한다. 다 같이 허둥지둥하며 사방으로 전력 질주할 때 우리에게 필요한 것은 스스로 제동을 걸고 물러나는 결단이다. 누군가는 현실이 그렇지 못한데, 새로운 것을 생각하기에도 빠듯한데 무슨 속 편한 소리냐고 반문할지 모르겠다. 옳은 지적이다. 하지만 이런 발버둥이 도움이 안 된다는 것 또한 부인할 수 없는 사실이다. 분주히 움직일지언정 마음만큼은 우리 스스로의 이야기에 귀기울여야 한다.

왜 이런 생각들이 나타났는지 근본적인 것들에 의문을 품어야 한다. 모든 것이 디지털화가 되었기에 우리는 역으로 디지털의 근본인 아날로그에게 질문할 수도 있다. 이를테면 가상의 시대가 혼란스럽다면 한 발 물러나 실체를 살펴볼 일이다. 대표적으로 예술은 디지털과 아날로그의 범주를 넘어선 실체다. 예술이라는 혼란의 고뇌가 그림이 되고 조각이라는 실체가 된다. 밤새 포토샵으로 이미지를 분쇄하고 조합하는 디자이너라면 잠시 가상의 포토샵을 멈추고 빈 종이 위에 자신의 직관대로 종이의 결을 느끼며 굵은 선, 그 선의 실체를 체험해보자. 대중도 마찬가지다. 편집된 기록이 가득한 SNS 대신 오랜만에 연필을 들고 빈 종이에 생각을 써볼 필요가 있다. 실체(종이)에 고민을 그리고 적어내려가는 순간 우리는 실제의 종이에 쓰이는 자신의 고뇌를 눈으로 살피게 된다. 종이에 묻어나는 나의 감정과 그걸 바라보는 나 사이의 거리를 체험하게 되는 것이다. 그사이 우리는 감정이 행동이 되어서는 안 됨을, 찰나의 상실이 결코 긴 우울이 되어서는 안 됨을 자각할 것이다.

또 대표적인 실체를 접하는 것은 독서다(정곡을 찌른 학생의 질문에 대한 나의 답변이었다). 식상하게 들릴지 몰라도 독서는 사람을 더 사람답게 만드는 행위이자 힘이다. 가령 생성형 인공지능은 기존의 있는 것을 조합한다. 존재하는 이미지와 이미지가 만나며 유사한 꼴의 파생상품이 만들어진다. 지금보다 늙은 나의 사진을 만들어내고 성별이 뒤바뀐 나의 모습도 생성형 지능이 적절히 조합한 이미지에 불과하다. 하지만 활자를 통한 개인의 상상은 각자의 개인적인 경험을 투과한다. 활자와 개인의 사유가 만나 증폭될 때 그것은 삼차원, 사차원을 건너 유일무이함이 된다. 진정한 인간만의, 우리만의 스토리텔링의 탄생은 이렇게 다차원적이다.

글을 다 보내고 나서도, 여전히 할말이 끝나지 않은 느낌이다. 또렷이 상대의 눈을 보고 끝까지 할 말을 다 챙긴 것이 아닌, 발끝을 보며 말을 흐린 것만 같은 기분이다. 하지만 본문에서 밝혔듯이 이제는 내 손을 이미 떠난 것. 나의 첫 생각을 믿을 수밖에 없다. 정정하면 오답이 될 것이기 때문이다. 그럼에도 불구하고 여전히 이 막판에 뭔가 자꾸 바꾸고 싶은 변덕스러운 마음이 불쑥불쑥 고개를 쳐든다. 다행히도 시간이 임박해 종이 울렸고, 답안지에서 손을 떼라는 최남단 친구 신정민 대표의 회초리에 답안지에서 이만 손을 떼기로 한다.

나의 밥줄인 종이에 그림을 그리는 일이 평면의 생각을 삼차원으로 조합하는 일이라면, 쓰는 일은 사차원 아니 훨씬 심오한 미지의 공간으로 나를 몰아세우는 일이다. 그렇게 쓰는 일은 나를 자유롭게 함과 동시에 심연의 공간에서 고독에 몸서리치게 했다. 하지만 나의 두번째 책을 쓰는 중에도 내 기억의 흐릿함을 밝혀주는 가로등이 되어 서 있는 이들을 발견했다.

그들에게 일일이 연락하며 챙기지 못했음에도 쓰는 일의 배려 덕분에 종이라는 공간에서 그들을 기쁘게 회상하며 다시 만날 수 있었다. 나의 주변에서 빛을 밝혀주는 사랑하는 그들처럼 나의 이야기가 세상 모든 이들에게 조금이라도 빛이 되는 그런 날이 오리라 상상해본다. 그리고 결심해본다. 행복한 상상으로 용기 내어 미처 다 하지 못한 말을 계속 이어가겠노라고.

2023년 11월, 가을이 깊은 타지에서

박찬휘

종이 위의 직관주의자

단순하고 사소한 생각, 디자인

초판 1쇄 인쇄 2023년 11월 27일
초판 1쇄 발행 2023년 12월 7일

지은이 박찬휘

편집 강건모 이희연 정소리 디자인 김문비 마케팅 김선진 배희주
브랜딩 함유지 함근아 고보미 박민재 김희숙 박다솔 조다현 정승민 배진성
저작권 박지영 형소진 최은진 서연주 오서영
제작 강신은 김동욱 이순호 제작처 천광인쇄소

펴낸곳 (주)교유당 펴낸이 신정민
출판등록 2019년 5월 24일 제406-2019-000052호

주소 10881 경기도 파주시 회동길 210
전화 031-955-8891(마케팅) 031-955-2692(편집) 031-955-8855(팩스)
전자우편 gyoyudang@munhak.com

인스타그램 @thinkgoods 트위터 @think_paper 페이스북 @thinkgoods

ISBN 979-11-92968-76-6 03600

◦ 싱긋은 (주)교유당의 교양 브랜드입니다.
이 책의 판권은 지은이와 (주)교유당에 있습니다.
이 책 내용의 전부 또는 일부를 재사용하려면 반드시 양측의 서면 동의를 받아야 합니다.